edition suhrkamp

Redaktion: Günther Busch

Udo Eberenz, geb. 1943, arbeitet am Institut für Psychoanalyse der Universität Frankfurt/M. Die anderen Autoren sind Mitglieder des Sigmund-Freud-Institutes in Frankfurt/M.: Mario Muck, geb. 1928, studierte Psychologie und Biologie an den Universitäten München und Frankfurt/M.; er ist Psychoanalytiker und klinischer Psychologe. Klaus Schröter, geb. 1937, studierte Soziologie, Psychologie und Philosophie. Rolf Klüwer, geb. 1925, studierte Psychologie und Philosophie in Köln und Bonn. Klaus Kennel, geb. 1938, studierte Medizin in München und Hamburg und ist Facharzt für Psychiatrie und Neurologie. Klaus Horn, geb. 1934, studierte Soziologie, Nationalökonomie, Psychologie und Philosophie in Frankfurt/M.

Wodurch unterscheidet sich die Psychoanalyse, z. B. in ihrem Krankheitskonzept, von anderen psychologischen Therapieverfahren? Worin besteht das Hauptinteresse der psychoanalytischen Technik? Welche Zielvorstellungen bestimmen die psychoanalytische Theorie, und wie definiert sie das Verhältnis von Individuum und Gesellschaft? Diese Fragen (und andere mehr) werden in dem vorliegenden Band auf dem jüngsten Stand der Forschung erläutert und beantwortet. Mitarbeiter des Sigmund-Freud-Instituts in Frankfurt am Main haben sich zusammengetan, um die Grundbegriffe und die Grundprobleme der Psychoanalyse darzustellen.

Information über Psychoanalyse

Therapeutische, theoretische und interdisziplinäre Aspekte

Mit Beiträgen von Mario Muck, Klaus Schröter, Rolf Klüwer, Udo Eberenz, Klaus Kennel und Klaus Horn

Suhrkamp Verlag

edition suhrkamp 648
Erste Auflage 1974

Satz, in Linotype Garamond, Druck und Bindung bei Georg Wagner, Nördlingen. Gesamtausstattung Willy Fleckhaus.

Inhalt

Vorwort

Nur auf dem Hintergrund zureichender Kenntnis der psychoanalytischen Praxis und ihrer Theorie kann der Versuch sinnvoll sein, Abgrenzungen und Beziehungen der Psychoanalyse zu anderen Humanwissenschaften zu bestimmen. Eine Selbstverständlichkeit dieser Art zu betonen, hat gute Gründe, denn Psychoanalyse wird oft gefeiert und häufig bekämpft als etwas, das sie gar nicht ist. Zwar sind psychoanalytische Begriffe in vieler Munde, ihr Stellenwert innerhalb des Theoriezusammenhangs, aus dem sie entlehnt sind, ihr Sinngehalt bleiben jedoch mehr oder minder unbekannt. Häufig leben solche Bruchstücke von dem, was Helmut Dahmer »das Gerücht über die Psychoanalyse« genannt hat.
Die Mißverständnisse sind infolgedessen so zahlreich wie einander widersprechend. Einige schließen sich gegenseitig logisch aus. Schon dieser Sachverhalt beweist, daß sie sich nicht auf ein und dieselbe Sache beziehen können, die zu beschreiben sie vorgeben. Wie könnte man der Psychoanalyse sonst einerseits vorwerfen, sie ermuntere den von ihr zum Triebwesen reduzierten Menschen zu hemmungsloser Befriedigung, und andererseits, sie passe ihn an die gesellschaftlichen Zwänge an? Wie könnte ihr sonst einerseits vorgeworfen werden, sie sei unwissenschaftlich, wild spekulativ, nicht ernst zu nehmen, und andererseits, sie dringe mit dem Herrschaftsanspruch der Wissenschaft ins Seelenleben ein, um es insgeheim zu manipulieren? Bereits 1929 hatte Siegfried Bernfeld, einer der für die gesellschaftliche Dimension des Psychischen am meisten aufgeschlossenen psychoanalytischen Autoren, in seiner Arbeit *Der soziale Ort und seine Bedeutung für Neurose, Verwahrlosung und Pädagogik* auf solche Widersprüchlichkeit der Angriffe untereinander hingewiesen: »[...] einerseits soll die Neurose eine bürgerliche Luxuserscheinung sein und demnach die Psychoanalyse eine bürgerliche Spezialangelegenheit – so hört man häufig Kommunisten reden –, andererseits [wird die Auffassung vertreten], die Psychoanalyse sei eine Sache nihilistischer, revolutionärer Politi-

ker; sie sei übrigens veraltet und nur für die Zeit der längst verschwundenen lüsternen neunziger Jahre gültig.«

Diese Aufsätze über Psychoanalyse sind für jene geschrieben, die sich nicht im Schleier des Gerüchtes verfangen wollen, die nicht primär an jenen Mystifikationen, sondern an Wissen interessiert sind. Über Psychoanalyse zu informieren ist freilich nicht leicht. Wir wollen wenigstens zwei Schwierigkeiten nennen. Vor allem ist es prekär, über die Problematik des Unbewußten, das zentrale Moment der Psychoanalyse, zu reden, ohne zugleich die sinnliche Erfahrung seiner Wirksamkeit zugänglich machen zu können. Wer die Wirksamkeit des Unbewußten aus eigenen Fehlhandlungen, Versprechern und Träumen allenfalls ahnen kann, jedoch den psychoanalytischen Umgang damit nicht erfahren hat, dem wird der Zugang zu dieser Theorie der Selbstreflexion und ihrer Praxis nicht leichtfallen. Zu diesen Schwierigkeiten gesellt sich eine weitere: In unserer Gesellschaft werden Selbstreflexion, Introspektion, die Beschäftigung mit den eigenen Gefühlen in der Regel abgewehrt. Die Menschen werden als Teil der großen Produktions- und Konsumtionsmaschine Gesellschaft begriffen. Unter diesem Aspekt erscheint ihre Emotionalität als Grundlage einer besonderen Störanfälligkeit, die nicht noch zu fördern ist. Wenn mit diesen Rädchen einmal etwas nicht in Ordnung ist, dann greift man zu zeitsparenden, technikanalogen Reparaturverfahren, z. B. zu Psychopharmaka. Ein so zeitextensives Verfahren wie das der selbstreflexiven psychoanalytischen Erkundung der Lebensgeschichte und deren Katastrophen, von denen jener, welcher sie erlebt hat, nichts mehr weiß, obgleich sie in Gestalt irgendeines Symptoms sein Leben beeinträchtigen, erscheint im öffentlichen Bewußtsein als veraltet.

Die Hinweise auf fehlende psychoanalytische Selbsterfahrung und die Unpopularität der Selbstreflexion sind jedoch zu oft Vorwand gewesen, gar nicht erst den Versuch zu unternehmen, psychoanalytische Gesichtspunkte unverfälscht dem öffentlichen Bewußtsein nahezubringen. So ist die Beziehung zwischen Psychoanalytikern und der Öffentlichkeit auch aus diesen Gründen nie besonders gut gewesen. Die Autoren dieses Bandes unterschätzen die Schwierigkeiten der Rezeption psychoanalytischen Wissens nicht. Sie wollen trotz dieser Schwierigkeiten den Versuch unternehmen, Psychoanalyse insbesondere unter den Aspekten, die den Laien interessieren, so weit wie möglich umgangssprachlich darzustellen.

Die Arbeiten bewegen sich, entsprechend ihrem jeweiligen Gegenstand, auf verschiedenen Abstraktionsebenen und in unterschiedlicher Entfernung von möglicher Alltagserfahrung. Die einen bleiben innerhalb des psychoanalytischen Feldes, andere versuchen, Teile dieses Feldes zu erhellen, indem sie von außen, von anderen begrifflichen Positionen her, dazu Stellung nehmen. Auf diese Weise deutet sich das breite Spektrum psychoanalytischer Argumentationsmöglichkeit an.

Obgleich die Argumentation an vielen Stellen des Bandes über konventionelle Vorstellungen von der Psychoanalyse hinausgeht, bezieht sie den Leser nicht explizit, sondern nur implizit in aktuelle Diskussionen über den wissenschaftstheoretischen Status der Psychoanalyse und ihren gesellschaftlichen Stellenwert ein. Wenn solche Fragen im Kern politische Fragen sind, dann müßten sich diese auch mit einem Minimum an Fachterminologie, dem Erfahrungshorizont des aufgeschlossenen Nichtfachmanns angemessen, darstellen lassen.

Die Autoren

Mario Muck
Krankheit, Konflikt und das Konzept der Psychoanalyse

Die Psychoanalyse, heute ein Bereich der Humanwissenschaften, ist aus Untersuchungs- und Behandlungsmethoden psychisch bedingter Krankheiten hervorgegangen. Es waren Störungen besonderer Art, deren Behandlungen Freud zur Entwicklung neuer Methoden und Einsichten zwangen. Ende des vorigen Jahrhunderts stand man »nervösen« Störungen, wie z. B. hysterischen Lähmungen, Angstanfällen, Zwangsvorstellungen und ähnlichem, relativ hilflos gegenüber: es gab weder eine wissenschaftlich fundierte Theorie über die Ursache ihres Entstehens, noch eine zuverlässige Methode ihrer Behandlung – man war sich noch nicht einmal darüber im klaren, ob diese Störungen als Symptome von Krankheiten bezeichnet werden durften.

In der Tat ist die Frage: *Was ist Krankheit?* nicht so leicht zu beantworten, wie es bei oberflächlicher Betrachtung erscheinen mag. Die Antwort kann noch eindeutig sein, solange man an die großen Seuchen denkt, an Pocken, Pest, Cholera, Typhus, Kinderlähmung oder an andere, bakteriell oder virusbedingte Erkrankungen wie Lungenentzündung, Grippe usw. Hier sind einerseits Leiden und Machtlosigkeit des Patienten für jeden einsichtig, andererseits sind die Ursachen weitgehend geklärt: der Feind ist erstens außen und zweitens bekämpfbar. Krankheiten dieser Art sind daher gesellschaftlich voll als Krankheiten anerkannt. Wer eine Grippe hat, muß zwar leiden, aber er kann wenigstens guten Gewissens die Arbeit nieder- und sich ins Bett legen.

Schwieriger wird die Antwort, wenn bei einer *körperlichen Funktionsstörung*, z. B. einer Lähmung, einer Taubheit oder bei Schmerzzuständen keine organische Ursache gefunden werden kann. Erst in jüngster Zeit sind solche Störungen von den Krankenkassen durch die Erstattung von Behandlungskosten als Krankheiten akzeptiert worden, während die Öffent-

lichkeit noch immer den Verdacht nicht ganz losgeworden ist, es gehe vielleicht doch nur um Simulation.
Noch stärker wird dieser Verdacht, wenn keine körperlichen Symptome feststellbar sind und vorwiegend *Erleben und Verhalten von Störungen* betroffen werden: wenn z. B. jemand beim Überqueren eines Platzes Angst bekommt; in Panik ausbricht, wenn er geprüft werden soll; zittert, wenn er in der Öffentlichkeit essen muß; oder wenn er sich gezwungen fühlt, alle fünf Minuten die zweifellos sauberen Hände zu waschen. Wenn jemand gar, körperlich ganz gesund, im doppelten Sinne des Wortes »grundlos« traurig wird und seinem Leben ein Ende setzen will, bezeichnet ihn die deutsche Sprache als Verbrecher: als Selbst-Mörder.
In dem Maße, in dem psychische Störungen andere Menschen hilflos machen oder ihnen Schuldgefühle bereiten, schlägt das Urteil »Simulation« jäh in die Beurteilung »verrückt« um, was bedeutet, daß man von dem Betroffenen abrückt, ihn entwertet und isoliert; zu einem Therapeuten gehen zu müssen, erscheint daher auch heute noch oft als sozial gefährdendes Eingeständnis eigener Schwäche und Unzulänglichkeit, als eine Entwertung des Selbst, die mit großen Ängsten verbunden ist. Nur langsam dringt die Erkenntnis ins öffentliche Bewußtsein, daß diese Störungen »erlaubte« Krankheiten sind, nicht Vorgänge, die nach Wert und Unwert oder gar Schuld und Unschuld eingestuft werden können.
Bei einer anderen Bevölkerungsgruppe sind wir davon noch weiter entfernt, sie genießt den Status des Krankseins so gut wie gar nicht: die sogenannten *Kriminellen.* In Fortführung einer schon in der Kindheit ungeeigneten Erziehungsmethode werden sie bestraft – mit Heilungsversuchen wird erst zaghaft begonnen, nicht selten in absurd erscheinenden Kombinationen. So z. B. wenn ein Triebtäter, wie es heißt, »nach Verbüßung der Strafe einer Heilbehandlung zugeführt« werden soll – zwei Verfahren also, die einander logisch ausschließen müßten. Die Gesellschaft, in den Prozeß seines Krankwerdens ungewollt und unbewußt verstrickt, kann den Kriminellen nicht als krank verstehen: Sie schiebt ihn als »schuldig« ab. Und er selbst, als Teil seiner Gesellschaft, versteht sich natürlich in gleicher Weise. Um sein Selbstwertgefühl aufrechtzuerhalten, bleibt ihm kaum etwas anderes übrig, als sich in

Reaktion darauf als einsamen Helden zu erleben: dann leidet er selbst weniger – es leiden die anderen unter ihm.

Wir haben, wenn wir ihn als krank bezeichnen, eine Krankheit ohne eigenes, bewußtes Leiden beschrieben. Auch das Umgekehrte kann der Fall sein: ein Leiden, ohne krank zu sein; auch wenn es sich in Symptomen äußert. Wenn z. B. etwa 20% der Studenten unter *Arbeitsstörungen* leiden, kann dies nicht ausschließlich als Symptom individuellen Krankseins bezeichnet werden, sondern nicht zuletzt als die Symptomatik eines gestörten Ausbildungssystems (vgl. Horn, in diesem Band).

Je nach der *Definition von Krankheit* ändert sich notwendigerweise die Gruppe der Betroffenen. Der Begriff »Krankheit« kann so weit gefaßt werden, daß Gesundheit zu einem seltenen Ereignis, oder so eng, daß sie zu einem umfassenden, vagen, unfaßbaren Begriff wird. Versuchen wir, eine allgemeine, wenigstens die vorgetragenen Überlegungen umfassende Definition zu geben, so kommen wir auf die anfangs gestellte Frage: »Was ist Krankheit?« zu folgender Antwort: Subjektiv ist Krankheit eine sich in Körperfunktionen, Verhalten oder Befinden niederschlagende Störung, die als übermächtig erlebt wird. Die *Ursachen* solcher Störungen können mannigfacher Natur sein: zu den bekannten Viren, Bakterien, Genen, Röntgenstrahlen, Giften usw. hat die Psychoanalyse eine weitere Ursache entdeckt: den unbewußt gewordenen Konflikt. Durch die daraus folgende Betrachtung des lebensgeschichtlich Entstandenen ist die Psychoanalyse zu einem eigenen Krankheitsbegriff gekommen, der weiter gefaßt ist als der naturwissenschaftliche (vgl. dazu Horn, in diesem Band). Gleichzeitig ist die Psychoanalyse auf dem Weg zu dieser Entdeckung von einer Behandlungsmethode zu einer Wissenschaft geworden, die eigene Modellvorstellungen, ein Konzept über die Entstehung menschlichen Verhaltens und Erlebens und der Dynamik von Beziehungen anzubieten vermag.

Das *psychoanalytische Konzept* war von Anfang an kein geschlossenes, rein geisteswissenschaftliches System definierter Inhalte. Ein Studium von Freuds Schriften überzeugt sehr schnell davon, daß er aufgrund von Beobachtungen Arbeitshypothesen aufgestellt hat, die im Laufe der weiteren Untersuchungen verworfen, bestätigt oder erweitert wurden. Das psychoanalytische Konzept wächst also, ähnlich wie naturwissenschaftliche Modelle, mit dem Erkenntnisprozeß. Es unterscheidet sich von diesen jedoch dadurch, daß es keine Inhalte besitzt, die quantifizierbar sind und als Meßgrößen ihren Stellenwert im System beziehen, sondern Inhalte, deren Bedeutung durch Interpretation von lebensgeschichtlichen Sinnzusammenhängen zustande kommt. Psychoanalytische Methodik ist daher mit geschichtswissenschaftlichem oder archäologischem, d. h. rekonstruierendem, Vorgehen vergleichbar. Moderne Autoren (vgl. Lorenzer, 1970; Mentzos, 1973; Rosenkötter, 1969; Habermas, 1968) haben gezeigt, daß innerhalb des psychoanalytischen Konzepts der alte Gegensatz von geisteswissenschaftlicher und naturwissenschaftlicher Sicht aufgehoben ist.

Im Verlauf der bisherigen psychoanalytischen Forschung haben sich im wesentlichen drei Grundannahmen (vgl. Rapaport 1959) bestätigt, die durch ein reichhaltiges Material belegt und ausgearbeitet worden sind:

1. die Annahme nicht nur der Existenz, sondern auch der Wirkung unbewußter psychischer Inhalte,
2. die Annahme des Bestehens von Kausalbeziehungen innerhalb psychischer Vorgänge,
3. die Annahme eines bestimmten Zusammenwirkens von biologisch vorgegebenen und gesellschaftlichen Momenten.

Betrachten wir zunächst die erste Grundannahme, die besagt, daß es im psychischen Bereich Inhalte, genauer Erlebnisniederschläge, gibt, die dem jeweiligen Individuum zwar unbewußt sind, jedoch Wirkungen in ihm ausüben, die z. B. sein Verhalten bestimmen und auch daran ablesbar sind (vgl. Klüwer, in diesem Band).

Ausgangspunkt der Entdeckung des *Unbewußten* war die Beobachtung Breuers, eines Kollegen und Freunds Freuds, daß sogenannte nervöse Symptome einer Patientin verschwanden, wenn sie sich an bestimmte, vergessene Erlebnisinhalte intensiv wieder erinnerte (vgl. Freud, 1895).

Freud erkannte durch weitere Untersuchungen sehr bald, daß es sich bei diesen vergessenen Erlebnissen übereinstimmend um schmerzliche, peinliche, gesellschaftlich unerlaubte, oft sexuelle oder aggressive Inhalte handelte, die in einem Kon-

flikt mit den bewußten Einstellungen und Wertmaßstäben der Patienten standen. Wie sich zeigte, hatte die Unerträglichkeit der dadurch entstehenden Angst dazu geführt, die Konflikte zu »verdrängen«, d. h. aus dem Bewußtsein auszuschließen.
Verdrängen bedeutet jedoch nicht beseitigen: geschützt wird durch diesen Vorgang lediglich das bewußte Erleben. So sind verdrängte Erlebnisinhalte zwar ihrem Träger unbekannt und damit auch unkontrollierbar geworden, sie behalten jedoch ihre Dynamik bei. Das in ihnen gebundene seelische Potential sucht sich neue Wege: Es schlägt sich, von ihm unbemerkt, im Verhalten nieder – was z. B. zu der Unfähigkeit führen kann, Beziehungen zu anderen Menschen aufzunehmen – oder, wie bei der Hysterie, in einer Körperfunktion. Bei der Hysterie ist die Übersetzung eines unbewußt gewordenen Konflikts in ein körperliches Symptom häufig eine sehr direkte, so daß der ursprüngliche Konflikt in der Funktionsstörung wiedererkannt zu werden vermag. So kann z. B. in einer hysterischen Lähmung der unbewußte Konflikt wirksam geworden sein, eine Person einerseits aus uneingestandenen sexuellen Motiven verlassen zu wollen, sie jedoch andererseits aus Gründen z. B. gesellschaftlicher Normen nicht verlassen zu dürfen. Die hysterische Lähmung ist dann eine Kompromißbildung: Nicht gehen zu können, macht das Weggehen unmöglich, es kann also nichts »geschehen«, und im bewußten Erleben sind Ängste und Zweifel verschwunden. Der Kompromiß ist jedoch insofern schlecht, als die Angstfreiheit mit großer Einschränkung erkauft werden muß – eben mit dem neurotischen Symptom, in unserem Beispiel: einer Lähmung der Beine (vgl. auch Fallbeispiel von Klüwer, in diesem Band).
Das Bewußtmachen und Durcharbeiten des Konflikts – wir werden dies in einem späteren Kapitel ausführlich erläutern –, seiner inneren Bedeutung und Entstehungsgeschichte, führt zum Verschwinden des Symptoms, da es in dem Augenblick nicht mehr »notwendig« ist, in dem eine bessere Lösung gefunden und realisierbar geworden ist – in dem genannten Beispiel eine möglich gewordene bewußte Entscheidung für oder gegen den Partner.
Wie das Beispiel verdeutlicht, ist bei der Psychoanalyse Symptomheilung grundsätzlich mit Bewußtseinserweiterung verbunden, besser: nur durch sie möglich.

Die Entdeckung des Bestehens unbewußter Konflikte hat für die Theoriebildung und die Methodik der Therapie weitreichende Folgen gehabt. Sie hat in der psychoanalytischen Theorie im Konzept des *topographischen Modells* und der Lehre von den *Abwehrmechanismen* ihren Niederschlag gefunden.

Das *topographische Modell* gliedert den Bereich des Erlebens in einen bewußten (System Bw), einen vorbewußten (System Vbw) und einen unbewußten (System Ubw) Anteil auf (vgl. S. Freud, 1913). Dabei sind mit Inhalten des Bewußtseins die jeweils aktuell fokussierten, mit denen des Vorbewußten die zwar nicht aktuell erlebten, aber durch Verschieben der Aufmerksamkeit leicht zugänglichen, und mit denen des Unbewußten die gar nicht oder nur sehr schwer verfügbar zu machenden gemeint. Bestimmte, voneinander abhebbare Erlebens-, Denk- und Wahrnehmungsweisen, die sogenannten Primär- bzw. Sekundärprozesse, sind den Systemen Ubw einerseits, Vbw und Bw andererseits zugeordnet. Die *Primärprozesse* unterscheiden sich von den *Sekundärprozessen* vor allem durch das Nicht-Existieren von Zeit und Raum und durch die Austauschbarkeit ihrer Inhalte. Sie sind sowohl bei Wahnvorstellungen wie in Träumen zu beobachten.

Unbewußte Inhalte können nicht direkt beobachtet, sondern nur indirekt, im Sinne von Indizienbeweisen erschlossen werden: durch Widersprüchlichkeiten im Verhalten – d. h. also durch die Störungen und Verzerrungen bewußter Reaktionen, durch die darin wirksam werdenden unbewußten Anteile, wie z. B. bei Versprechern – durch Hinweise aus freien Assoziationen und Träumen.

Die Lehre von den *Abwehrmechanismen* besagt, daß es nicht nur die oben dargestellte Verdrängung gibt, um das bewußte Erleben von ängstigenden Konflikten freizuhalten (vgl. A. Freud, 1936; Moser, 1964). Folgende Formen, die erfahrungsgemäß verschiedenen Differenzierungsgraden der psychischen Entwicklung und damit auch verschiedenen Neurosenformen zugeordnet werden können, sind u. a. voneinander zu unterscheiden:

1. *Verdrängen:* hierbei wird das Ängstigende aus dem Bewußtsein ausgeschlossen – es scheint nicht zu existieren.
2. *Verschieben und Vermeiden:* das Ängstigende wird einem

anderen Objekt (Tier, Gegenstand, Ort) zugeschoben, welches gemieden werden kann.

3. *Reaktionsbildung:* das Ängstigende wird unbewußt gehalten durch Überbetonung gegenteiliger Impulse.

4. *Isolieren und Intellektualisieren:* das Ängstigende kann zwar theoretisch vorgestellt und gedacht werden, aber die zugehörigen Gefühle und Affekte werden nicht wahrgenommen (sind isoliert).

5. *Verleugnung:* das Ängstigende wird aus der Wahrnehmung ausgeschlossen und oft durch unrealistische Überbetonung eigener, darauf bezogener Fähigkeiten ersetzt.

6. *Projektion:* das Ängstigende wird anderen, auch nicht-persönlichen Objekten der Außenwelt in realitätsverzerrender Weise unterstellt und dort bekämpft.

Darüber hinaus gibt es noch eine Fülle weiterer, z. T. auch übergreifender Abwehrmechanismen, wie z. B. die *Wendung gegen die eigene Person* oder das *Agieren* (durch unbewußte Konflikte determiniertes Handeln). Allen Abwehrmechanismen ist gemeinsam, daß sie nicht bewußt angewendete Methoden, sondern selbst unbewußt ablaufende Mechanismen sind. Sie sind ein Teil der wirksam werdenden unbewußten Inhalte – oft genauso folgenschwer wie der unbewußte Konflikt selbst.

Die Lehre von den Abwehrmechanismen ist heute, besonders im Hinblick auf Zusammenhänge mit bestimmten Ich- und Charakterstrukturen, noch keineswegs abgeschlossen.

Die zweite Grundannahme, die Tatsache des Bestehens *psychischer Kausalität* (vgl. Loch, 1972), bestätigt sich u. a. durch das beobachtbare Wirksamwerden unbewußter Konflikte. Das bedeutet, daß gegenwärtiges Verhalten und Erleben durch Vergangenes mitbestimmt wird; so haben aus der Gegenwart nicht verstehbare Verhaltensweisen und Symptome ihre Ursache in einer unbewußt gewordenen Vergangenheit, durch deren Aufdeckung sie verstehbar werden. Psychische Vorgänge geschehen nicht zufällig, sie sind determiniert. Um diese Determiniertheit nicht als eine eindimensionale aufzufassen, ist der Begriff der *Überdeterminiertheit* geprägt worden. Er besagt, daß neurotische Verhaltensweisen nicht nur von einem unbewußten Konflikt, sondern auch aus dem Zusammenwirken mehrerer unbewußter Konflikte her-

vorgehen können. Daraus folgt, daß aus der Kenntnis eines unbewußten Konflikts allein nicht die neurotische Symptomatik und ihr Zusammenhang erschlossen werden kann.
Verhaltens- und Fehlverhaltensweisen werden bereits in der frühen Kindheit angeeignet, sie haben eine lebenslängliche Geschichte. Damit ist nicht gemeint, daß es keine aktuellen Konflikte gäbe oder in Neurosen keine aktuellen Konflikte auslösend beteiligt sein könnten. Die Eigenart der jeweiligen Verarbeitung ist jedoch durch die in der Vorgeschichte abgelaufenen, unbewußt gewordenen Erlebnisse bestimmt. Die Lösung eines aktuellen Konflikts ändert daher kaum die Bereitschaft, aufgrund unbewußter, nicht gelöster Konflikte von neuem in analoge akute Probleme zu geraten bzw. neurotische Symptome auszubilden. Anders ausgedrückt: Die unbewußten Konflikte, die letztlich den meisten Neurosen zugrunde liegen, sind in der Kindheit zu suchen – die Erlebnisse der Kindheit und die Reaktionen darauf werden zum unbewußten Modell des späteren Erwachsenenlebens.
Diese Ergebnisse psychoanalytischer Forschung werden in der *Metapsychologie,* d. h. in der psychoanalytischen Theorie, als der *genetische Aspekt* bezeichnet. Er besagt, daß die Psyche nicht als geronnene, allein durch Erbmasse festgelegte Struktur anzusehen ist, sondern als Kontinuum von Erfahrungs- und Verarbeitungsprozessen. Zum weiteren Verständnis dieser Vorgänge muß an dieser Stelle jedoch zunächst die dritte Grundannahme der Psychoanalyse betrachtet werden: die Annahme des Zusammenwirkens biologischer und gesellschaftlicher Gegebenheiten.
Durch ihre Konzentration auf das Triebleben einerseits und Erkenntnisvorgänge andererseits war die Psychoanalyse von Anfang an prädestiniert und gezwungen, die Spannung zwischen biologischer und gesellschaftlicher Sicht unter dem Aspekt lebensgeschichtlicher Bildungsprozesse auszutragen: Sie kann keine von beiden aufgeben, ohne sich selbst aufzugeben (Mitscherlich/Muck, 1969). Die Dialektik zwischen biologischem Erbe und dessen Reifungsprozessen auf der einen und den Objektbeziehungen und deren gesellschaftlicher Bestimmtheit auf der anderen Seite kennzeichnet sowohl die Strukturtheorie wie die psychoanalytische Entwicklungspsychologie.

Die *Strukturtheorie* (vgl. Brenner, 1967; Waelder, 1963; Rapaport, 1959) beschreibt den sogenannten »psychischen Apparat«. Wenn wir seinen biologischen Aspekt betrachten, repräsentiert er die dem Menschen eigene stammesgeschichtliche Ausstattung, die ein Gegenstück zu der Instinktausstattung und Lernfähigkeit des Tieres darstellt, gleichzeitig jedoch weit über sie hinausgeht. Gemeinsamkeiten wie Gegensätzlichkeiten setzen eine kurze Betrachtung des von der *Ethologie* gefundenen tierischen Verhaltensrepertoires voraus (vgl. Tinbergen, 1964; v. Holst, 1969; Lorenz, 1965; Roth, 1974, u. a.).

Um den Wert der Tierverhaltensforschung zur Erklärung triebbedingten Verhaltens beim Menschen einschätzen zu können, ist dreierlei notwendig: erstens den Ausgangspunkt, zweitens die Ergebnisse und deren Interpretationen und drittens die Problematik der Übertragung dieser Interpretationen auf menschliches Verhalten näher zu untersuchen. Obwohl sie nicht unwidersprochen geblieben sind (vgl. Roth, 1974), beziehen wir uns dabei aus didaktischen Gründen auf die Interpretationen von Lorenz und seiner Schule (Lorenz, 1963 und 1965; Eibl-Eibesfeld 1970 und 1974; Wickler, 1971), da sie eine Position so stark herausarbeiten, daß die Abgrenzung des psychoanalytischen Ansatzes leicht deutlich zu machen ist.

Ausgangspunkt der Tierverhaltensforschung ist die Beobachtung von Tieren unter möglichst natürlichen Bedingungen, die Sicherung der Beobachtung durch das Experiment und die daraus folgende Deutung tierischen Verhaltens.

Das Interesse der Tierverhaltensforschung richtet sich dabei zunächst auf die arteigenen Instinkthandlungen – auch Instinktbewegungen genannt – und weitet sich darüber hinaus auch auf Verhaltensformen aus, die durch Funktionswandel, frühe Prägungen und Lernfähigkeit modifiziert oder mitbedingt werden.

Als *Instinkthandlungen* werden (nach Lorenz, 1963) artspezifische, genetisch festgelegte Verhaltensweisen angesehen. Sie dienen dem Überleben des einzelnen wie der Erhaltung der Art, funktionieren ohne Vorerfahrung und werden durch Erfolg oder Mißerfolg nicht beeinflußt. Wie die Organe oder der Bewegungsapparat gehören sie zur vorgegebenen Ausrüstung der Lebewesen.

Der Triebcharakter von Instinkthandlungen erweist sich durch das sogenannte *Appetenzverhalten* (W. Craig, 1918): Ohne Auslöser in der Umwelt sinkt der Schwellenwert gegenüber Außenreizen so stark, daß die Instinkthandlung schließlich spontan auftritt.

Psychologisch betrachtet sind also Instinkthandlungen, entsprechend der Modellvorstellung von Lorenz, als Verhaltensweisen zu beschreiben, die durch folgende Merkmale gekennzeichnet sein sollen:

1. durch einen vom Individuum ausgehenden, sich in ihm anstauenden Trieb;
2. durch eine artspezifisch, erbgenetisch festgelegte, automatisch ablaufende Steuerung, die
3. auf bestimmte Reizkombinationen (Auslöser) aus der Umwelt abgestimmt ist, durch die das Instinktverhalten ausgelöst wird.

Schon der zweite Punkt zeigt, daß Ergebnisse der Tierverhaltensforschung nicht ohne weiteres auf den Menschen übertragen werden können. Dies nicht nur wegen der Artspezifität, die allein schon eine direkte Übertragung aus Ergebnissen, z. B. der Forschung über Stichlinge oder Gänse, unmöglich macht, sondern auch, weil der Mensch nicht nur eine andere Art, sondern von anderer Art ist als die Tiere: Menschliches Verhalten ist zwar möglicherweise in seinem Antrieb, jedoch sicher nicht in seiner Steuerung erbgenetisch festgelegt; es entsteht, wie sich zeigen läßt, im einzelnen immer wieder aufs neue, bedingt durch die Geschichte der Menschheit, die Geschichte der Gesellschaft und die eigenen Erfahrungen. So ist nach der psychoanalytischen Theorie zwar der Triebimpuls als biologische Anforderung an die Psyche wie beim Tier vorhanden, der Weg seiner Verwirklichung, der ganze komplizierte und so gut, wenn auch blind funktionierende artspezifische Ablaufmechanismus wird jedoch weitgehend durch Bildungsvorgänge ersetzt: Der Mensch muß die Gebrauchsanweisung seiner selbst erst erfinden. Lediglich im Säuglingsalter, in dem Vorerfahrung nicht möglich ist, können reine Instinkthandlungen nachgewiesen werden (Spitz, 1967). Bei zunehmendem Lebensalter entfällt jedoch die Möglichkeit immer mehr, menschliches Verhalten im Sinne einer ethologischen Instinktpsychologie zu interpretieren, da andere, beim

Tier untergeordnete, kaum oder gar nicht entwickelte Verhaltenssteuerungen eine dominierende Rolle zu spielen beginnen (vgl. Künzler 1967). So sagt z. B. der Ethologe Eibl-Eibesfeld in einem Buch, das allerdings entgegen seiner Aussage den Titel »Der vorprogrammierte Mensch« trägt: »[...] der Gesamtablauf seines Verhaltens unterliegt keiner strengen Kontrolle, er ist oft in weiten Grenzen, aber nicht beliebig, variabel. Erst kulturelle Kontrollmuster setzen dieser Variabilität engere Grenzen.« (Eibl-Eibesfeld, 1974)

Außer Analogieschlüssen kann die Ethologie auch Aussagen über die Triebseite des Menschen machen; dies ist der Bereich, der in der Strukturtheorie das *Es* genannt wird, und der ohne Zweifel biologisch vorgegeben und biologischen Reifungsvorgängen unterworfen ist. Sicher sind auch die Triebansprüche als solche weitgehend festgelegt.

Innerhalb des Es unterscheidet das Strukturmodell zwei Triebe: den *Sexualtrieb* und den Aggressionstrieb. Die Triebnatur der Sexualität ist eindeutig geklärt. Der Sexualtrieb wird definiert als eine Kraft *(Libido)*, die von einer somatischen Quelle (den erogenen Zonen) ausgeht, psychisch repräsentiert (Antriebserleben, Vorstellungen, Affekte), auf ein Ziel ausgerichtet (Befriedigung) und dabei auf Objekte angewiesen ist.

Der Begriff der Sexualität ist in der Psychoanalyse wesentlich umfassender gemeint als in der Umgangssprache: alles Sinnlich-Lustvolle zählt dazu. Dies findet seine Begründung in der Tatsache, daß Sexualität im engeren Sinne nicht in der Adoleszenz plötzlich aus dem Nichts auftaucht, sondern sich entwickelt, d. h. eine Vorgeschichte hat. Die Psychoanalyse hat die Vorgeschichte untersucht und ist dabei auf folgende, hier zunächst nur thesenhaft formulierte Zusammenhänge gestoßen:

1. Der Sexualtrieb im Sinne eines Strebens nach Lust und Befriedigung besteht von Geburt an. Er ist der eigentliche Motor seelischen Lebens.

2. Der Sexualtrieb entwickelt sich im Laufe der Kindheit *(Triebschicksal)* über sogenannte psychosexuelle Organisationsstufen in einem zweizeitigen Ansatz bis hin zu genitaler Reife.

3. Der Sexualtrieb wird in *Partialtriebe* (z. B. Schautrieb oder Voyeurismus, Zeigetrieb oder Exhibitionismus) unterteilt, die

unter dem Primat der Genitalität eine Fusion eingehen, d. h. in den Dienst reifer Sexualität genommen werden können.

4. Die Entwicklung des Sexualtriebes ist abhängig von Objektbeziehungen (und umgekehrt).

Kaum geklärt ist bisher die Bedeutung *aggressiver Verhaltensweisen.* Es gibt darüber sowohl außerhalb als auch innerhalb der Psychoanalyse mehrere Hypothesen, die miteinander so verzahnt sind, daß es notwendig ist, wenigstens die wichtigsten davon in unseren Gedankengang einzubeziehen.

Drei Ansätze lassen sich unterscheiden: die Frustrations-Aggressions-Hypothese, der lerntheoretische und der triebtheoretische Ansatz.

Die *Frustrations-Aggressions-Hypothese* der Yale-Schule (Dollard, Doob, Miller, Mowrer, Sears, 1970) geht von der Vorstellung aus, daß Aggression grundsätzlich die Folge von Frustrationen ist: »Das Auftreten von aggressivem Verhalten setzt immer die Existenz einer Frustration voraus, und umgekehrt führt die Existenz einer Frustration immer zu irgendeiner Form von Aggression.« Der zweite Teil dieses Postulats wurde später eingeschränkt und umformuliert: »Frustration ruft Erregungen zu einer Reihe verschiedener Reaktionen hervor, von denen eine die Erregung aggressiver Tendenz ist.«

Unter *Frustration* versteht man die Behinderung oder Erschwerung einer Reaktion, die aufgrund eines Instigators ein bestimmtes Ziel erreichen möchte. Als *Instigator* gilt jede einer Reaktion vorausgehende und zu dieser Reaktion führende Bedingung, z. B. ein Stimulus, eine Vorstellung, ein Motiv u. ä.

Die Beobachtung und der Nachweis der genannten Zusammenhänge werden, besonders beim Menschen, dadurch erschwert, daß – in Übereinstimmung mit psychoanalytischen Beobachtungen – aggressive Tendenzen von einem Objekt auf andere verschoben werden können, daß sie sich nicht sofort und nicht direkt zeigen müssen, und daß sie die verschiedensten Erscheinungsformen annehmen können. Die in einer Handlung sich auswirkende Frustration ist daher nicht leicht zu rekonstruieren: sie kann gesellschaftlich bedingt sein oder aus Erfahrungen der frühen Kindheit stammen, die lediglich in der Phantasie gegenwärtigen Geschehnissen unterstellt wurden. Die Yale-Schule hat eine große Zahl solcher Frustrationen untersucht, die sich durch die jeweils verschiedenen Sozialisationsprozesse unterschiedlicher Kulturen ergeben.

Frustration und damit Aggression ist entsprechend der dargestellten Hypothese der Preis, der für das Zusammenleben gezahlt werden muß. Innerhalb der Psychoanalyse stehen manche Autoren dieser Modellvorstellung nahe (vgl. Loch, 1970).

Vergleichsweise optimistisch klingt der *lerntheoretische Ansatz,* der besagt, daß aggressives Verhalten gelernt wird, jedoch unter entsprechend veränderten Bedingungen nicht gelernt werden müßte (Selg, 1973; Bandura, 1963; Buss, 1961 u. a.). Der lerntheoretische Ansatz beschränkt sich dabei auf Lernvorgänge, die beschrieben werden als ein *Lernen durch Nachahmung* (also die Übernahme eines aggressiven Verhaltensmodells) und ein *Lernen am Erfolg.* »Vermeidet eine Person prosoziale Verhaltenstendenzen und Verhaltenstypen, und ist sie mit der aggressiven Erfolgserwartung und der entsprechenden Verhaltensweise erfolgreich, so werden diese bestätigt und bestärkt.« Auf diese Weise ergibt sich der Aufbau eines »aggressiven Kreisprozesses«.

Dem lerntheoretischen Ansatz entsprechend könnte aggressives Verhalten durch den Abbau alter und den Aufbau neuer Erfolgserwartungen beseitigt, »verlernt« werden.

Es kann wohl kaum ein Zweifel darüber bestehen, daß Inhalte aggressiver Verhaltensweisen gelernt werden. Es ist auch denkbar, daß das Frustrations-Aggressions-Modell eines dieser im Sozialisationsprozeß angebotenen Verhaltensmodelle darstellt: Frustration mit Aggression zu beantworten, wäre dann ein spezifisches, aber nicht das einzig mögliche Lernangebot. Damit ist allerdings nur ein Teil des Phänomens »Aggression« aufgeklärt. Ungeklärt bleiben die Existenz und das jeweilige Ausmaß des Impulsdrucks, die Intensität der begleitenden Affekte; und selbst die Auswahl aggressiver oder gar ganz bestimmter aggressiver Inhalte im manifesten Verhalten ist, wenn man lebensgeschichtliche Zusammenhänge näher kennt, viel zu komplex, um durch Nachahmung und Lernen am Erfolg allein erkärt werden zu können (vgl. Eberenz, in diesem Band).

Auch die Frustrations-Aggressions-Hypothese kann verständlicherweise über diese Aspekte keine Aussagen machen; insbesondere deshalb nicht, weil sie den Begriff der Aggression sehr eng auf eine Notfallreaktion einschränkt, auf eine realitätsgerechte oder neurotische Verteidigungsbereitschaft mit den begleitenden Affekten der Wut, der Angst und des Hasses. Es gibt jedoch auch Manifestationen von Aggression, die in diesem Bild der Frustrationsaggression nicht aufgehen, da sie ihrer Definition nach keinen Platz für das Erleben von Aggressionslust haben dürfte. Spontanes, lustvolles Erleben eigener Aggression ist jedoch gar nicht selten zu beobachten, man denke an Abenteuer- und Rauflust, an Aufsuchen von Gefahr, an Herausforderung anderer, an Sport und Turnier. Offensichtlich geht es dabei nicht um Verteidigung, sondern um spontanen Angriff im Sinne einer Funktionslust im Dienste der Selbstdurchsetzung und Selbstabgrenzung; dies bis hin zur möglichen Destruktion als letzter Konsequenz – einer Konsequenz auf dem Hintergrund, daß Leben in der Natur grundsätzlich nur durch den Tod anderen Lebens möglich ist.

Es sind gerade diese Aspekte, die im Zentrum der *Aggressionstriebhypothesen* stehen: sie beschreiben eine andere Seite des Phänomens Aggression.

Aggressionstriebtheorien, die von der Ethologie angeboten werden (vgl. Lorenz, 1963), sind, soweit sie innerhalb einer Instinktpsychologie verbleiben, wie oben gezeigt wurde, nicht unverändert auf menschliches Verhalten übertragbar.

Freuds Konzept vom *Todestrieb* (1920) geht aufgrund klinischer Beobachtungen von der Annahme eines primär gegen das Selbst gerichteten Zerstörungstriebes aus, der zum Schutz der eigenen Person über die Motorik sekundär nach außen abgeleitet und so zu einem *Destruktionstrieb* wird. Nur wenige Analytiker sind diesem Konzept gefolgt.

Neuere Autoren (Hartmann, Kris, Loewenstein 1949, Mitscherlich 1958, 1965, Mitscherlich–Nielsen 1972) verstehen aggressive Handlungen als Ausdruck eines Aggressionstriebes, der primär nach außen gerichtet ist und nur sekundär, z. B. bei der Depression, gegen das eigene Selbst gewendet wird.

Versteht man unter »Trieb« entsprechend der psychoanalytischen Definition eine biologische bzw. somatische Anforderung an die Psyche, so kann man analog zum Sexualtrieb einen Aggressionstrieb annehmen, dessen Triebansprüche zwar biologisch vorgegeben, dessen Inhalte jedoch wie bei diesem einer lebensgeschichtlichen Vermittlung bedürfen. In diesem Sinn schreibt Mitscherlich (1958): »Wir halten das, was der Aggression als motorisch belebende Energie zugrunde liegt, für eine nicht weiter auflösbare Grundkraft und nennen sie einen Trieb.« Es wäre ein Mißverständnis zu glauben, eine so formulierte Aggressionstriebhypothese fördere »die weitere Ausbreitung aggressiver Verhaltenstendenzen und erhöht die Kriegsgefahr in den internationalen Beziehungen« (Selg, 1973); ein Mißverständnis in zweierlei Richtung: erstens, weil gerade die Psychoanalyse, auch im Rahmen einer Triebtheorie, den Anteil des lebensgeschichtlich Entstandenen wesentlich differenzierter erfaßt als der vorwiegend mit Nachahmung und Lernen am Erfolg operierende lerntheoretische Ansatz, und zweitens, weil sie im Gegensatz zu letzterem eine Gefahr vermeidet: die der Verharmlosung.

Geht man von den dargestellten Überlegungen aus, so läßt sich ein psychoanalytisches Aggressionstriebmodell folgendermaßen beschreiben:

1. Der Aggressionstrieb als somatische Anforderung an die Psyche besteht im Dienste der Selbsterhaltung von Geburt an.
2. Der Aggressionstrieb entwickelt sich im Laufe der Kindheit (Triebschicksal) über verschiedene Organisationsstufen. Mitscherlich (1958, 1965) unterscheidet dabei eine frühe, noch undifferenzierte »ungekonnte Aggression« von einer späteren, sach- und zielgerichteten »gekonnten Aggressivität«. Aggression im Sinne von Destruktion ist in diesem Konzept ein Grenzfall oder ein Rückfall – eine Regression – in ungekonnte Aggression.
3. Der Aggressionstrieb hat viele Abkömmlinge (z. B. Sadismus, Grausamkeit usw.). Er kann Fusionen mit dem Sexualtrieb eingehen und in den Dienst eines reifen Ichs genommen werden (Aktivität, Arbeitsfähigkeit).
4. Die Entwicklung des Aggressionstriebs ist abhängig von Objektbeziehungen.

Welches dieser Denkmodelle die Vielzahl der Aspekte des Phänomens »Aggression« am sinnvollsten integrieren und verstehbar machen kann, ist auch innerhalb der Psychoana-

lyse heute noch offen. Es sollte jedoch deutlich geworden sein, daß die Psychoanalyse auch in bezug auf das Aggressionsproblem zwischen den Extremen zu vermitteln sucht: sowohl hinsichtlich des auch von der Lerntheorie – wenngleich in vereinfachender Weise – hervorgehobenen Moments lebensgeschichtlicher Bildungsprozesse als auch hinsichtlich der von der Ethologie »biologistisch«, einseitig betonten Triebkomponente (vgl. Mitscherlich, Muck, 1969).
Man könnte sich vorstellen, daß die in den Sozialwissenschaften oft hervorgehobene Unmöglichkeit, etwas über die von Gesellschaft unberührte »erste Natur« des gesellschaftlichen Wesens »Mensch« zu erfahren, auch bei der Betrachtung des Aggressionstriebkonzepts relevant wird (vgl. Horn, 1972). Es müßte dann das Triebmoment überhaupt als somatische Anforderung an die Psyche als dasjenige festgehalten werden, was nicht in seiner gesellschaftlichen Bearbeitung, der Sozialisation, aufgeht.
Wie wir gesehen haben, unterscheidet sich die Definition des Triebes von der des Instinkts in einem wesentlichen Punkt. Während das Instinktgeschehen über eine erbgenetisch festgelegte, automatisch ablaufende Steuerung verfügt, besitzt der Trieb kein angeborenes Regulativ. Der Mensch ist daher darauf angewiesen – aber auch dazu in der Lage –, ein solches Regulativ zu entwickeln, das ihm ermöglicht, soziales Verhalten zu lernen. Die psychische Instanz, die dem entspricht, wird in der Strukturtheorie das *Ich* genannt (vgl. Freud, 1923 und 1938). Es hat die Aufgabe der Synthese und Koordination von Triebansprüchen und Ansprüchen aus der Außenwelt, der Orientierung, der kritischen Prüfung, Einsichtnahme und Reflexion. Das Ich ist der Träger vieler Funktionen: Wahrnehmung, Kontrolle der Motorik, Denken, Erinnern, Lernen und Fühlen gehören ebenso dazu wie die schon genannten Fähigkeiten der Abwehr. Es ist der psychische Ort des Fühlens, die »Stätte der Angst« wie der Vernunft. Bewußtheit kann es nur im Ich geben.
Das Ich entwickelt sich mit dem Es aus einer gemeinsamen Anlage (vgl. Hartmann, 1964). Seine Differenzierung wird im wesentlichen durch Angebote von außen, also durch Objektbeziehungen bestimmt. Die Untersuchungen von Spitz (1967) haben erwiesen, in welch hohem Ausmaß gerade die ersten

Beziehungen des Kindes über seine Entwicklung und die späteren Möglichkeiten seines Ichs entscheiden.
Ein weiteres Regulativ ist das *Über-Ich.* Das Über-Ich, wie das Ich unterteilt in einen bewußten und einen unbewußten Bereich, ist jedoch nicht wie dieses eine Instanz der Reflexion und der Einsichtsfähigkeit, sondern eine normative Instanz innerer Gebote und Verbote. Sie entsteht aus dem Niederschlag der im Umgang mit den Objekten – den Bezugspersonen – erfahrenen äußeren Gebote und Verbote, als eine Stufe im Ich durch Internalisierung elterlicher Autorität (Sandler, 1964). Das Über-Ich ist auf diese Weise ein Anwalt alles dessen, was »man« tut, denkt oder glaubt, stamme es nun aus kulturellen, gesellschaftlichen, schichtspezifischen oder elterlichen Urteilen und Vorurteilen.
In einer Substruktur des Über-Ich, dem Ich-Ideal, sind die wunscherfüllenden, befriedigenden Erlebnisniederschläge enthalten. Es repräsentiert daher die Aspekte bewußter und unbewußter Vorstellungen darüber, wie man sein möchte.
Ein reifes Über-Ich unterscheidet sich von einem unreifen durch die Durchsichtigkeit und Flexibilität seiner Inhalte. Es ist eine rationelle Instanz im Sinne der Arbeitsersparnis, die es unnötig macht, Möglichkeiten des Zusammenlebens immer wieder von neuem erfinden zu müssen, es aber ermöglichen sollte, sie zu verändern.
Nach der Besprechung des »psychischen Apparates«, also der psychischen Struktur, die sich in den verschiedenen Altersstufen entwickelt, können wir zur Betrachtung des genetischen Aspektes zurückkehren, jetzt mit der Frage, wie die Genese dieser sowohl biologisch als auch durch Objektbeziehungen geprägten Struktur aussieht. Die Frage wird von der *psychoanalytischen Entwicklungspsychologie* (vgl. Schraml, 1972, Ohlmeier, 1973) beantwortet, die ihre Einsichten durch Rückerinnerungen, Rekonstruktionen und direkte Beobachtungen gewonnen hat.
Die Psychoanalyse unterteilt die Entwicklung in verschiedene Phasen – dies hat sie mit vielen anderen Versuchen, zu einer sinnvollen Beschreibung der Entwicklung zu kommen, gemein. So sind von verschiedenen Autoren weit über 60 unterscheidbare Phasen beschrieben worden. Diese große Anzahl ist kein Beweis für die Sinnlosigkeit solcher Einteilun-

gen, sondern ist die Folge der Verschiedenartigkeit möglicher Einteilungsgesichtspunkte. Man kann nämlich jeweils Wachstumsperioden, die Entwicklung der Motorik, der Sprache oder der künstlerischen Fähigkeiten zur Grundlage der Einteilung machen. Die Psychoanalyse verwendet als Einteilungsgesichtspunkt die Entwicklung des Sexualtriebes und ordnet dieser alle anderen beobachtbaren Entwicklungen zu.

Der Sexualtrieb ist zunächst, wie dargestellt, eine biologische Gegebenheit, eine somatische Anforderung an die Psyche. Wie bei den meisten biologischen Wachstums- oder Differenzierungsprozessen verläuft auch seine Entwicklung – soweit sie biologisch bestimmt ist – in Reifungsphasen. Diese Reifungsphasen stellen Ausgangspositionen dar, die mit phasenspezifischen Angeboten beantwortet werden sollten. Das bedeutet, daß zu verschiedenen Zeiten der Entwicklung der menschlichen Psyche unterschiedliche Themen aktuell sind. Sie sind dem biologischen Begriff des »Prägungsalters« (Lorenz, 1963) vergleichbar, weil nur zu dieser Zeit bestimmte Erziehungs- oder Sozialisationsangebote optimal verarbeitbar sind. Erikson (1961) hat diese Entwicklungsthemen näher untersucht, wir werden uns in unserem kurzen Überblick im wesentlichen an seine Einteilung halten.

Die erste oder *orale Phase* im ersten Lebensjahr steht unter der Thematik der Etablierung von Urvertrauen, welches nur durch eine ungestörte, zunächst symbiotische Mutter–Kind-Beziehung zustande kommen kann. Im ersten Vierteljahr, oft mit einer verlängerten Schwangerschaft verglichen, ist das Kind außerordentlich abhängig von der Mutter. Es kommt aus einem intrauterinen Zustand, in dem es geborgen und kontinuierlich mit allem Lebensnotwendigen – wie Sauerstoff, Nahrung, Flüssigkeit, Temperatur, Sicherheit – versorgt gewesen ist. Natürlich ist eine Aussage darüber, ob das Kind davon etwas erlebt hat, unmöglich. Immerhin kann jedoch ein Säugling durch die Nachahmung eben jenes Zustandes beruhigt werden: durch Aufnehmen, Wiegen, Berühren, Wärmen und Stillen. Ein Nicht-verfügen-Können über die Mutter muß daher zu starken Erregungen und Ängsten führen, die das Entstehen eines grundsätzlichen Vertrauens unmöglich machen.

Die Ausstattung des Neugeborenen beschränkt sich zunächst

auf einige angeborene Reflexe und Verhaltensweisen, die führende erogene Zone ist der Mund (daher orale Phase), d. h. der Mund ist libidinös besetzt: Lusterlebnisse finden am Mund, z. B. beim Saugen statt. Das Ich des Kindes ist noch so wenig differenziert, daß es nur primärnarzißtische, diffuse Körperwahrnehmungen und Zustandsgefühle erlebt (Freud, 1914; Argelander, 1971). Es kann weder die Mutter als Mutter noch sich selbst als von der Mutter unterschieden wahrnehmen. Objekt und Selbst sind noch eine Einheit.

Erst im 3.-4. Monat beginnt auch vom Kind her die eigentliche Mutter–Kind-Beziehung, die Mutter–Kind-Dyade, die sich durch das erste Lächeln des Kindes anmeldet (Spitz, 1967). Etwa von diesem Zeitraum an kann das Kind immer mehr sich und die Mutter unterscheiden: es bilden sich Objekt- und Subjektrepräsentanzen. Mit dem ersten »Fremdeln«, der Acht-Monats-Angst (Spitz, 1967), wird deutlich, daß das Kind auch zwischen fremd und vertraut zu unterscheiden beginnt. Dies alles sind Leistungen seines Ichs, die nur durch den dauernden Umgang mit einer Bezugsperson errungen werden können. Die Konstanz dieser Bezugsperson ist beim kleinen Kind zumindest als Orientierungserleichterung wichtig. Fehlende Zuwendung bringt nicht nur die Ich-Entwicklung zum Stillstand, sondern kann bis zur sogenannten anaklitischen Depression führen, die, selbst wenn sie überlebt wird, je nach weiterer Entwicklung den Boden für spätere schwere Störungen bereitet, wie z. B. Autismus, Verwahrlosung oder Süchtigkeit.

Im zweiten Lebensjahr erfolgt als Reifungsschritt der Trieborganisation, gleichzeitig mit der Beherrschung der entsprechenden Willkürmotorik, die libidinöse Besetzung der Analgegend *(anale Phase).* Erst von da an wird Reinlichkeitserziehung sinnvoll und als Angebot notwendig. Alle mit der Ausscheidung zusammenhängenden Vorgänge sind primär für das Kind lustvoll. Die Beziehung zur Mutter erweitert sich vornehmlich über diese Körperfunktion um die Dimension des Gebens und Nehmens, des Könnens und Verweigerns, also um Erlebnisse, in denen eigene Autonomie (Erikson, 1961) erfahren werden kann.

Bei übertriebener Reinlichkeitserziehung und Strenge der Eltern – z. B. dann, wenn Reinlichkeit nicht im Dienste des

Wohlbefindens des Kindes, sondern der Befriedigung zwanghafter Tendenzen der Eltern steht – kommt es zu Machtkämpfen zwischen Mutter und Kind, durch die nicht selten die Autonomie des kindlichen Ichs verhindert wird: der »Wille wird gebrochen«. Schamhaftigkeit und Zweifel am eigenen Wert behindern dann die Ich-Entwicklung, unbewußte, aggressiv-sadistische Anteile der Über-Ich-Vorläufer werden überstark: damit ist die Disposition für einen späteren Zwangscharakter oder eine Zwangsneurose gegeben.

Im Falle guter Objektbeziehungen macht jedoch das Kind die Erfahrung, selbständig und produktiv zu sein. Dabei spielt die weitere Differenzierung der Ich-Fähigkeiten eine große Rolle: vom Saugen zum Essen, vom Lallen zum Sprechen, vom Krabbeln zum Laufen. Das Kind wird beweglich, es kann zu den Dingen seiner Umgebung gelangen und sie benennen, es bekommt Beziehung zu ihnen, indem es sie in ein magisches Weltbild einordnet.

In der analen Phase kann das Kind wesentlich mehr als es versteht, da die Fähigkeit zur logischen Verknüpfung von Ursache und Wirkung hinter der motorischen Entwicklung nachhinkt; es kommt daher oft in Gefahr. Verbote werden in dem Maße, in dem die Fähigkeit zu Reflexion und Einsicht noch nicht ausreicht, zum Schutz des Kindes – nicht für die Bequemlichkeit der Eltern – notwendig. Der Niederschlag der daraus folgenden, mit aggressiven Affekten einhergehenden Frustrationserlebnisse (»Trotzalter«) bildet eine seelische Instanz, die Verhaltenssteuerungen in Gegenwart der Eltern zu übernehmen beginnt, den *Über-Ich-Vorläufer.* Die Strenge dieser Instanz ist abhängig von der Rigidität und der Angst der Eltern sowie von dem aggressiven Potential des Kindes.

Der etwa im 3. bis 5. Lebensjahr, der *phallischen Phase,* erfolgende Reifungsschritt der Trieborganisation führt zu einer libidinösen Besetzung der Geschlechtsorgane. Sie treten nun in den Mittelpunkt des Interesses; Masturbation und damit in Verbindung stehende lustvolle Phantasien verschieben und konzentrieren sich immer mehr auf die Genitalien. Durch die intensive emotionale Beschäftigung damit fallen dem Kind erstmals Geschlechtsunterschiede als etwas Bedeutsames auf, was bei Mädchen und Jungen zu unterschiedlichen

Vorstellungen darüber führen kann: bei Mädchen z. B. zur Vorstellung, benachteiligt zu sein *(Penisneid)*, bei Jungen zu Angst vor drohendem Verlust *(Kastrationsangst)*.
Gleichzeitig erwachen Gefühle und sexuelle Wünsche gegenüber dem gegengeschlechtlichen Elternteil sowie Haß- und Eifersuchtsgefühle gegen den gleichgeschlechtlichen. Dies ist der affektive Inhalt des *Ödipuskomplexes.* Aus sowohl physischen wie psychischen Gründen kann es zur Erfüllung solcher Wünsche nicht kommen: Die physischen liegen auf der Hand, die psychischen bestehen darin, daß Eltern, die zu wirklichen Sexualpartnern werden, ihre für das Kind notwendige Orientierungsfunktion verlieren. Erste gegengeschlechtliche Liebe muß also im Verzicht gelernt werden – ein echter Konflikt, der in sehr unterschiedlicher Weise zu lösen versucht werden kann. Die intensiven Affekte, die Liebes-, Schuld- und Angstgefühle innerhalb des ödipalen Konflikts, können zu beträchtlichen Störungen des kindlichen Erlebens und der Entwicklung führen. Kindheitsphobien (Dunkelangst, Angst vor bestimmten Tieren oder Räumen) und andere »nervöse« Störungen sind verständlicherweise in diesem Alter häufig zu beobachten; die meisten Neurosen haben hier, wie wir später sehen werden, ihren Ausgangspunkt.
Wenn es schließlich gelingt, die Konflikte zu bewältigen und die Gefühle der Enttäuschung und der Schuld langsam abebben, wird das Ausmaß an Aktivität und Initiative wieder frei, das der phallischen Phase eigen ist.
In der familiären Erziehungssituation besteht die häufigste – nicht die einzig mögliche – Lösung des Konflikts im Aufgeben der ödipalen Wünsche bei gleichzeitiger *Identifikation* mit dem gleichgeschlechtlichen Elternteil sowie der Internalisierung elterlicher Autorität in das dadurch voll etablierte Über-Ich. Durch diese Vorgänge werden gleichzeitig mehr oder weniger *kulturell vorgeprägte Rollen* übernommen (vgl. Erikson, 1961 und 1970).
Der Ödipuskomplex gilt in der Psychoanalyse als im Grunde unausweichlich, weil trotz aller kulturellen und gesellschaftlichen Unterschiede von Sozialisationsbedingungen eine Tatsache bestehen bleibt, die immer mehr oder weniger von Bedeutung sein wird: die Tatsache, daß es zwei Geschlechter und zwei Generationen zu einer Zeit gibt, die zueinander Bezie-

hungen haben, in denen sexuelle Wünsche unerfüllt bleiben. Die Art der Beziehung ist natürlich stark von kulturellen und gesellschaftlichen Bedingungen abhängig. Beträchtliche Unterschiede in der Bedeutung, und damit in der Art der Bewältigung des Konflikts, sind die Folge (vgl. auch Horn, in diesem Band).

Während Säugetiere, die eine in bezug auf Reifungsschritte analoge Entwicklung durchmachen, in der biologisch entsprechenden Phase geschlechtsreif werden, tritt beim Menschen in diesem fast »fertigen« Zustand eine mehrjährige Pause der Triebentwicklung ein, in der die sexuellen Phantasien der Zeit vorher mehr oder weniger einer Amnesie verfallen. Auch der Erwachsene erinnert sich daher ohne Analyse meist nicht mehr an die intensiven Gefühle und Affekte von damals.

Die relative Ruhe der Triebentwicklung in der *Latenzzeit,* die etwa vom 6. bis zum 10. Lebensjahr dauert, erlaubt eine nur durch wenig Angst behinderte und dadurch schnelle Ausdifferenzierung von Ich-Fähigkeiten und Objektbeziehungen. Das Kind ist nun in hohem Maße zu Leistungen und sozialen Beziehungen fähig (Schulalter) und bedarf entsprechender Angebote und Anregungen.

Der *zweite Triebschub* in der *Pubertät* und *Adoleszenz* belebt die ödipale Thematik von neuem und greift alte, inzwischen unbewußt gewordene Konflikte wieder auf (»zweites Trotzalter«). In einem mehrere Jahre dauernden Prozeß gelingt entweder eine endgültige Integration und damit auch die Ausbildung kritischen Bewußtseins, genitaler Potenz und Identität (Erikson, 1961 und 1970), oder es entwickelt sich eine Neurose. Letzteres ist dann der Fall, wenn neue gravierende Konflikte unbewältigte Konfliktinhalte aus der Kindheit bestärkend und bestätigend aufgreifen. Der aktuelle Konflikt, bei einer anderen Vorgeschichte vielleicht leicht austragbar, wird so zum Auslöser eines regressiven, unbewußten Geschehens, von dem nur ein aus der aktuellen Situation unverstehbarer Anteil, das Symptom, sichtbar wird.

Die *spezielle Neurosenlehre* (vgl. Kuiper, 1968; Loch, 1967; Redlich, 1970) macht darüber differenzierte Aussagen. Bei den klassischen Neurosen – Konversionshysterien, Phobie, Zwangsneurose – sowie bei der neurotischen Depression wird durch das Versagungserlebnis des aktuellen Konflikts das wesentlichste Versagungserlebnis der Kindheit, der Ödipuskonflikt, bestätigend aufgegriffen. Die Neurose folgt den alten Bewältigungsversuchen in einer überwältigenden Neuauflage. Die Wiederkehr des alten, unbewußt gewordenen Konflikts kann dann z. B. bei der *agierenden Hysterie* in immer wieder gesuchten und mißglückenden Dreiecksverhältnissen, bei der *Konversionshysterie* in einer den unbewußten Konflikt ausdrückenden Symptomatik bestehen. Der ödipale Konflikt selbst bleibt verdrängt. Reicht die Verdrängungsabwehr nicht aus, werden weitere Abwehrmechanismen zu Hilfe genommen (vgl. Moser, 1964), z. B. bei der *Phobie* – sie besteht in panikartigen Ängsten z. B. vor bestimmten Tieren, freien Plätzen, geschlossenen Räumen usw. – das oben genannte Verschieben und Vermeiden.

Wenn in der frühen Kindheit schon die anale Phase durch die für sie typischen Konflikte belastet war und sich dadurch eine sogenannte *Fixierung* gebildet hatte, erfolgt eine *Regression* – also ein Rückfall – in »anale« Bewältigungsversuche: neben die Verdrängung tritt Isolieren, Intellektualisieren und Ritualisieren, Kennzeichen der *Zwangsneurose* (mit den Symptomen z. B. des Waschzwanges, des Kontrollzwanges oder ängstigender Zwangsvorstellungen).

Liegt eine Fixierungsstelle in der oralen Phase, hat also ein gravierender, wenn auch bewältigter Konflikt in der frühen Mutter–Kind-Beziehung eine Rolle gespielt, so kann eine Regression auf »orale« Erlebnis- und Verarbeitungsweisen erfolgen. Außer der Verdrängung sind dann Wendungen der Aggression gegen die eigene Person, narzißtischer Rückzug oder passive Haltungen die Folge, wie sie z. B. bei der *neurotischen Depression* zu finden sind. Bei Frauen gehen hysterische und neurotisch depressive Züge, durch die in der ödipalen Situation gestörte Beziehung zum ersten Objekt, der Mutter, oft ineinander über.

Außer in Symptomen können sich unbewußte Konflikte auch in Charaktereigentümlichkeiten äußern; stehen sie im Vordergrund, so spricht man von *Charakterneurosen.*

Charaktereigentümlichkeiten werden im Gegensatz zu Symptomen nicht als fremd erlebt, sie sind *Ich-synton.* Sie fallen ihrem Träger nicht als eigenartig oder störend auf; lediglich die Umwelt kann gegebenenfalls darunter leiden.

Narzißtische Störungen (vgl. Kohut, 1973; Pulver, 1972) sind nicht auf Regressionen aus der ödipalen Situation, sondern auf unbewältigte Konflikte oder Mangelsituationen in der oralen Phase zurückzuführen; *psychosomatische Störungen* (psychisch mitbedingte Magen-, Darm-, Herz- und Kreislaufstörungen u. a.) können als Niederschlag meist präödipaler Konflikte in bestimmten disponierten Organbereichen angesehen werden (vgl. Mitscherlich, 1967).

Dieser kurze Überblick soll zeigen, in welcher Weise die häufigsten Neurosenformen auf phasenspezifische Grundkonflikte zurückgeführt werden können, die natürlich in verschiedenen Kulturen und Gesellschaftsformen hinsichtlich ihrer Heftigkeit und ihrer Folgen unterschiedlich ausgeprägt sein können. Das häufigere Vorkommen von Hysterien bei Frauen und Zwangsneurosen bei Männern in unserer Kultur sowie Verschiebungen in der quantitativen Verteilung von Neurosenformen in den letzten 50 Jahren sind wahrscheinlich auch auf gesellschaftliche Bedingungen bzw. auf deren Veränderungen zurückzuführen.

Außer den genannten grundsätzlichen Konflikten gibt es eine Menge davon zunächst unabhängig scheinender »privater« Konflikte und Traumata durch Unglücksfälle, Krankheiten, Kriegs- und Fluchtereignisse und andere bedeutende persönliche Erlebnisse in der Kindheit. Sie scheinen manchmal im Vordergrund einer Behandlung zu stehen, zeigen sich bald jedoch in einer untergründigen, spezifischen Verknüpfung mit den Konflikten der Phase, in der sie aufgetreten sind oder zu der sie Bezug haben. Sie erweisen sich als in geringem Maße strukturbildend, ergeben vielmehr die persönliche Eigenart innerhalb der psychischen Struktur (vgl. Klüwer, in diesem Band).

Der Versuch, ihr Konzept zusammenzufassen, erweist die Psychoanalyse als eine sehr differenzierte und daher vielfältig mißverstehbare Wissenschaft: Sie kann, je nach dem Aspekt, den man in den Vordergrund rückt, einseitig als biologisch bestimmte Triebpsychologie, als Psychologie des Unbewußten, als Sozialpsychologie, als Konfliktpsychologie, als Psychologie der Aufklärung oder Kulturphilosophie fehlinterpretiert werden – fehlinterpretiert, denn Psychoanalyse ist, richtig verstanden, gerade die Vermittlung all dieser Aspekte.

Darüber hinaus ist sie jedoch auch eine Behandlungsmethode. Das nächste Kapitel soll darüber Auskunft geben.

Bibliographie

Argelander, H. (1971), *Ein Versuch zur Neuformulierung des primären Narzißmus.* In: *PSYCHE* 5, S. 358.

Bandura, A., Walters, R. H. (1959), *Adolescent Aggressions,* New York.

– (1963), *Social Learning and Personality Development,* New York.

Brenner, Ch. (1967), *Grundzüge der Psychoanalyse,* Frankfurt/M.

– (1971), *Der psychoanalytische Begriff der Aggression.* In: *PSYCHE* 6/7, S. 417-432.

Buss, A. H. (1961), *The Psychology of Aggression,* New York.

Craig, W. (1918), *Appetites and Aversions as Constituents of Instincts.* In: *Biolog. Bull.,* 34, S. 91-107.

Dollard, J., Doob, L. W., Miller, N. E., Mowrer, O. H., Sears, R. S. (1970), *Frustration und Aggression,* Weinheim-Berlin-Basel.

Denker, R. (1966), *Aufklärung über Aggression,* Stuttgart-Berlin-Köln-Mainz.

Eibl-Eibesfeld, I. (1970), *Liebe und Haß. Zur Naturgeschichte elementarer Verhaltensweisen,* München.

– (1974), *Der vorprogrammierte Mensch,* Wien-München-Zürich.

Erikson, E. (1961), *Kindheit und Gesellschaft,* Stuttgart.

– (1970), *Jugend und Krise,* Stuttgart.

Freud, A. (1936), *Das Ich und die Abwehrmechanismen,* Wien, 1968, München.

Freud, S. (1895), *Studien über Hysterie. GW,* Bd. I.

– (1913), *Das Unbewußte. GW,* Bd. X.

– (1914), *Zur Einführung des Narzißmus. GW,* Bd. X.

– (1920), *Jenseits des Lustprinzips. GW,* Bd. XIII.

– (1923), *Das Ich und das Es. GW,* Bd. XIII.

– (1938), *Abriß der Psychoanalyse. GW,* Bd. XVII.

Habermas, J. (1968), *Erkenntnis und Interesse,* Frankfurt/M.

Hartmann, H., Kris, E., Loewenstein, R. (1949), *Notes on the Theory of Aggression.* In: *Psychoanalytic Study of the Child,* III/IV, S. 9-36, New York.

Hartmann, H. (1964), *Bemerkungen zur psychoanalytischen Theorie des Ichs.* In: *PSYCHE* 6/7, S. 330.

Holst, E. v. (1969), *Zur Verhaltensphysiologie bei Tieren und Menschen,* München.

Horn, K. (1972), *Gibt es einen Aggressionstrieb?* In: *PSYCHE* 10, S. 799-815.
Kohut, H. (1973), *Narzißmus*, Frankfurt/M.
– (1973b), *Narzißmus und narzißtische Wut.* In: *PSYCHE* 6, S. 513.
Künzler, E. (1967), *Über die Möglichkeit einer Zusammenarbeit von Ethologie und Psychoanalyse.* In: *PSYCHE* 1/3, S. 166.
Kuiper, P. C. (1968), *Die seelischen Krankheiten des Menschen*, Stuttgart.
Laplanche, J., Pontalis, J.-B. (1972), *Das Vokabular der Psychoanalyse*, Frankfurt/M.
Loch, W. (1967), *Die Krankheitslehre der Psychoanalyse*, Stuttgart.
– (1970), *Zur Entstehung aggressiv-destruktiver Reaktionsbereitschaften.* In: *PSYCHE* 4, S. 241.
– (1972), *Zur Theorie, Technik und Therapie der Psychoanalyse*, Frankfurt/M.
Lorenz, K. (1963), *Das sogenannte Böse*, Wien.
– (1965), *Über tierisches und menschliches Verhalten.* Bd. I und II, München.
Lorenzer, A. (1970), *Sprachzerstörung und Rekonstruktion*, Frankfurt/M.
Mentzos, S. (1973), *Psychoanalyse – Hermeneutik oder Erfahrungswissenschaft.* In: *PSYCHE* 9, S. 832.
Mitscherlich, A. (1958/59), *Aggression und Anpassung.* In: *PSYCHE* 12, S. 523-537.
– (1963), *Auf dem Weg zur vaterlosen Gesellschaft*, München.
– (1965), *Zur Wesensbestimmung der Aggression.* In: H. Thomae (Hrsg.), *Die Motivation menschlichen Handelns*, Köln-Berlin.
– (1967), *Krankheit als Konflikt*, Frankfurt/M.
Mitscherlich, A., Muck, M. (1969), *Der psychoanalytische Ansatz in der Sozialpsychologie.* In: *Handbuch der Psychologie.* Bd. 7, S. 108.
Mitscherlich-Nielsen, M. (1972), *Müssen wir hassen? Über den Konflikt zwischen innerer und äußerer Realität*, München.
Moser, V. (1964), *Das Verhältnis von Verdrängung und Projektion.* In: *Jahrbuch der Psychoanalyse.* Bd. 3.
Ohlmeier, D. (1973), *Psychoanalytische Entwicklungspsychologie*, Freiburg.
Pulver, S. E. (1972), *Narzißmus: Begriff und metapsychologische Konzeption.* In: *PSYCHE* 1, S. 34.
Rapaport, D. (1959), *Zur Struktur der psychoanalytischen Theorie*, Stuttgart.
Redlich, F. C., Freedman, D. X. (1970), *Theorie und Praxis der Psychiatrie*, Frankfurt/M.
Rosenkötter, L. (1969), *Über Kriterien der Wissenschaftlichkeit in der Psychoanalyse.* In: *PSYCHE* 23, S. 461-480.

Roth, G. (Hrsg.) (1974), *Kritik der Verhaltensforschung. K. Lorenz und seine Schule,* München.
Sandler, J. (1964), *Zum Begriff des Über-Ichs,* (Teil I). In: *PSYCHE* 4, S. 721.
Schraml, W. J. (1972), *Einführung in die moderne Entwicklungspsychologie,* Stuttgart.
Selg, H. (Hrsg.) (1973), *Zur Aggression verdammt?* Stuttgart.
Spitz, R. (1967), *Vom Säugling zum Kleinkind,* Stuttgart.
Tinbergen, N. (1964), *Instinktlehre,* Berlin-Hamburg.
Waelder, R. (1963), *Die Grundlagen der Psychoanalyse,* Stuttgart.
Wickler, W. (1971), *Die Biologie der zehn Gebote,* München.

Mario Muck

Die psychoanalytische Behandlung und ihre Wirkung

Wenn wir *Neurose* als eine Erlebens-, Verhaltens- und Leidensform verstehen, die das Resultat der unbewußten Bewältigungsversuche unbewußt gewordener eigener Vor- und Frühgeschichte darstellt, erhebt sich die Frage, in welcher Weise Korrekturen daran möglich sein können.
Vergangenheit ist unabänderlich – mit Korrektur kann daher nur gemeint sein, bessere Bewältigungsmöglichkeiten zu finden, die dem Individuum einen höheren Grad von Freiheit, mehr Verfügbarkeit über die eigenen kreativen Fähigkeiten, einen besseren Zugang zu anderen Menschen und zu eigenen Wünschen und Antrieben und einen besseren Schutz vor Angst gewähren. Dazu ist ein Erkenntnis- und Selbstgestaltungsprozeß notwendig, in dem die Heilung neurotischer Symptome als Nebenprodukt abfällt: an die Stelle mißglückter Kompromißbildungen tritt der bessere Kompromiß, den wir Gesundheit zu nennen pflegen.
Diese *Definition des Behandlungszieles* der Psychoanalyse soll dreierlei verdeutlichen: 1. daß Psychoanalyse nicht ausschließlich Symptome kurieren will, 2. daß sie keine Methode darstellt, um Individuen an bestehende Verhältnisse anzupassen und 3. daß auch Gesundheit nur ein Kompromiß ist, so daß es keine grundsätzlichen Unterschiede zwischen »Neurotikern« und »Gesunden« geben kann. Deshalb soll auch im folgenden nicht von Patienten, sondern von Analysanden die Rede sein.
Gleichzeitig wird verständlich, daß zu dem genannten Ziel kein »normales« Gespräch, etwa ein Beratungsgespräch über bewußte, aktuelle Probleme, führen kann: Es geht darum, unbewußt gewordene Konflikte und Konfliktzusammenhänge sowie dagegen gerichtete unbewußte Abwehrmaßnahmen bewußt zu machen. Nach Unbewußtem kann sinnvollerweise nicht gefragt werden – zumindest kann man keine Antwort darauf erwarten –, es kann nur indirekt erschlossen werden;

und zwar am besten an einem »Material«, welches möglichst wenig durch bewußte Prozesse strukturiert ist. Aus dieser Überlegung leitet sich die *psychoanalytische Grundregel* ab, die besagt, daß der Analysand dem Analytiker unausgewählt alles mitteilt, was ihm durch den Sinn geht – erscheine es ihm nun peinlich, dumm, unwichtig, absurd, böse oder schön und erstrebenswert. Um dieses sogenannte »freie Assoziieren« zu erleichtern, liegt der Analysand, so entspannt es ihm Symptomatik und innere Haltung erlauben, auf einer Couch. Er kommt über einen längeren Zeitraum vier- bis fünfmal in der Woche, jeweils fast eine Stunde, um sich diesem Prozeß möglichst ungestört hingeben zu können. Auch der Analytiker soll diesen Prozeß so wenig als irgend möglich stören. Er sitzt deshalb so, daß der Analysand ihn nicht sieht, und verhält sich neutral; damit ist gemeint: er spricht nicht von sich, verrät nichts über seine Realität, seine Identität, seine Einstellungen und Meinungen.

Es ist ein ungewöhnliches Arrangement, eine sehr ungleiche Beziehung, die sich da anbahnt. Aber aller Erfahrung nach liegt gerade in dieser Ungleichheit der Anstoß dazu, daß das wenig bewußt strukturierte »Assoziationsmaterial« des Analysanden, bestehend aus Erinnerungen, Einfällen, Träumen, Tagträumen usw., sich unbewußt zu strukturieren beginnt: die Assoziationen reihen sich nicht zufällig aneinander, sie sind von unbewußten Wünschen und Ängsten gesteuert, die sich immer mehr auch um die Gestalt des Analytikers zentrieren. Je neutraler sich dieser dabei verhält, desto mehr kann ihm unterstellt werden; die Inhalte der Unterstellungen entstammen notwendigerweise zum größten Teil den unbewußt gewordenen Erfahrungen des Analysanden. Zwangsläufig beginnt sich ein Teil dieser unbewußten Erfahrungen in einer zunächst nur für den Analytiker erkennbaren Weise in die Beziehung Analysand–Analytiker einzuschleichen, und damit werden auch die gesuchten unbewußten Konflikte im Beziehungsfeld sichtbar: die sogenannte *Übertragung* hat eingesetzt (Freud, S. 1912). Der Analysand »überträgt« dabei seine frühkindlichen und späteren Erfahrungen, Erlebnisweisen, Verhaltensmuster, Gefühle und Affekte auf den Analytiker, dessen Aufgabe es ist, diesen Vorgang deutlich zu machen, zu »deuten«.

Das analytische »Setting« gibt dem Analytiker die Chance, seinem Analysanden durch die Deutungen nicht nur intellektuelle Einsichten über unbewußte Konflikte zu vermitteln – was ein Lehrbuch vielleicht besser und exakter könnte –, sondern ihm in einem selbst erlebten »Experiment« die bis dahin unbewußt gehaltenen Konfliktzusammenhänge emotional zugänglich zu machen. Dadurch allein können sie vom Analysanden als etwas Eigenes gefühlt und akzeptiert werden. Die *Deutungen* stellen dabei die Verbindung her zwischen dem, was in der analytischen Beziehung geschieht, und dem, was in frühkindlichen Beziehungen geschehen ist und seitdem unerkannt alle mitmenschlichen Beziehungen gestört oder zerstört hatte: In der idealen Deutung konvergieren infantile, aktuelle und Übertragungs-Situation.

Es darf nicht übersehen werden, daß dieses analytische Setting für den Analysanden eine große Belastung darstellt. Nicht nur die Einseitigkeit der Beziehung ist quälend, sondern vor allem die sich notwendigerweise einstellende Wiederbelebung alter Beziehungsprobleme mit all ihren Gefühlen und Affekten, die sich schon einmal als »krankmachend« erwiesen hatten. Dies hat mehrere Folgen. Die erste ist theoretischer Natur und gleichzeitig ein Mißverständnis: die Meinung nämlich, Psychoanalyse sei eine Methode zur Errichtung und Zementierung von *Herrschaftsverhältnissen.* Das Gegenteil ist der Fall: Gerade weil Psychoanalyse ihrem Therapieziel entsprechend einen Prozeß der Befreiung anstrebt, muß sie zunächst die durch unbewußte Konflikte entstandene neurotische Unfreiheit sichtbar und erlebbar machen; dies ist ihr Ausgangspunkt. Sie hat jedoch die Neurose nicht erzeugt, sondern sie in eine *Übertragungsneurose* verwandelt und es dadurch ermöglicht, die Konflikte »in der lebendigen Gegenwart zu beobachten und zu bearbeiten« (Greenson, 1973). In dem Maße, in dem das gelingt, bauen sich auch die anfänglichen subjektiven Gefühle, Herrschaftsansprüchen ausgeliefert zu sein, ab. Gerade durch diesen Vorgang wird es dem Analysanden möglich, äußere, objektive Herrschaftsverhältnisse zu durchschauen und sich in sinnvoller Weise gegen sie zu stellen.

Es ist klar, daß in der Übertragung, in Abhängigkeit von Erlebnissen und Phantasien in der Kindheit des Analysanden, nicht nur Herrschafts- und Machtansprüche u. ä. wiederbelebt werden, sondern auch alle anderen denkbaren zwischenmenschlichen Beziehungsformen wie Liebesbeziehungen, Verlassenheitsgefühle, Mißtrauens- und Abhängigkeitsverhältnisse – meist in solcher Heftigkeit, daß wieder wie früher Angst entsteht und die gleichen Abwehrmechanismen gegen diese Ängste angewendet werden: es kommt zu einem *Widerstand* gegen die Analyse. Dies ist die zweite, praktische Folge der Übertragungsneurose. Die Methoden des Widerstandes orientieren sich natürlicherweise an den Methoden der bisherigen Abwehr: Wer früher intellektualisiert hat, wird auch jetzt intellektualisieren; wer früher agiert hat, wird auch in der Analyse agieren, sich verspäten, wegbleiben, Nebenübertragungen anknüpfen usw.; wer früher schon körperliche Symptome »produziert« hat, wird eine Neuauflage davon bieten. Nun aber bezieht sich dies alles auf die Analyse, d. h. auf die gemeinsame, unbewußte Konflikte aufdeckende Arbeit. Dadurch kann es gelingen, die dem Analysanden eigenen unbewußten Reaktionsweisen in ihrem Entstehen und in ihrem Zusammenhang zu erleben, zu beobachten und zu deuten, d. h. ihm zu zeigen, daß, wogegen und in welcher Weise er Widerstand leisten muß.

Widerstände können allerdings so stark werden, daß sie die Beziehung zwischen Analysand und Analytiker gefährden; damit sind wir bei der dritten Folge der Übertragungsneurose: sie kann das *Arbeitsbündnis* zerstören. Mit Arbeitsbündnis ist die wohlwollend-sachliche Beziehung zwischen Analysand und Analytiker gemeint, die die Grundlage zu der gemeinsamen Erkenntnisarbeit bildet. Der Analysand erlebt den Analytiker in einer Doppelrolle: einmal als den Therapeuten, der ihm hilfreich sein möchte, zum anderen als den Menschen, auf welchen er seine Kindheitserfahrungen überträgt: einen Menschen, der verfolgt, straft, verläßt, verführt, demütigt, überfordert usw. Die beiden Rollen des Analytikers sind im allgemeinen so verschieden, daß es für den Analysanden unmöglich werden kann, beide im Blick zu behalten – eine von beiden kann die Glaubwürdigkeit verlieren; in einem Falle also kann das Arbeitsbündnis zusammenbrechen, was unweigerlich den Abbruch der Analyse bedeuten würde; im anderen Falle kann die Übertragungsbeziehung schwinden, was zu einer unendlichen oder erfolglosen Analyse führen müßte. Nur die Fähigkeit des

Analysanden zur sogenannten *therapeutischen Ich-Spaltung* und das Einfühlungsvermögen des Analytikers vermögen diese Gefahr zu meistern (vgl. auch Schröter, S. 54 ff. in diesem Band). Die Spaltung im Ich des Analysanden ermöglicht ihm, hin- und herzupendeln zwischen einem vernünftigen, beobachtenden, mitanalysierenden Ich und einem erlebenden, irrationalen Ich, das sich dem Strom der freien Assoziationen hingeben kann. Dies wiederum ist die Voraussetzung für eine sinnvolle analytische Arbeit. Greenson sagt dazu: »Das Arbeitsbündnis liefert sowohl die Motivation von Tag zu Tag als auch die Fähigkeit, die analytische Arbeit zu leisten. Das wesentliche abgewehrte, unzugängliche Rohmaterial liefern die neurotischen Übertragungsreaktionen, in erster Linie die Übertragungsneurose.« (Greenson, 1973)

Die vierte Folge des Bestehens der Übertragungsneurose betrifft primär den Analytiker, insofern nämlich, als es für ihn, in dauerndem Abwägen zwischen Aufrechterhalten des Arbeitsbündnisses und Förderung der Übertragungsneurose, schwer werden kann, seine neutrale Haltung zu bewahren. Er kann aufgrund von *Gegenübertragungsreaktionen* dazu verführt werden, in die auf ihn übertragene »Rolle« einzusteigen, wiedergutzumachen oder sonstige noch infantile Triebwünsche des Analysanden befriedigen zu wollen. Im Interesse des Analysanden darf der Analytiker jedoch nicht »mitagieren«, er muß sich an die *Abstinenzregel* halten, die nichts weiter meint als: »Die analytische Kur soll, soweit es möglich ist, in der Entbehrung – Abstinenz – durchgeführt werden« (Freud, 1919, 1915) – d. h. also in der Entbehrung der Befriedigung infantiler Bedürfnisse. Kurz gesagt: Der Analytiker sollte deuten, nicht befriedigen, der Analysand erinnern, nicht agieren. Nur dann kann der Analysand in die Lage versetzt werden, langsam auf die blinde Befriedigung der immer deutlicher bewußt werdenden infantilen Bedürfnisse zu verzichten. Da der Verzicht oft sehr schmerzlich ist, kann es zeitweise geschehen, daß der Analysand die zwar mitfühlende, aber auch zurückhaltend Einsicht vermittelnde Haltung des Analytikers als unmenschliche Härte und Distanziertheit erlebt – wiederum eine bisweilen gravierende Belastung für die am analytischen Prozeß Beteiligten und ihr Arbeitsbündnis.

Unter anderem sind es gerade die Gegenübertragungsreaktionen des Analytikers, die es notwendig machen, daß er sich selbst durch eine *Lehranalyse* besser kennenlernt. Die Lehranalyse ist deshalb auch aus diesem Grund ein unverzichtbarer Teil der Ausbildung zum Psychoanalytiker.
Die fünfte und eigentlich intendierte Folge der Übertragung ist die oben schon genannte Möglichkeit für den Analysanden, aufgrund eigenen Erlebens in der analytischen Situation Einsicht in die Entstehungsgeschichte seines eigenen Verhaltens, Erlebens und Reagierens zu bekommen. Bisher Unbewußtes wird ihm bewußt.
Bewußtmachen ist jedoch noch nicht heilen, und auch die Erkenntnis von Konfliktzusammenhängen verändert diese nicht automatisch. Die neu erworbenen Einsichten in bisher unbekannte Bereiche der eigenen Person sind jedoch die Voraussetzung für den nun einsetzenden analytischen Prozeß, der als *Durcharbeiten* (Freud, S. 1914) bezeichnet wird. Das Durcharbeiten beansprucht die meiste Zeit in der Analyse. Es besteht in dem immer erneuten Aufspüren bereits bewußt gewordener Übertragungs- und Widerstandsphänomene, in dem wiederholten Anknüpfen und Sichtbarmachen der Konflikte an den verschiedensten, in der Analyse auftauchenden Situationen. Der Analysand erlebt dies vor dem Hintergrund der Haltung und Reaktion des Analytikers, die eine ganz andere ist als die der primären Beziehungspersonen (Eltern, Erzieher, Geschwister usw.). Langsam entsteht auf diese Weise die Ahnung und später die Gewißheit, daß es im Umgang mit den immer wiederkehrenden Konflikten andere, bessere Lösungsmöglichkeiten gibt, als die bisher verwendeten »neurotischen« Methoden. Neurotisches Leid wird durch diese Entwicklung, wie Freud sagte, immer mehr zu normalem, bewältigbarem Leid.
Man wird verstehen, daß Erlebens- und Reaktionsweisen, die sich in der frühen Kindheit gebildet haben und zehn, zwanzig, dreißig Jahre in Tausenden von großen, kleinen und kleinsten Situationen wiederholt wurden, nicht durch eine einmalige Erkenntnis von Grund auf verändert werden können. Das Durcharbeiten der gewonnenen Einsichten muß deshalb lange genug dauern (Rosenkötter, 1973). Manchem mag der *Zeitaufwand* von zwei, drei, vier und mehr Jahren sehr groß

erscheinen – anders betrachtet könnte man ihn jedoch als klein ansehen im Vergleich zu dem Zeitraum, in dem neurotisches Erleben und Verhalten wirksam geworden war: er ist nicht viel größer als ein Zehntel davon.

Durch den in der Analyse angestoßenen Erkenntnisprozeß kommen natürlich auch längere Zeit nach der »Kur« weitere Veränderungen im Sinne fortschreitender Selbstreflexion zustande, die die begonnene Entwicklung weiterführen. Andererseits ist es aus den dargestellten Zusammenhängen verständlich, daß es meist nicht sehr aussichtsreich ist, ältere Menschen zu analysieren. Alter ist allerdings hierbei nicht allein an der Zahl gelebter Jahre, sondern vor allem an dem Grad bereits eingetretener Erstarrung der Charakterstruktur zu bestimmen.

Es bleibt nun die Frage zu beantworten, wo der »psychische Ort« zu suchen sei, an dem Veränderungen und Entwicklungen durch den analytischen Prozeß stattfinden können. Freud hat das ursprünglich am topographischen Modell erläutert, wenn er davon sprach, Unbewußtes bewußt zu machen. Die spätere Aussage: »Wo ›Es‹ war, soll ›Ich‹ werden«, ist am Strukturmodell orientiert und beschreibt den Vorgang noch aus einem weiteren Blickwinkel: dem Aspekt von Regulations-, Integrations- und Orientierungsfunktion des psychischen Apparates. Metapsychologisch ausgedrückt: Die Analyse fördert und erweitert die Funktionsfähigkeit des Ich durch die Befreiung von unbewußten, infantilen Mechanismen, durch den Abbau unbewußter, archaischer Über-Ich-Anteile und ermöglicht einen angstfreieren Zugang zu Trieben, Gefühlen und Phantasien. Dadurch kann das Ich freier und situationsgerechter zwischen persönlichen Wünschen und gesellschaftlichen Möglichkeiten vermitteln.

Damit beantworten sich einige Fragestellungen in bezug auf *Nebenwirkungen psychoanalytischer Behandlungen:* z. B. nach der Veränderung politischen Bewußtseins und der Intensität des Engagements, nach der Einschränkung künstlerischer Fähigkeiten und der Veränderung von Wertvorstellungen usw. Eine Veränderung innerhalb der genannten Bereiche menschlicher Existenz durch eine Analyse kann nur in dem Maße eintreten, wie ihre jeweilige Eigenart durch neurotische, d. h. infantile Mechanismen verzerrt war. Das bedeutet,

daß z. B. politische Einstellungen, gleich welcher Art, und politisches Engagement in dem Maße unverändert bleiben, in dem sie tatsächlich politisch, d. h. von einem autonomen Ich, und nicht subjektiv neurotisch bestimmt sind. Je weniger ein Mensch durch infantile, unbewußte Konflikte beeinträchtigt wird, um so besser kann er in der Lage sein, gesellschaftliche Gesetzmäßigkeiten unverwechselbar als solche zu erkennen und den Erkenntnissen entsprechend zu handeln.
Ähnliches gilt für den Künstler. Überall dort, wo künstlerische Fähigkeiten nicht ausschließlich als Ventilfunktion zur Entlastung von unbewußten Konflikten gebraucht werden, kann eine Analyse für die künstlerische Kreativität dienlich sein, da sie den Zugang zu Anteilen der Person ermöglicht, die vorher verdrängt und damit unausschöpfbar waren.
Ganz allgemein kann eine Erweiterung und Stärkung des Ichs sowohl Kreativität als auch Entscheidungsfreiheit nur fördern. Gesundheit in dem oben definierten Sinne muß also keineswegs erkauft werden durch den Verzicht auf individuell wie gesellschaftlich wesentliche Engagements; der Preis ist ein ganz anderer: die Geduld auch in kritischen Situationen aufzubringen, um in einem lange dauernden Prozeß von Leid und Einschränkung befreit werden zu können.

Bibliographie

Freud, S. (1912), *Zur Dynamik der Übertragung.* GW VIII.
– (1914), *Erinnern, Wiederholen, Durcharbeiten.* GW X.
– (1915), *Bemerkungen über die Übertragungsliebe.* GW X.
– (1919), *Wege der psychoanalytischen Therapie.* GW XII.
Greenson, R. R. (1973), *Technik und Praxis der Psychoanalyse,* Stuttgart.
Rosenkötter, L. (1973), *Die psychoanalytische Situation als Grundlage der Therapie.* In: *PSYCHE* 11, S. 989-1000.
Vergleiche auch:
Argelander, H. (1968), *Der psychoanalytische Dialog.* In: *PSYCHE* 22, S. 325-339.
Balint, M. (1966), *Die Urformen der Liebe und die Technik der Psychoanalyse,* Stuttgart.
Sandler, J., Dare, Ch., Holder, A. (1973), *Die Grundbegriffe der psychoanalytischen Therapie,* Stuttgart.
Stone, L. (1973), *Die psychoanalytische Situation,* Frankfurt.

Klaus Schröter
Psychoanalytischer Dialog und alltägliche Kommunikation

»In der analytischen Behandlung geht nichts anderes vor als ein Austausch von Worten zwischen dem Analysierten und dem Arzt« (Freud 1916/17, S. 9). Die Analyse ist also ein Gespräch. Diese Eigenschaft ermöglicht es, sie mit den Formen zu vergleichen, in denen wir im Alltag miteinander reden.[1] Daß aber der Dialog, den Analytiker und Analysand miteinander führen, ein Gespräch besonderer Art sein muß, darauf deutet schon der Umstand, daß vielfach davor gewarnt wird, spezifische Kommunikationsformen aus der Analyse auf den Alltag zu übertragen. Viele Analytiker betonen, daß analytische Deutungen außerhalb der Behandlung illegitim seien, und in der Diskussion über Versuche, durch die Untersuchung der analytischen Therapie die allgemeinen Voraussetzungen und Strukturen von Aufklärungsprozessen zu klären, wurde auf die Gefahren einer »Verwirrung von Sprachspielen«, einer unzulässigen Übertragung von Formen therapeutischer Kommunikation auf die Ebenen eingespielter alltäglicher

1 Der Begriff »alltägliche Kommunikation« soll hier alle Formen der Kommunikation bezeichnen, soweit sie nicht unter Habermas' Begriff des »strategischen Handelns« fallen (wie Formen des Überredens oder Verhörens unter Gewaltandrohung) und soweit sie nicht therapeutisch sind (innerhalb oder außerhalb institutionalisierter Therapie).
Ein Vergleich des analytischen Dialogs als einer Form institutionalisierter Therapie mit Formen »alltäglicher Kommunikation« scheint mir sinnvoll zu sein, sofern man – wie ich annehme – zu Recht davon ausgehen kann, daß therapeutische Prozesse, ähnlich wie »Diskurse« im Sinne von Habermas, in Interaktion eingelassen sein müssen, wobei vorübergehend andere Bedingungen möglicher Kommunikation gelten. Bei meinen Aussagen über den psychoanalytischen Dialog kann ich mich nur auf das beziehen, was ich aus der Literatur und aus Diskussionen im Sigmund-Freud-Institut lernen konnte; über eigene klinische Erfahrungen verfüge ich nicht. Im wesentlichen stütze ich mich auf die im Text genannten behandlungstechnischen Schriften und versuche daraus auf einer sehr allgemeinen Ebene einige Voraussetzungen für therapeutische Aufklärungsprozesse zu rekonstruieren. – Ich empfehle vor der Lektüre meines Aufsatzes den von Mario Muck über die psychoanalytische Behandlung zu lesen (in diesem Band).

Interaktion und politischer Diskussion hingewiesen (vgl. Gadamer 1971). Solche Warnungen lassen uns fragen, was denn das Besondere am analytischen Dialog ist und worin er sich von uns vertrauten Gesprächen unterscheidet.

Was bei einem Vergleich zwischen Analyse und alltäglicher Interaktion sogleich auffällt, ist die extrem asymmetrische Definition der Dialogrollen im analytischen Gespräch. Der Analysand darf und soll alles erzählen, was ihm einfällt – der Analytiker hört die meiste Zeit zu, sagt gelegentlich etwas, spricht dann aber nie spontan, sondern immer nur in Erwiderung auf das, was der Analysand gesagt hat (Heimann 1956, S. 408). Die Dialogrolle des Patienten ist entscheidend durch die sogenannte analytische Grundregel bestimmt. Freud hat die Form, in der er seine Patienten auf die Grundregel verpflichtete, folgendermaßen beschrieben:

»Wir legen es dem Kranken auf, sich in einen Zustand von ruhiger Selbstbeobachtung ohne Nachdenken zu versetzen und alles mitzuteilen, was er dabei an inneren Wahrnehmungen machen kann: Gefühle, Gedanken, Erinnerungen, in der Reihenfolge, in der sie in ihm auftauchen. Wir warnen ihn dabei ausdrücklich, irgendeinem Motiv nachzugeben, welches eine Auswahl oder Ausschließung unter den Einfällen erzielen möchte, möge es lauten, das ist zu *unangenehm* oder zu *indiskret*, um es zu sagen, oder das ist zu *unwichtig*, es gehört nicht hierher, oder das ist *unsinnig*, braucht nicht gesagt zu werden« (Freud 1916/17, S. 297).

Der Analytiker weist den Patienten darauf hin, »daß der Erfolg der Behandlung, vor allem aber die Dauer derselben, von der Gewissenhaftigkeit abhängt, mit der er diese technische Grundregel befolgt« (a.a.O.). Durch sein eigenes Kommunikationsverhalten macht der Analytiker es dem Patienten zudem unmöglich, eine vom Alltag her gewohnte Dialogrolle durchzuhalten. Dadurch, daß er nie spontan spricht und deshalb auch nie das Gespräch eröffnet, erinnert er den Patienten immer von neuem an die übernommene Verpflichtung. Wenn der Patient schweigt, füllt er die entstehenden Pausen nicht, indem er seinerseits etwas erzählt, vielmehr deutet er das Schweigen des Patienten oder aber er schweigt seinerseits. Wenn auf diese Weise das Schweigen in absichtsvoller Zurückhaltung als Kommunikationsmittel eingesetzt wird, vermittelt das Schweigen »dem Patienten erlebnishaft, was in der Grundregel begrifflich formuliert ist, nämlich alles mitzuteilen, was in ihm vorgeht. Dies geschieht in der Weise, daß es den freien Raum sichtbar werden läßt, der dem Patienten zur Verfügung steht. Am Schweigen begreift der Patient, welchen Umfang die Aufforderung, sich mitzuteilen, hat« (Cremerius 1969, S. 94).

Die Einführung der Grundregel in die Dialogstruktur soll dem Patienten helfen, die bewußte Selektion von Gedanken nach Möglichkeit zu unterlassen. Es wird angenommen, daß durch diese Lockerung der Zensur von Einfällen in stärkerem Maße verborgene Zielvorstellungen die Herrschaft über den Vorstellungsablauf gewinnen und durch das Auftauchen neuer Verknüpfungen oder auffälliger Lücken in der Rede besser erkennbar werden. Die Bedeutung der Grundregel erschöpft sich nicht darin, das Gewinnen von Material für die analytische Bearbeitung zu erleichtern, mindestens ebenso wichtig ist die Beobachtung der Art und Weise, wie der Patient mit ihr umgeht. Die Grundregel wird zum Ansatzpunkt von Widerständen, und der Kampf des Patienten um die Befolgung der Grundregel ist besonders gut geeignet, seine Abwehrstrukturen auf den Plan zu rufen und somit sichtbar werden zu lassen.

Die Grundregel sichert Sanktionsfreiheit nicht nur für den Fall der Verletzung von allgemein geltenden sozialen Tabus, sondern insbesondere auch für den Fall der möglichen Kränkung des unmittelbaren Gegenübers, des Analytikers. In alltäglicher Interaktion gilt das Subjekt als verantwortlich nicht nur für direkte Kränkungen oder Beleidigungen seines Gesprächspartners, sondern auch für die nicht direkt intendierten potentiell kränkenden Implikationen seiner Rede; es wird erwartet, daß es sowohl den unmittelbar intendierten Gehalt seiner Rede als auch die indirekten Implikationen seiner Rede kontrolliert. Diese Kontrolle der Rede soll durch die Grundregel nach Möglichkeit ausgeschaltet werden: Der Analysand soll alles sagen können, was ihm in den Sinn kommt und was er in sich spürt, auch wenn es sich beispielsweise um Gefühle der Wut und des Hasses gegenüber dem Analytiker handelt. »Die ›analytische Grundregel‹ formuliert die Bedingungen eines repressionsfreien Reservats, in dem für

die Dauer der Kommunikation zwischen Arzt und Patient die ›Ernstsituation‹, also der Druck der gesellschaftlichen Sanktionen, so glaubhaft als möglich außer Kraft gesetzt ist« (Habermas 1968, S. 305 f.).
Die Vereinbarung der Grundregel hat noch eine weitere Konsequenz für die Interaktionsbeziehung zwischen Analytiker und Analysand. Das wird deutlich, wenn wir die eben beschriebenen Bedingungen des freien Assoziierens wiederum mit jenen vergleichen, die für alltägliche Interaktion gelten. In ihr hat jede Äußerung, auch wenn sie Gegenstände betrifft, die mit den Gesprächspartnern unmittelbar nichts zu tun haben, einen ihre Beziehung definierenden Aspekt. Man kann nicht kommunizieren, ohne zugleich auch einen Verwendungssinn seiner Äußerungen festzulegen und eine Beziehung zu definieren, in der die Äußerung ihren Ort hat (Watzlawick, Beavin, Jackson 1967, Kap. 2.2. und 3.2). Durch die einzelnen Äußerungen in einem Gespräch wird die situationsbezogene Definition einer Beziehung und der in dieser Definition enthaltenen Identitäten der Beteiligten fortwährend entweder bestätigt, erweitert oder revidiert. Diese beziehungs- und identitätskonstituierende Funktion, die Äußerungen im Alltag haben, verlieren sie weitgehend im analytischen Gespräch: Dadurch, daß der Patient mit allem, was er dem Analytiker sagt, immer nur der Regel folgt, alles zu sagen, was ihm einfällt, sind seine Äußerungen in ähnlicher Weise in diesem pragmatischen Sinn »entschärft«, wie im Alltag es Äußerungen sind, die durch die Situation oder explizit durch den Sprecher als Äußerungen gekennzeichnet werden, die »nicht ernst gemeint« waren und für die der Sprecher mit dem nachfolgenden Hinweis, daß »es doch Spaß« war, die Verantwortung ablehnen kann.
Diese Wirkung der Grundregel wird durch die Kommunikationsweise des Analytikers verstärkt. Er übernimmt im allgemeinen nicht die Rolle des Interaktionspartners, die darin besteht, Interaktionsangebote entweder anzunehmen oder abzulehnen, sondern er reagiert auf explizite oder implizite Interaktionsangebote entweder mit Schweigen, oder er kommentiert sie in Form von Deutungen oder Konfrontationen auf einer Metaebene; in diesem Fall springt er aus der Ebene unmittelbarer Interaktion heraus und bezieht eine Position

außerhalb der Beziehung, die im Beziehungsaspekt der Äußerung des Analysanden enthalten war.
Indem so die Äußerungen des Patienten ihrer unmittelbar beziehungsdefinierenden Kraft im oben beschriebenen Sinn beraubt werden, wird die Wirkung einer weiteren Regel verstärkt, nach der der Patient über die Person des Analytikers, insbesondere über sein Privatleben, möglichst wenig erfahren sollte. Diese weitgehende Anonymität des Therapeuten bedeutet eine weitere Abweichung von alltäglicher Interaktion, in der es so etwas wie eine normative Symmetrie des Sich-Enthüllens und Sich-Verbergens gibt, die eine allzu große Ungleichheit im Bescheidwissen über den anderen auf Dauer verbietet. Wenn jemand, eine neue Beziehung anknüpfend oder eine bestehende vertiefend, von sich erzählt, kann und muß er erwarten, daß der andere – mindestens langfristig gesehen – etwa ebensoviel von sich erzählt; andernfalls muß er das Verhalten seines Gesprächspartners oder Interaktionspartners als Zurückweisung der vorgeschlagenen Beziehungsdefinition interpretieren, als Hinweis, daß sein Gegenüber die implizierte Nähe und Vertraulichkeit nicht wünscht.
Sowohl die Vereinbarung der Grundregel als auch die spezifische Art der Kommunikation des Analytikers haben die Wirkung, daß das Bild des Analytikers und die Definition der Beziehung zu ihm relativ unbestimmt bleiben. Verstärkt wird diese Wirkung durch das äußere Arrangement, bei dem der Patient auf der Couch liegt und der Analytiker hinter ihm sitzt. Diese Anordnung dient zunächst dazu, daß die Einhaltung der Grundregel erleichtert wird: Der Patient kann unverantwortlich in den Raum hinein sprechen; die in der Interaktion eingeübte quasiautomatische Kontrolle des Sprechens im Hinblick auf die möglichen Implikationen für den Gesprächspartner wird vermutlich eher unterlaufen, wenn der Sprecher den Hörer nicht sieht. Zugleich bedeutet das auch, daß die beziehungsdefinierende Kraft der Äußerungen des Patienten und die Möglichkeit der Bestätigung oder Zurückweisung des Beziehungsaspektes durch seinen Zuhörer eingeschränkt werden.
Die relative Unbestimmtheit des Gesprächspartners und der Beziehung zu ihm erleichtert das Auftauchen und das Erkennen der Phänomene, die mit dem Begriff der Übertragungsre-

aktion bezeichnet werden. Die Grundregel hat, wie wir sahen, die unmittelbare Wirkung, daß die bewußte Kontrolle des Sprechens eingeschränkt wird. Dadurch können unbewußte Wünsche und Ängste, die aus früheren Beziehungen stammen, die Steuerung der Assoziationen übernehmen. Der Patient erlebt auf diese Weise infantile Wünsche und Ängste, die längst verdrängt waren, und durchlebt aufs neue frühe Beziehungskonstellationen. Weil auf diese Weise frühere Erfahrungen und Beziehungsformen in die analytische Situation hineinkommen und auf die Beziehung zum Analytiker »übertragen« werden, spricht man von Übertragungsreaktionen.
Solche Tendenzen, frühere Beziehungskonstellationen zu wiederholen, sind auch außerhalb therapeutischer Zusammenhänge wirksam, nur sind sie im Alltag im allgemeinen nicht so leicht zu erkennen wie in der analytischen Situation. Wenn in Alltagsbeziehungen von Erwachsenen Konstellationen aus der Kindheit wiederholt werden, dann ist das in der Regel nur möglich, wenn das den (meist unbewußten) Bedürfnissen beider Partner entgegenkommt und beide diesen Bedürfnissen entsprechende komplementäre Rollen spielen (also beispielsweise in der Ehe tendenziell eine Eltern–Kind-Beziehung wiederholen); in diesem Fall greifen die Übertragungsspiele beider so ineinander, daß die Anteile jedes einzelnen mindestens für die Beteiligten kaum sichtbar werden. Da der Analytiker Übertragungsangebote jedoch weder unmittelbar korrigiert und zurückweist noch in angebotenen Spielen mitspielt, treten die Übertragungen des Patienten deutlich in Erscheinung. Als solche erkennt sie unter diesen Bedingungen der Patient oft schon selbst, und gelegentlich kann er auch ihren Zusammenhang mit früheren konflikthaften Erfahrungen ohne Hilfe des Therapeuten sehen. Im allgemeinen ist der Patient zu diesen Leistungen zunächst nicht in der Lage, und in diesem Fall wird der Analytiker auf seine Übertragungsreaktion hinweisen, ihn mit diesen Reaktionen konfrontieren und ihren Übertragungscharakter sowie ihre unbewußte Determination deuten.

II.

Die Kommunikationsform des Deutens soll jetzt, nachdem wir kurz einige Besonderheiten der analytischen Kommunikationssituation als ganzer betrachtet haben, etwas genauer im Hinblick auf ihre Implikationen für den Analysanden untersucht werden. Deutungen gelten als Kern der analytischen Technik. Deutungen sind die Kommentare des Analytikers zu Äußerungen und Handlungen des Patienten, durch die deren unbewußte Bedeutungen interpretiert werden. Indem der Analytiker die Produktionen seines Gesprächspartners auf diese Weise hinterfragt und interpretiert, wird der Analysand als eine Person definiert, die selbst nicht weiß, was sie mit ihren Äußerungen sagt. Genau die gegenteilige Unterstellung ist eine unabdingbare Voraussetzung ungestörter Verständigung im Alltag. Hier mag es zwar auch vorkommen, daß uns eine Äußerung eines Gesprächspartners als nicht ganz verständlich oder auch als völlig unverständlich erscheint; dann aber fragen wir ihn, damit er uns sagt, wie er die Äußerung gemeint habe. Wir müssen ihm auch gegebenenfalls zubilligen, für sich in Anspruch zu nehmen, daß er bestimmte Nebenbedeutungen seiner Äußerung überhaupt nicht gemeint hat, z. B. beleidigende Implikationen; er kann dann sagen: »*So* war das doch nicht gemeint.« (Das heißt: *so*, wie wir das, was er sagte, aufgefaßt haben.)

Habermas hat die hier relevante Unterstellung, die wir, gegebenenfalls kontrafaktisch, immer dann machen müssen, wenn wir als Subjekte und nicht-strategisch, d. h. auf Verständigung abzielend, miteinander kommunizieren wollen, so formuliert: »Wenn wir einem Gegenüber als einem Subjekt und nicht als einem Gegenstand, den wir manipulieren können, begegnen, unterstellen wir ihm (unvermeidlich) Zurechnungsfähigkeit. Wir können mit ihm nur in eine Interaktion eintreten, ihm auf der Ebene der Intersubjektivität [...] begegnen, wenn wir supponieren, daß er bei geeigneter Nachfrage über sein Handeln Rechenschaft ablegen könnte. [...] Wir sind [...] unfähig, in der Interaktion selber dem Gegenüber unbewußte Motive zuzuschreiben. Sobald wir das tun, verlassen wir die Ebene der Intersubjektivität und behandeln den anderen als ein Objekt, *über* das wir mit dritten kommunizieren können, aber eben nicht *mit* ihm selber« (Habermas 1971, S. 118).

Wir können zwar vorübergehend den Anspruch unseres Gesprächspartners auf Zurechenbarkeit seiner Äußerungen und Handlungen im Hinblick auf einzelne Äußerungen problematisieren[2] und ihn direkt oder indirekt auffordern, die Interpretationen einer gemachten Äußerung noch einmal zu überprüfen. Dann aber muß er selbst entscheiden, ob er wirklich die angegebene Intention hatte oder ob er sich über seine Intention täuschte und jetzt im nachhinein erkennt, daß eine andere Intention seiner Äußerung zugrunde lag oder mindestens mitbeteiligt war. In jedem Fall müssen wir ihm eine prinzipielle Einsichtsfähigkeit unterstellen, und letztlich kann nur er uns sagen, wie er eine Äußerung verstanden wissen will, was er mit dem, was er sagt, sagen will. Keinesfalls dürfen wir interpretierend darüber entscheiden wollen, was er »eigentlich« meine, wenn die darin enthaltene Zuschreibung einer partiellen Gesprächsunfähigkeit nicht die Grundlage des Gesprächs zerstören soll.

Wie bedrohlich oder destruktiv für die Identität der Betroffenen eine Kommunikation sein kann, in der systematisch der Anspruch auf prinzipielle Zurechenbarkeit ihrer Äußerungen in Frage gestellt wird, wird uns klar, wenn wir erleben, daß Individuen explizit oder implizit als Personen definiert werden, mit denen man nicht reden und die man nicht ernst nehmen könne. Besonders deutlich wird solche Destruktivität am Extremfall verzerrter Kommunikation, wie er in einigen Familien schizophrener Patienten beobachtet wurde. In diesen Familien werden die Äußerungen des als Patient definierten Familienmitglieds in der Weise nicht ernst genommen, daß andere darauf bestehen, besser zu wissen als es selbst, was es »eigentlich« will und was es mit seinen Äußerungen oder Handlungen gemeint hat.[3] Hier ist das Individuum gleichsam nicht für sich zuständig, es wird so behandelt, als existiere es nicht als Subjekt. Anders als in der Kommunikationsform der Widerrede, des Widersprechens und Bestreitens, worin das Individuum anerkannt wird als Produzent von Äußerungen, die so ernst genommen werden, daß man glaubt, sie bestreiten oder

2 Habermas scheint hingegen auch ein bloß vorübergehendes Problematisieren des Wahrhaftigkeitsanspruchs innerhalb der Interaktion, anders als bei den übrigen von ihm genannten Geltungsansprüchen, für nicht möglich zu halten (vgl. Habermas 1971, S. 116 f.).

3 Vgl. die instruktiven Fallbeispiele in dem Sammelband: Bateson et al. (1969), *Schizophrenie und Familie*, Frankfurt (Main), und die Ausführungen zur Kommunikationsform der »Entwertung« bei Watzlawick, Beavin und Jackson (1967), Abschnitt 3, S. 233.

bekämpfen zu müssen, wird hier die Ebene der Intersubjektivität implizit negiert und die Person als Subjekt entwertet. Wenn aber Interaktionen, in denen die Beteiligten sich nicht in ihren Intentionen ernst nehmen, so gefährlich für deren Identität sein können, dann ist zu fragen: Wie ist ein nichtdestruktives Hinterfragen von Äußerungen im Gespräch möglich? Welche Eigenschaften des analytischen Dialogs kann man dafür verantwortlich machen, daß in ihm, trotz des notwendigen distanzierenden Hinterfragens der Äußerungen des Patienten, nicht nur destruktive Lernprozesse und ein Zusammenbrechen der Kommunikation vermieden, sondern das Selbstverständnis und die Handlungsautonomie des Analysanden erweitert werden können?

Um einer Klärung dieses Problems näherzukommen, müssen wir uns zunächst vergegenwärtigen, daß der Analytiker nicht nur deutet, nicht alle Äußerungen und Handlungen des Patienten als Übertragungsmanifestation interpretiert und daß neben der Übertragungsbeziehung oder Übertragungsneurose auch andere Beziehungsmuster zwischen Patient und Analytiker bestehen. Danach werde ich zeigen, daß trotz des deutenden Hinterfragens der Äußerungen des Patienten der Patient als letzte Entscheidungsinstanz über die Richtigkeit von Deutungen anerkannt bleibt und daß in einem allgemeineren Sinn die vorübergehende Suspendierung von fundamentalen Kommunikationsregeln in der Analyse in normaler Interaktion fundiert ist und in sie zurückführt.

Die Unterscheidung von verschiedenen Beziehungsmustern und Interaktionsformen in der Analyse ist am ausführlichsten und klarsten von dem amerikanischen Psychoanalytiker Greenson herausgearbeitet worden.[4] Es sollen deshalb im folgenden zunächst einige Thesen von Greenson und danach die Schlußfolgerungen dargestellt werden, die sich im Hinblick

4 Von Greenson auszugehen bot sich auch deshalb an, weil sein Hauptwerk das in der Ausbildung von Psychoanalytikern wohl am häufigsten verwendete Standardwerk der psychoanalytischen Technik ist. Hinweise auf ähnliche und auf abweichende Konzepte in der analytischen Literatur finden sich bei Sandler, Dare, Holder (1973), Kap. 2-4, bei Greenson (1967), S. 203 f., und bei Greenson und Wexler (1969), S. 212 f. Zu Greenson vgl. auch: *Discussion of ›The Non-Transference Relationship‹ in the Psychoanalytic Situation.* Plenary Session of the 26th International Psychoanalytical Congress. In: *Int. J. Psycho-Anal.* 51, 1970, S. 143-150.

auf die Frage ergeben, wie im analytischen Dialog trotz der notwendigen Suspendierung einer fundamentalen Kommunikationsregel die Verständigung nicht nur nicht zusammenbricht, sondern die Möglichkeit von Verständigung erweitert werden kann.

Während viele Analytiker mit dem Begriff »Übertragung« die Gesamtbeziehung Therapeut–Patient bezeichnen, hält Greenson diesen Begriffsgebrauch für nicht sinnvoll und schlägt vor, den Begriff Übertragung nur auf solche Reaktionen zu beziehen, die zwei Charakteristika aufweisen: Sie müssen Vergangenes wiederholen und der gegenwärtigen Situation unangemessen sein. Übertragung bedeutet dann »das Erleben von Gefühlen, Trieben, Haltungen, Phantasien und Abwehrmechanismen gegenüber einem Menschen in der Gegenwart, die der gegenwärtigen Beziehung zu dieser Person unangemessen sind und eine Wiederholung, eine Verschiebung von Reaktionen darstellen, die von wichtigen Personen der frühen Kindheit herrühren« (Greenson 1965, S. 82). Die Entwicklung von Übertragungen und die Umwandlung der Übertragungsneurose ist notwendig, damit auf diese Weise abgewehrte und sonst unzugängliche Inhalte in die analytische Situation eingebracht, für Therapeut und Patient erkennbar werden können. Die Entwicklung einer Übertragungsneurose gibt die Möglichkeit, nicht nur abstrakt Erkenntnisse über sich selbst zu gewinnen, die in der Regel wohl relativ folgenlos blieben, sondern Kindheitskonflikte in der Beziehung zum Therapeuten als scheinbar reale Beziehungskonflikte mit allen darin enthaltenen Wünschen und Ängsten zu erleben und sie dann unmittelbar mit Hilfe des Therapeuten zu bearbeiten. Aber damit sie bearbeitet werden können, muß etwas anderes hinzukommen: »Wenn der Analytiker eine Deutung gibt oder den Patienten mit etwas konfrontiert, verlangt er vom Patienten, er solle vorübergehend sein erlebendes, frei assoziierendes Ich aufgeben und zusammen mit seinem Therapeuten betrachten, was er gerade erlebt hat« (Greenson 1967, S. 256). Der Patient muß zu dem fähig sein, was »therapeutische Ichspaltung« genannt worden ist. »Damit eine Deutung oder Konfrontation wirksam werden kann, müssen wir sicher sein, daß der Patient die Deutung oder Konfrontation wahrnehmen, verstehen, erfassen kann. Darum müssen wir sicher sein, daß dem Patienten ein rationales Ich zur Verfügung steht. Wir analysieren zunächst die Widerstände, weil sie die Bildung eines vernünftigen Ichs stören« (a.a.O., S. 153). Ein Patient, der ängstlich oder verlegen ist, oder von irgendwelchen anderen Übertragungsreaktionen überwältigt wird, verfüge nur über ein eingeschränkt rationales Ich. Deshalb solle der Analytiker auch darauf achten, daß die Übertragung eine optimale Intensität nicht überschreitet (vgl. auch Stone 1961, S. 163).

Der therapeutischen Ichspaltung entspricht eine Spaltung, die der Patient im Hinblick auf die Wahrnehmung und das Erleben des Analytikers vornehmen muß – mindestens dann, wenn er Deutungen anhört und über sie nachdenkt: Er muß unterscheiden können zwischen dem Analytiker als dem Therapeuten, der ihm helfen will, und der Übertragungsfigur, die dieser für ihn im Augenblick gerade darstellt.[5] Wenn er dazu nicht in der Lage ist, wird er, wenn er den Analytiker gerade als seinen strengen und autoritären Vater aus der frühen Kindheit erlebt hat, auch dessen Deutung nur als Kritik und Tadel aufnehmen können.

Mit der Fähigkeit zur therapeutischen Ichspaltung und der Fähigkeit, den Analytiker in diesen beiden Rollen zu sehen, sind auf der Seite des Patienten die wesentlichen Voraussetzungen für das Arbeitsbündnis mit dem Analytiker gegeben. Das Arbeitsbündnis, dem Greenson eine ebenso große Bedeutung beimißt wie der Etablierung einer guten Übertragungsbeziehung, beschreibt er folgendermaßen: »Das eigentliche Bündnis wird im wesentlichen durch das einsichtsfähige Ich des Patienten und durch das analysierende Ich des Analytikers gebildet. Durch diese Beziehung wird die teilweise Identifizierung des Patienten mit dem Vorgehen des Analytikers ermöglicht, mit dem dieser versucht, das Verhalten des Patienten zu verstehen. In der analytischen Situation tritt das Arbeitsbündnis ebenso in Erscheinung wie das einsichtsfähige Ich des Patienten: Das beobachtende, analysierende Ich wird vom erlebenden Ich abgespalten. Die Interventionen des Analytikers trennen die Arbeitseinstellung von den neurotischen Übertragungserscheinungen ab, genauso wie sie das vernünf-

5 Vgl. M. Muck, *Die psychoanalytische Behandlung und ihre Wirkung*, (in diesem Band).

tige Ich vom irrationalen Ich abspalten« (Greenson 1965, S. 83).

Das Arbeitsbündnis bezeichnet die (relativ) übertragungsfreie Beziehung, die durch die Regeln der analytischen Technik bestimmt ist. Von dem Arbeitsbündnis als einem »Kunstprodukt der Behandlungssituation« unterscheidet Greenson andere, ebenfalls relativ übertragungsfreie Interaktionen zwischen Analytiker und Patient, die er unter dem Begriff »reale Beziehung« zusammenfaßt. Er weist darauf hin, daß es dem Analytiker trotz des unerläßlichen Bemühens, anonym zu bleiben, gar nicht möglich ist, bestimmte Eigenheiten seiner Person ganz zu verbergen, und daß darüber hinaus eine gewisse Selbstenthüllung auch notwendig ist, weil zu einem neutralen Spender von Deutungen, einer »Deutungsmaschine«, niemand Vertrauen entwickeln könne. Dazu gehöre auch, daß der Patient trotz der Notwendigkeit, Übertragungsbefriedigungen zu vermeiden, auf irgendeine Weise erfahren muß, daß der Analytiker Interesse an seiner Person und nicht nur an seinem Symptom und dem Material, das er produziert, hat.

Weil uneingeschränkte Anonymität unmöglich ist, kann der Patient, wenn er sich in seinen Äußerungen auf den Analytiker bezieht, auch immer etwas Richtiges getroffen haben, und auch noch Übertragungsreaktionen haben im allgemeinen einen richtigen Kern, insofern sie durch die realistische Wahrnehmung einer Eigenschaft des Analytikers ausgelöst wurden. Dies zu berücksichtigen sei insbesondere dann wichtig, wenn sich die realistische Reaktion des Patienten auf negative persönliche Eigenschaften des Analytikers oder Fehler oder Irrtümer bezieht, die ihm in der Behandlung unterlaufen sind. Greenson fordert, daß Reaktionen auf Mängel oder Fehler des Analytikers, soweit sie realistisch sind, als solche anerkannt werden; nicht nur dürften sie nicht fälschlicherweise als Übertragungsreaktion gedeutet und damit als neurotisch definiert werden, sie dürften auch nicht einfach übergangen werden, weil auch auf diese Weise der Analysand im Hinblick auf seine Wahrnehmungsfähigkeit verunsichert werden kann – vielmehr müsse umgekehrt alles getan werden, was dem Analysanden helfen könne, zwischen neurotischen und nichtneurotischen Reaktionen zu unterscheiden. »In wechselndem Maße haben alle unsere Patienten Zweifel an ihrem Urteilsvermögen, ihren Wahrnehmungen und ihrem Wert. Wenn wir ›nur deuten‹ oder ›nur analysieren‹, überlassen wir sie unbeabsichtigterweise dem Eindruck, daß ihre Reaktionen ›nur‹ Wiederholungen ihrer kindlichen Vergangenheit sind und daß ihr Verhalten nur immer unreif, falsch oder verrückt ist. Wenn es zu unseren therapeutischen Zielen gehört, die gesunden Ichfunktionen des Patienten und seine Fähigkeit zu Objektbeziehungen zu stärken, dann ist es wichtig, daß wir jene Aspekte des Verhaltens unterstreichen, die auf gesundes Funktionieren hindeuten« (Greenson und Wexler 1969, S. 227).

III.

Unter der Voraussetzung, daß diese auf Greensons Arbeiten beruhende Darstellung wesentliche Bedingungen gelingender psychoanalytischer Interaktion im Sinne einer Erweiterung von Selbstreflexion und Autonomie angemessen beschreibt, könnten wir von einer Doppelstruktur des psychoanalytischen Dialogs ausgehen und in der Interaktion von Therapeut und Patient eine Ebene nicht neurotisch verzerrter Kommunikation von der Ebene unterscheiden, auf der die Produktionen des Patienten als neurotische Übertragungsreaktionen definiert sind. Die Übertragungsbeziehung und die notwendige Suspendierung von fundamentalen Interaktionsregeln sind eingebettet in und abgesichert durch normale Interaktion. Auf der Ebene der Interaktion muß – notfalls kontrafaktisch – die volle Zurechnungsfähigkeit des Patienten für seine Äußerungen und Handlungen unterstellt werden.

Die Ebene nicht neurotischer Kommunikation wird von den Dialogpartnern als eine Metaebene zur Übertragungsbeziehung in Anspruch genommen, auf der sie sich über die von ihnen einzuhaltenden Interaktionsregeln und über die vom Analytiker formulierten Interpretationsvorschläge verständigen. Der Analytiker erwartet vom Patienten und muß ihm die Fähigkeit unterstellen, die Vereinbarungen über die von ihnen zu beachtenden Interaktionsregeln und die Vereinbarungen über Honorare und Termine einzuhalten. Zu den vereinbarten Interaktionsregeln gehört auch die Grundregel. Der Patient wird durch die Grundregel von der Verantwortung freigesprochen für das, was er, der Grundregel folgend, sagt, aber er ist verantwortlich für die Einhaltung der Regel selbst. Nur unter dieser Voraussetzung gibt es einen Sinn, wenn Analytiker von einem »Mißbrauch der Grundregel« sprechen (z. B. Greenson 1967, S. 209).

Die Idee des Behandlungsvertrags enthält notwendigerweise die implizite Unterstellung, daß zwei zurechnungsfähige Subjekte eine Vereinbarung treffen, denn nur solche Subjekte sind »vertragsfähig«. Es ist sehr wahrscheinlich, daß der Patient am Anfang der Behandlung noch nicht in der Lage ist, den Sinn und die Notwendigkeit verschiedener therapeutischer Maßnahmen einzusehen. Für diesen Fall fordert Greenson, daß der Analytiker dem Patienten diese Maßnahmen dann erklärt, wenn er sie zum ersten Mal anwendet und der Patient ihren Sinn erkennen kann (1967, S. 288 f.). Zu den Maßnahmen, die der Erklärung bedürfen, gehört das Nichtbeantworten von Fragen des Patienten. Fragen des Patienten unbeantwortet zu lassen, kann oft notwendig sein, beispielsweise dann, wenn sie sich direkt oder indirekt auf die Person des Analytikers beziehen; für diesen Fall empfiehlt Greenson, dem Patienten mindestens zu sagen, daß solche Fragen aus Rücksicht auf den therapeutischen Prozeß nicht beantwortet werden könnten, und nach Möglichkeit auch zu begründen, warum sie nicht oder noch nicht beantwortet werden können. Das ist Absicherung von Regelverletzung durch Sprechakte, die wir in ähnlicher Form auch in alltäglicher Interaktion verwenden: Dort verhindern wir schwere Störungen oder den Zusammenbruch der Kommunikation, indem wir für Regelverletzungen Erklärungen, Entschuldigungen oder Rechtfertigungen liefern.[6]

Was jene Implikationen der Kommunikationsform der Deutung betrifft, die darin bestehen, daß die Äußerung des Patienten in ihren bewußten Intentionen nicht ganz ernst genommen und insofern dem Patienten eine partielle Unzurechnungsfähigkeit zugeschrieben wird, so ist zunächst einmal

6 Vgl. Scott, M. B. and S. M. Lyman (1968), *Accounts*. In: *Am. Soc. Review* 33, 46-62. Dt. Übersetzung: *Verantwortungen*. In: Steinert, H. (Hrsg.), *Symbolische Interaktion*, Stuttgart 1973, S. 294-316. Vgl. E. Goffman, *Remedial interchanges*. In: Ders., *Relations in Public. Microstudies of the Public Order*, New York 1971, Dt.: *Das Individuum im öffentlichen Austausch*, Frankfurt (Main) 1974.

festzuhalten, daß der Analytiker zwar den aktuell bewußt gemeinten Sinn der Äußerung nicht einfach akzeptiert, daß er die Äußerung des Patienten aber insofern mehr ernst nimmt, als es in alltäglicher Kommunikation geschieht, als er auch zu verstehen sucht, was für den Patienten im Augenblick des Aussprechens noch nicht verständlich ist. Er versucht, die für den Patienten unverständlichen Bedeutungen seiner Äußerungen und Handlungen von ihrer unbewußten Intention her zu verstehen. Er *versteht* sie aber nicht nur, um dann etwa eine Diagnose abzugeben, mit deren Hilfe Experten in eine Verständigung über den Patienten eintreten könnten, von der der Patient selbst ausgeschlossen wäre, sondern er *deutet* sie ihm, und das heißt, er teilt dem Patienten sein Verständnis mit. Anders als bei der Erhebung von Untersuchungsbefunden mit objektivistischen Verfahren ist im Falle von Deutungen der Patient selbst ihr Adressat, und er ist es auch, der letzten Endes über die Triftigkeit der vom Analytiker vorgeschlagenen Interpretation entscheidet.[7] Dem Patienten Deutungen zu geben hat nur einen Sinn, wenn der Analytiker von der Fähigkeit des Patienten zu Einsicht und Veränderung durch Reflexion überzeugt ist; und die Zuschreibung dieser Fähigkeit, die abstrakt schon in dem Akzeptieren des Heilungsuchenden als »analysefähig« enthalten ist, wird mit jeder einzelnen Deutung bekräftigt.[8]

7 »Der Analytiker benützt allein Techniken des Diskurses, um die Anfangsbedingungen für mögliche Diskurse erst einmal herzustellen; denn darin besteht der therapeutische Erfolg und die eigentümliche Leistung der Selbstreflexion. In Herrschaft wird sich dieser Prozeß, der auf Ablösung von Abhängigkeiten zielt, nur verkehren können, wenn er die eigene Logik verletzt und Interpretationen aufdrängt – die Adressaten müssen die unzweideutige Chance haben, angebotene Interpretationen unter geeigneten Umständen, d. h. zwanglos anzuerkennen oder abzuweisen. Aufklärung, die nicht in Einsicht, d. h. in zwanglos akzeptierten Deutungen terminiert, ist keine« (Habermas, J., *Die Utopie des guten Herrschers.* In: Ders., *Kultur und Kritik,* Frankfurt 1973, S. 387).

8 Eine implizite Zuschreibung von Einsichtsfähigkeit und darüber hinaus von Handlungsautonomie ist auch in der Weigerung des Analytikers enthalten, praktische Entscheidungen des Patienten zu beeinflussen. Wenn er dem Patienten allenfalls rät, während der Analyse gravierende Entscheidungen *nicht* zu treffen, so sagt er dem Patienten damit implizit, daß er ihn – wenn auch im Augenblick noch nicht, so doch prinzipiell – für fähig hält, selbständig vernünftige Entscheidungen zu treffen. Phyllis Greenacre beantwortet die von ihr aufgeworfene Frage, wie denn in der analytischen Situation trotz der ihr inhärenten Tendenz zu einer regressiven Dependenz des Patienten dessen Auto-

Wenn die einzelnen Deutungen auf die Zustimmung des Patienten angewiesen sind, so gilt das in gleichem Maße für die Konstruktionen, die ganze Phasen der Lebensgeschichte betreffen und unter Zuhilfenahme von allgemeinen Interpretationen der frühkindlichen Entwicklung Lücken der Erinnerung des Patienten überbrücken sollen. »[...] die metapsychologisch begründete, systematisch verallgemeinerte Historie der frühkindlichen Entwicklung mit ihren typischen Entwicklungsvarianten setzt den Arzt instand, die im analytischen Gespräch gewonnenen bruchstückhaften Informationen so zusammenzusetzen, daß er die Lücken der Erinnerungen rekonstruieren und die Erfahrung der Reflexion, deren der Patient zunächst unfähig ist, hypothetisch vorwegnehmen kann. Er macht Interpretationsvorschläge für eine Geschichte, die der Patient nicht erzählen kann; gleichwohl können sie nur dadurch, daß der Patient sie annimmt und mit ihrer Hilfe seine eigene Geschichte erzählt, tatsächlich verifiziert werden« (Habermas 1968, S. 318).
Wenn gesagt wird, daß Deutungen und Konstruktionen der Zustimmung des Patienten bedürfen, dann ist das nicht so zu verstehen, daß ein zustimmendes »Ja« des Patienten dabei genügte. Das isolierte »Ja« kann wiederum auf einer Selbsttäuschung beruhen. Der Patient kann es z. B. aussprechen, weil er dem Analytiker gefallen möchte. »Auch das Verschwinden der Symptome erlaubt keinen zwingenden Schluß: sie könnten durch andere, der Beobachtung wie der Interaktionserfahrung zunächst entzogene Symptome ersetzt worden sein« (Habermas 1968, S. 325). Auf der anderen Seite bedeutet das Ausbleiben der unmittelbaren Zustimmung oder die direkte Ablehnung auch nicht, daß die vorgeschlagenen Interpretationen falsch sein müssen; es bleibt immer die Möglichkeit, daß bloß die Widerstände noch zu stark sind. »Wenn sie [die Konstruktion; K. S.] zutrifft, wird der Patient dazu

nomie gewahrt und gestärkt werden könne: »Die wichtigste Absicherung besteht darin, daß der Analytiker dabei bleibt, wirklich zu analysieren, und nicht als Führer, Vorbild oder Lehrer dient – wie verlockend diese Rollen auch sein mögen. Er muß deshalb Entscheidungen voll und ganz dem Patienten selbst überlassen und darf sich nicht im Sinne einer Anleitung einmischen.« (Übersetzt nach: Greenacre, Ph. (1954), *The Role of Transference*. In: *J. of Amer. Psychoan. Assoc.*, II. S. 671-684, S. 673).

gebracht, bestimmte Erinnerungen zu produzieren, ein bestimmtes Stück vergessener Lebensgeschichte zu reflektieren und Störungen der Kommunikation wie des Verhaltens zu überwinden. [...] Eine Fallinterpretation bewährt sich allein an der gelungenen *Fortsetzung eines Bildungsprozesses*, d. h. aber an der vollzogenen Selbstreflexion und nicht unmißverständlich daran, was der Patient *sagt* oder wie er sich *verhält*« (a.a.O., S. 325).

Bei dem Vergleich einiger Aspekte des analytischen Gesprächs mit Formen alltäglicher Verständigung wurde gezeigt, daß in der Analyse wesentliche Regeln, die alltäglicher Kommunikation zugrunde liegen, außer Kraft gesetzt und durch andere Regeln ersetzt werden. Der Status der in ihrer Geltung suspendierten und der neu eingeführten konnte noch nicht geklärt werden. Nur so viel scheint sicher zu sein, daß es sich bei den suspendierten Regeln nicht um bloße Konventionen handelt, die beliebig veränderbar wären, und daß den in Abschnitt I behandelten Regeln ein weniger fundamentaler Status zukommt als derjenigen Basisregel alltäglicher Interaktion, der zufolge Sprecher die Zurechenbarkeit ihrer Äußerungen wechselseitig immer dann unterstellen müssen, wenn sie mit dem Ziel einer ohne Zwang erreichten Verständigung miteinander kommunizieren wollen. Es wurde deshalb ausführlich untersucht, wie im analytischen Dialog eine Suspendierung dieser Regel ermöglicht wird. Eine notwendige Voraussetzung für die Möglichkeit eines nichtdestruktiven Hinterfragens von Äußerungen ist die Entwicklung eines Vertrauensverhältnisses und, allgemeiner, die einer positiven emotionalen Beziehung (»positive Übertragung«). Diese Bedingung, die hier noch nicht berücksichtigt wurde, kann keine zureichende Bedingung für einen analytischen Aufklärungsprozeß sein; denn wenn sie allein erfüllt wäre, könnte die Veränderung des Patienten auch beispielsweise auf Suggestions- und Identifikationsvorgängen beruhen. Es wurden in diesem Aufsatz zunächst einige Aspekte der kognitiv-kommunikativen Struktur des analytischen Dialogs betrachtet. Ein für unser Problem wesentliches Merkmal dieser Struktur scheint zu sein, daß in ihr die Suspendierung jener Basisregel nur partiell und vorläufig ist und daß für die fehlende Zuschreibung aktueller Zurechenbarkeit des vollen Sinngehalts der Äußerungen die Zuschreibung prinzipieller Einsichtsfähigkeit eintritt.

Wenn diese Überlegungen richtig sind, könnten wir für den Fall des psychoanalytischen Aufklärungsprozesses von einer Zwei-Ebenen-Struktur der Kommunikation zwischen Analytiker und Analysand und von einer Modifikation des Habermasschen Modells reinen kommunikativen Handelns in der Form ausgehen, daß die Geltung der in diesem Modell formulierten Unterstellungen nur vorläufig und nur für die Ebene der Übertragungsbeziehung suspendiert ist. Für die Ebene der Interaktion dagegen gelten sie von Anfang an, und zugleich wird dem Patienten die prinzipielle Fähigkeit zugeschrieben, den Bereich nicht-neurotisch verzerrter Kommunikation und den zugehörigen Bereich des vernünftigen Ichs schrittweise zu erweitern sowie die abgespalteten Teile des Selbst dem einsichtsfähigen Ich zurückzugewinnen.

Im Text zitierte Literatur:

Cremerius, J. (1969), *Schweigen als Problem der psychoanalytischen Technik.* In: *Jb. der Psychoanalyse,* Bern/Stuttgart, Bd. 6, S. 69 bis 103.

Freud, S. (1916/17), *Vorlesungen zur Einführung in die Psychoanalyse.* G. W. Bd. XI, Frankfurt (Main) 1969.

Gadamer, H. G. (1971), *Replik.* In: K.-O. Apel et al. (1971), *Hermeneutik und Dialektik,* Frankfurt (Main), S. 294 f., S. 302 f.

Greenson, R. R. (1965), *Das Arbeitsbündnis und die Übertragungsneurose.* In: *Psyche* 20, 1966, S. 81-103.

Greenson, R. R. (1967), *Technik und Praxis der Psychoanalyse,* Bd. 1, Stuttgart 1973.

Greenson, R. R. und M. Wexler (1969), *Die übertragungsfreie Beziehung in der psychoanalytischen Situation.* In: *Psyche* 25, 1971, S. 206-230.

Habermas, J. (1968), *Erkenntnis und Interesse,* Frankfurt.

Habermas, J. (1971), *Vorbereitende Bemerkungen zu einer Theorie der kommunikativen Kompetenz.* In: Habermas u. Luhmann, *Theorie der Gesellschaft oder Sozialtechnologie,* Frankfurt (Main), S. 101 bis 141.

Habermas, J. (1973), *Wahrheitstheorien.* In: *Festschrift für Walter Schulz,* Pfullingen.

Heimann, P. (1956), *Die Dynamik der Gegenübertragungsinterpretation.* In: *Psyche* 11, 1957, S. 401-415.
Stone, L. (1961), *Die psychoanalytische Situation*, Frankfurt 1973.
Watzlawick, P., Beavin, J., Jackson, D. (1967), *Menschliche Kommunikation. Formen, Störungen, Paradoxien*, Bern/Stuttgart 1969.

Rolf Klüwer
Die Zielsetzung der Psychoanalyse und einiger anderer psychotherapeutischer Verfahren

Wenn wir uns eine Vorstellung über die therapeutischen Ziele der Psychoanalyse im Vergleich zu denen einiger anderer psychotherapeutischer Verfahren bilden wollen, sollten wir zunächst Klarheit über das Verhältnis von Psychoanalyse und Psychotherapie zu gewinnen versuchen. Freud kennzeichnete 1923 die Psychoanalyse wie folgt: »Psychoanalyse ist der Name erstens eines Verfahrens zur Untersuchung seelischer Vorgänge, welche sonst kaum zugänglich sind, zweitens eine Behandlungsmethode neurotischer Störungen, die sich auf diese Untersuchung gründet, drittens einer Reihe von psychologischen, auf solchen Wegen gewonnenen Einsichten, die alle allmählich zu einer neuen wissenschaftlichen Disziplin zusammenwachsen« (S. Freud 1923, S. 211). Freud hebt hier ein ›Untersuchungsverfahren‹ von einer ›Behandlungsmethode‹ ab. Die Reihenfolge der Aufzählung ist nicht zufällig, sie drückt vielmehr das die Psychoanalyse leitende und sie bestimmende Erkenntnisinteresse aus. Dieses Untersuchungsverfahren ist in der Lage, seelische Vorgänge zu erkennen, die sonst kaum zugänglich sind. Hiermit sind die unbewußten seelischen Vorgänge und deren eigentümlich geartetes Zusammenspiel mit bewußt zugänglichen Vorgängen gemeint. Freud hat mit seinen psychoanalytischen Untersuchungen bekanntlich zunächst zwei Gruppen seelischer Erscheinungen erfaßt, die bis dahin einer wissenschaftlichen Betrachtung nicht für würdig gehalten wurden, nämlich die Träume und die Fehlleistungen. Beide lassen sich nicht dem logischen Sinn der äußeren Realereignisse einordnen, sie sind somit »Unsinn«, solange die Orientierung an der Logik der äußeren Realität erfolgt. Indem Freud die Annahme einführte, auch solche »sinnlosen« seelischen Vorgänge seien determiniert, und zugleich davon ausgehen konnte, daß es Determinationen gibt, die dem Bewußtsein des Menschen, in dem sie sich ereignen, in aller Regel nicht zugänglich, die unbewußt sind, entwickelte er eine besondere Form der Psycho-logie: Vorstellungen über eine Logik der Psyche, die eine andere ist als die Logik der gesellschaftlich organisierten Lebenswelt. Auf diesem Wege wurde es möglich, in den scheinbar sinnlosen seelischen Vorgängen eine Bedeutung, einen Sinngehalt zu erkennen, der mit der Person, in der diese Vorgänge stattfinden, mit ihrer Lebensgeschichte auf das engste verbunden ist. Die Psychoanalyse dieser Vorgänge (vgl. Muck, in diesem Band; vgl. Schröter, in diesem Band) erlaubt das Verständnis von Sinnzusammenhängen, welche der Betreffende bzw. ein wichtiger Anteil seines psychischen Systems nicht wahrhaben, nicht verstehen möchte. Als »Unsinn« ist er leicht abzutun.

Eine weitere wichtige Gruppe scheinbar sinnloser seelischer Erscheinungen stellt die endlos große Zahl seelischer (und seelisch bedingter körperlicher) Krankheitssymptome dar. Man denke etwa an Angst, allein über eine Straße, einen Platz zu gehen, weil etwas Schreckliches passieren könnte, das aber nicht angegeben werden kann; an einen Zwang, immer wieder die Knöpfe am Anzug zählen zu müssen; an eine Lähmung des Armes ohne nachweisbaren organischen Anlaß; an eine depressive Verstimmung ohne erkennbaren Grund, an ein Minderwertigkeitsgefühl, das in keinem Verhältnis zur wirklichen Bedeutung der Person steht; an eine Existenzangst in Form etwa des Verhungernmüssens, ohne daß ein angemessener realer Anlaß dazu besteht usw. Die Anwendung des psychoanalytischen Untersuchungsverfahrens auf diese Gruppe »sinnloser«, aber leidvoller Phänomene brachte das überraschende Ergebnis, daß das Verständnis der unbewußten Determinanten, also die Erschließung des unbewußten Sinnes dieser Phänomene, Veränderungen dieser Phänomene selbst herbeizuführen in der Lage waren, derart, daß sich die Symptome zumeist auflösten. Hier kommt nun die zweite der von Freud genannten Bedeutungen des Namens Psychoanalyse ins Spiel: die Anwendung des psychoanalytischen Untersuchungsverfahrens auf neurotische Störungen, d. h. Psychoanalyse als Behandlungsmethode.

Wir haben es also bei der Psychoanalyse mit einer Forschungs- und zugleich einer Heilmethode zu tun, einem Junktim von beidem. Der Erkenntnisanspruch bleibt bei der Anwendung der Psychoanalyse als Heilmethode vorrangig erhalten. Es wird nicht nur eine bereits zur Theorie geronnene Erfahrung angewendet, sondern psychoanalytische Behandlung ist immer zugleich die gemeinsame Erforschung der unbewußt bedeutsamen Zusammenhänge dieser individuellen, d. h. einmaligen, Lebensgeschichte. Obwohl ohne Frage typische Strukturzusammenhänge z. B. »der Hysterie« erforscht sind, ist die individuelle Gestaltung der Hysterie dieses Patienten, seiner persönlichen biographischen Zusammenhänge, ein Erkenntnisunternehmen, bei dem das Wissen des Behandlers über »die Hysterie« zwar hilfreich ist, aber keineswegs die gemeinsame Erforschung dieser individuellen, lebensgeschichtlich entstandenen Pathologie erübrigt. Jeder Leistung des Unbewußten, die als »sinnloses« Phänomen störend den Funktionsablauf der Gesamtpersönlichkeit in ihrer gesellschaftlichen Rolle beeinträchtigt, muß durch Aufdeckung ihrer biographischen Hintergründe die blinde Wirkungsmöglichkeit auf dem Weg der Einsicht entzogen werden. Die Aufdeckung und Durcharbeitung der unbewußten Phantasien, welche die Symptome hervorbringen und unterhalten, bleibt das leitende Interesse der psychoanalytischen Behandlung.

Da mancher Leser Schwierigkeiten haben wird, sich eine Vorstellung zu bilden, was überhaupt erkannt bzw. verstanden werden soll, um ein Beschwerdebild, ein Leiden zur Auflösung zu bringen, sei hier ein Beispiel eingefügt.

Ein 30jähriger verheirateter Mechaniker, Vater mehrerer Kinder, leidet seit 6 Jahren unter einer äußerst quälenden, heftigen Angst, die sich mit Vorstellungen verbindet, er könne sich oder jemand anders umbringen; insbesondere wenn er in einem hohen Haus ist, könne er aus dem Fenster springen oder jemanden von oben hinunterwerfen. Der Patient wirkt in seinen gesamten Reaktionen verlangsamt, verschlafen und gebremst. Seit Jahren sucht er in regelmäßigen Abständen einen Psychiater auf, von dem er dringlich eine Auskunft darüber braucht, ob er gemeingefährlich oder verrückt sei und eingesperrt werden müsse. Der Psychiater beruhigt ihn, er brauche keine Angst zu haben, was dem Patienten hilft, einige Wochen lang – wie er es nennt – zu vegetieren. In seiner

Berufswelt kommt der Patient gut zurecht; er ist anerkannt und tüchtig. Mit seinem Privatleben und vor allem mit sich selbst kann er nicht nur nichts anfangen, sondern er fühlt sich unablässig gequält.
Wir haben hier ein typisches Beispiel einer »sinnlosen« Angstvorstellung, die diesem Menschen sein Leben zerstört und die durch keine vernünftige Beruhigung auf die Dauer zu beseitigen ist. Die Psychoanalyse geht davon aus (vgl. Muck, in diesem Band), daß der Mann Gründe für seine Ängste haben muß, wenngleich sie ihm nicht bekannt sind und er sich auch auf eindringliches Befragen nicht daran erinnern kann. Seine Lebensgeschichte ist eindrucksvoll: Sein Vater kam im Krieg während eines Heimaturlaubs infolge eines Unglücksfalles ums Leben. Der Patient war damals 5 Jahre alt. In den darauf folgenden Jahren mußte seine Mutter arbeiten, um den Lebensunterhalt zu verdienen, und das Kind war viel sich selbst überlassen. Seine Schulleistungen waren schlecht. Als er 12 Jahre alt war, heiratete die Mutter wieder. Mit dem Stiefvater verstand er sich recht und schlecht. Er selbst blieb ein stilles Kind, versagte in der Schule weiter. In seiner Lehrzeit blühte er jedoch auf. Er lernte dann ein Mädchen kennen, mit dem er sich gut verstand, und heiratete. Bei einem Verkehrsunfall verletzte er mit seinem Auto einen Passanten tödlich. Da ihm jedoch keine Schuld anzulasten war, wurde er – abgesehen von einer geringfügigen Bewährungsauflage – freigesprochen. Kurze Zeit später begannen die Beschwerden.
Wenn man diese Daten hört, ahnt der psychoanalytisch Erfahrene einen Zusammenhang. Offensichtlich ist der Mann seit Jahren umgetrieben von der Unklarheit, ob er ein Mörder ist oder zum Mörder werden könnte. Die Vorstellung, sich selbst umbringen zu können, erscheint wie der Vollzug einer angemessenen Strafe für einen Mörder. Abgesehen von der Arbeit hat er keine Möglichkeit mehr für eine ungestrafte Freude, denn er nennt sein Leben ein »Vegetieren«. Er versteht sich als potentiell gefährlich und ist sich der Kontrolle über seine gefährlichen Neigungen nicht sicher. Er selbst weiß aber und ist sich ganz sicher darin, daß er bei dem Autounfall überhaupt keine Absicht hatte, den Passanten zu töten. Wie ein Fremdkörper lebt in ihm die Angstvorstellung, er könne jemanden umbringen. Man könnte sagen, der Patient

scheint nicht in der Lage, sich dessen sicher zu sein, daß es sich um einen Unfall, also um etwas Zufälliges, nicht von ihm zu Verantwortendes handelte, denn er verhält sich so, als ob er doch ein unerkannter Mörder sei, dem erneut jemand zum Opfer fallen könnte. Die Beruhigung, die ihm der Psychiater laufend gibt, er sei nicht gefährlich, gibt ihm nur kurzfristig Sicherheit. Es muß also eine Quelle geben, aus der diese Angst unablässig gespeist wird und die sich dem bewußten Zugriff des Patienten entzieht. Das Fortschreiten der Analyse bestätigt, daß diese Quelle nur in Zusammenhang mit dem Tod des Vaters in seiner Kindheit stehen kann. Wir wissen, daß der Junge damals in der Hochblüte seiner ödipalen Wünsche (d. h. der liebevollen Wünsche gegenüber seiner Mutter und der feindseligen gegenüber dem Vater) die Beseitigung des Vaters unbewußt wünschte. Die Besonderheit des Schicksals des Patienten liegt darin, daß sich unglücklicherweise der infantile Wunsch – ohne daß er freilich dabei aktiv mitwirkte – verwirklichte. Für das Erleben im Rahmen der Phantasien eines Kindes in diesem Alter entsteht allerdings daraus ein Kausalzusammenhang: Weil ich wünschte, wurde es Wirklichkeit, denn das fünfjährige Kind ist der magischen Erlebniswelt noch näher als der Realkausalität. Wir können von hier aus verstehen, daß der Patient unbewußt zu einer Überschätzung seiner Gefährlichkeit tendiert und darum nach dem Unfall des Vaters auffallend still wurde und sich zurückzog. Er scheint dann in seiner Lehrzeit Möglichkeiten gefunden zu haben, sich doch als einen wertvollen und liebenswerten Menschen erleben zu können. Der zweite Unglücksfall in seinem Leben hat jedoch die alte Wunde aufgerissen und sein Selbstverständnis als das eines Mörders neu belebt.

Wir können nun den Versuch unternehmen, einen Sinnzusammenhang zu entwerfen, den sich der Patient aneignen müßte, um sein Leben wieder als ein sinnvolles erleben zu können: Ich unterliege dem Irrtum, daß ich unkontrollierbar gefährliche (mörderische) Handlungen ausübe, wenn ich mich meiner männlichen Kraft erfreuen will; denn ich hatte dereinst tatsächlich feindliche Gefühle gegen meinen Vater, als er bei seinem Besuch »meinen Platz« bei der Mutter einnahm (ich habe ihn getötet). Wenn ich mich heute ganz entfalten will, droht eine Wiederholung (wie der zweite Unfall belegt), weil

ich ja tatsächlich aggressive Gefühle habe. In Wirklichkeit brauche ich jedoch meine Entfaltung nicht zu fürchten, denn meine feindlichen Gefühle bringen niemanden um.
Wenn sich der Patient diesen Zusammenhang in dem ihn betreffenden Bedeutungsgehalt aneignen kann (= ihn verstehen kann), dürfen wir erwarten, daß er sein Symptom aufgeben kann.
Wie ist es nun möglich, dem Patienten zur Aneignung dieses Verstehens zu verhelfen? Das wichtigste Medium hierfür sind die Übertragungs- und Widerstandsphänomene, die jeder Patient zu entwickeln beginnt, sobald eine therapeutische Beziehung zu einem Arzt hergestellt wird (vgl. Muck und Schröter, in diesem Band). Der Patient kann nicht anders, als im Sinne seiner »Mißverständnisse« die Beziehung zum Therapeuten zu gestalten. Er wird etwa zwangsläufig mit der Angst beginnen, daß der Arzt vor ihm Angst haben könnte, sobald er sich mit ihm beschäftigt. Gleichzeitig wird er selbst Angst vor dem Arzt haben, insofern dieser ihn in seiner Gefährlichkeit entdecken könnte, was zur Bestrafung führen würde; oder aber auch, daß er für ungefährlich gehalten wird, was der Patient auf Dauer aber wieder nicht glauben kann, da diese Definition der Situation seine männlich-aggressive Seite nicht mitberücksichtigt. Sobald er die innere Abwehr lockert oder das Abgewehrte von außen herausgefordert wird, fühlt er sich von dem Gefährlichen erneut bedroht. Es gibt tatsächlich keine andere Möglichkeit: sobald sich der Patient mit dem Therapeuten »einläßt«, spielt sich der Konflikt unvermeidlich auf den Arzt ein (Übertragung) und gestaltet die Patient–Arzt-Beziehung gemäß dem Konflikt des Patienten. Unvermeidlich ist ferner, daß sich der Patient nun vor den vermeintlichen Bedrohungen dieser konflikthaften Beziehungen schützt und Widerstand leistet, sich tiefer einzulassen.
Es würde nun zu weit führen, hier auch darzustellen, wie diese Verständnisschritte vollzogen werden können (vgl. Muck, in diesem Band). Es wurde schon darauf hingewiesen, daß die Erkenntnissuche ein *gemeinsames* Unternehmen von Analytiker und Patient ist. Es führt zu keinen Veränderungen im Verhalten des Patienten, wenn der Analytiker etwas versteht, was nicht zugleich durch die Deutung der Situation dem Patienten vermittelt werden kann. Der Patient seinerseits

muß bereit sein, dem Analytiker das Verstehen zu ermöglichen und mit den über den Analytiker vermittelten Erkenntnissen zu arbeiten. Diese gemeinsame Arbeit legt einen den Patienten persönlich betreffenden Sinnzusammenhang von Vorstellungen, Gefühlen und Phantasien frei, wobei im Laufe der Behandlung der unbewußte infantile, im Verhalten sich durchsetzende Sinnzusammenhang durch einen realitätsgerechten ersetzt werden soll.

Oben wurde bereits auf das Junktim von Forschen und Heilen hingewiesen. Freud sagte: »Das psychoanalytische Verfahren sucht die Verursachung des Phänomens zu ergründen und es durch dauernde Veränderung seiner Entstehungsbedingungen aufzuheben [...] die Beseitigung der Leidenssymptome wird nicht als besonderes Ziel angestrebt, sondern ergibt sich bei regelrechter Ausführung der Analyse gleichsam als Nebengewinn« (Freud 1923, S. 226). Das psychoanalytische Vorgehen hat demnach auch da, wo es zur therapeutischen Anwendung kommt, also in der psychoanalytischen Behandlung, keine primärtherapeutische Zielsetzung, sondern folgt dem Erkenntnisanspruch. Verstehen im psychoanalytischen Sinn heißt also gerade nicht, ein am Common sense orientiertes sentimentales Verständnis zu zeigen für einen Leidenszustand, sondern es bedeutet vielmehr, ein Verständnis der Entstehungsbedingungen eines Krankheitszustandes zusammen mit dem Kranken zu erarbeiten.

Nicht selten begegnen wir einem Klischee über den Psychoanalytiker, das die Züge eines immer gütigen, »verstehenden« Menschen trägt; Verstehen hat hier die Tönung von Entschuldigen und Verzeihen, so wie man sagt: alles verstehen heißt, alles verzeihen. In dieses Klischee sind mehrere Mißverständnisse eingegangen: an die Stelle von Erkenntnis ist eine Wertung getreten, insofern dem Analytiker die Kompetenz zugeschrieben wird, etwas zu entschuldigen; zugleich aber auch eine schönfärbende, illusionäre Abbildung der Realität, insofern alles, was der Patient selber als »böse« empfindet, verharmlost und verleugnet bleibt. Dieses Bild eines sozusagen professionalisierten Mitleids geht von der irrigen Annahme aus, beim psychisch Kranken gehe es allein darum, entbehrte Liebe nachzuholen; also müsse man ihn fühlen lassen, daß man lieb und gut zu ihm sei, daß man ihm gewähre, was er wünscht. Es geht hier natürlich überhaupt nicht darum, den Wert von Mitleid und Güte in Frage zu stellen. Beide sind für das Zusammenleben der Menschen von fraglos grundlegender Bedeutung. Eine Kultur, in der diese Werte nicht entwickelt und gepflegt würden, wäre unmenschlich. Es geht nur darum festzustellen, daß die systematische Anwendung eines professionalisierten Mitleids zu therapeutischen Zwekken für den psychisch Kranken nicht nur nicht heilsam, sondern schädlich wäre. Diese Haltung würde nicht zu Erkenntnis, sondern zum gemeinsamen Verleugnen führen.

Die Erfahrung zeigt, daß die spezifisch psychoanalytische Zielsetzung nicht nur theoretisch als Unterscheidungsmerkmal gegenüber anderen therapeutischen Verfahren von Belang ist. Je weniger der Analytiker von einer therapeutischen Absicht motiviert ist, und je mehr er sich methodisch streng orientiert am Prinzip, Wissen über die unbewußt gewordenen und nur von hier aus verstehbaren Sinn -und Handlungszusammenhänge des Patienten zu gewinnen, um so größer ist die Wahrscheinlichkeit, das maximale therapeutische Potential der analytischen Situation zu aktualisieren (Klüwer 1973).

Ich habe den Weg zu beschreiben versucht, den die psychoanalytische Behandlung verfolgt. Was sind ihre Ziele? Der gequälte Patient, wie der oben erwähnte Pseudomörder, will zunächst nichts anderes, als sein quälendes Leiden, d. h. sein Symptom, loswerden. Viele Neurotiker sind in einer inneren Situation, daß ihnen jedes Mittel recht ist, wenn es nur in dieser Hinsicht hilft. Wenn im Laufe der Behandlung der Druck der Symptome nachläßt, entwickelt der Patient sehr häufig von sich aus eine anspruchsvollere Zielsetzung bezüglich seiner psychoanalytischen Behandlung. Er erfährt, welche Möglichkeiten der Vertiefung und Erweiterung seines Lebens potentiell gegeben sind, und begnügt sich nicht damit, seine Symptome loszuwerden. Er wünscht, sich selbst zum Optimum seiner Entfaltungsmöglichkeiten zu bringen. So vermögen diejenigen den größten Gewinn aus der psychoanalytischen Behandlung zu ziehen, die sie über die Krankenbehandlung hinaus zur Vertiefung ihrer Selbsterkenntnis und Mobilisierung ihrer Potentiale zu verwenden verstehen.

Dieses Ziel der psychoanalytischen Behandlung läßt sich

unter verschiedenen Gesichtspunkten beschreiben, wie etwa: Wiederherstellung der Genuß- und Leistungsfähigkeit; oder: wo Es war, soll Ich werden, d. h. der Herrschaftsbereich des Ichs, damit des Bewußtseins, soll erweitert werden, und die blinde Unterworfenheit unter Es (die Triebwelt), Über-Ich (verinnerlichte verbietende und gebietende Repräsentanzen) und Realität soll sich zugunsten eines größeren Verfügungspotentials der bewußten Vermittlungsfunktionen des Ich vermindern. Oder noch anders formuliert: Regressiv unbewußte (und das heißt immer: auf infantile Positionen fixiert gebliebene) Potentiale sollen zu einer reiferen, erwachseneren Gestalt progredieren, so daß reife zwischenmenschliche Beziehungsformen gelebt werden können.

Es leuchtet ein, daß diese anspruchsvolle Zielsetzung ein großes Arbeitsunternehmen darstellt, das einen mehrjährigen Zeitaufwand erforderlich macht. Die psychoanalytische Methode ist allerdings nicht auf die große psychoanalytische Behandlung beschränkt. Sie kann auch im Rahmen anderer äußerer Anordnungen zur Anwendung kommen, wie etwa in einer psychoanalytischen Gruppen- oder einer psychoanalytischen Kurzbehandlung. Die jeweils eingeleiteten Prozesse sind natürlich in ihrer Tiefe und Auswirkung verschieden, wobei nicht unbedingt eine Eins-zu-Eins-Korrelation zwischen Behandlungsdauer und therapeutischem Erfolg bestehen muß.

Wir können nun von dem beschriebenen psychoanalytischen Vorgehen das Ziel anderer therapeutischer Verfahren abheben. Während wir die Psychoanalyse ein aufdeckendes Verfahren nennen können, wird die Hypnosebehandlung aus dieser Perspektive als ein zudeckendes Verfahren erscheinen. Ihr therapeutisches Interesse richtet sich unmittelbar auf die Beseitigung des quälenden Symptoms mit Hilfe der suggestiven Einflußmöglichkeiten des Hypnotiseurs. Der Wille des Patienten, ohnehin unbewußt geworden, wird ein weiteres Mal mißachtet. Es wird nicht nach dem Sinn des Symptoms gefragt, denn das forderte das Aufrollen seiner lebensgeschichtlichen Entstehung. Das Symptom, das Leiden wird von vornherein als ein im Grunde rätselhaftes, zufälliges und natürlich überflüssiges, quälendes Etwas betrachtet, das auf dem kürzesten Weg beseitigt werden soll. (Bezüglich des

lerntheoretischen Ansatzes der Verhaltenstherapie, eines anderen, nur auf Symptombeseitigung abzielenden Verfahrens, siehe Eberenz, in diesem Band.)
Die beruhigende Wirkung, die in unserem oben erwähnten Beispiel der Psychiater auf den Patienten ausübt, ist ebenfalls als eine zudeckende Psychotherapie zu bezeichnen. Der, wenn auch nicht anhaltende, therapeutische Erfolg, der aber immer wieder erneuert werden konnte, fußte nicht auf Einsicht, sondern basierte auf einem Element aus der Beziehung zum Arzt: der Patient sieht in ihm eine Autorität und verleiht deshalb den Worten des Psychiaters eine erhöhte Glaubwürdigkeit. Der neurotische Konflikt allerdings läßt nicht zu, diesem Glauben die Kraft zu geben, daß er nicht durch erneute Zweifel getrübt würde. Allerdings gibt es Maßnahmen, die suggestive Kraft des Psychiaters systematisch zu verstärken, wie zum Beispiel durch die Hypnose. Sie ist ein technisches Hilfsmittel, die Autorität des Arztes zu verstärken. Der Konflikt wird auf diesem Wege zugedeckt und durch den suggestiv gestützten Glauben überlagert. Der Patient erlebt befreit die gesuchte Erleichterung – jedoch auf Kosten von Einsicht und Aneignung der Kräfte, mit denen er innerlich nicht fertig zu werden vermochte. In der Regel verschleißt der unbewußte Konflikt große Energiemengen, die innerlich verzehrt werden müssen, da sie ja dem Ich nicht zur Gestaltung verfügbar werden dürfen oder können. Mit anderen Worten: diese Lösung wird durch eine in der Regel unbemerkt bleibende Icheinschränkung erkauft. Mitunter gelingt es, den das Symptom unterhaltenden Konflikt mittels einer hypnotischen Behandlung so weit zurückzudrängen, daß er zur Ruhe kommt. Häufiger beobachtet man aber die Kurzlebigkeit eines solchen Behandlungserfolgs, d. h. der Konflikt produziert erneut alte oder andere Symptome (Symptomwandel). In unserem Zusammenhang ist jedoch ein anderer Aspekt interessant: wenn wir Psychoanalyse und hypnotische Behandlung miteinander vergleichen, können wir feststellen, daß bei beiden die Arzt–Patient-Beziehung eine zentrale Stelle im Behandlungsgeschehen einnimmt. Während die Übertragungsbeziehung in der psychoanalytischen Behandlung in den Dienst von Verständnis und Aneignung der Konfliktzusammenhänge gestellt wird, so daß die Übertra-

gungsbeziehung, d. h. unter anderem die Abhängigkeit des Patienten vom Arzt, am Behandlungsende realiter aufgelöst ist, bleibt in der hypnotischen Behandlung die errichtete suggestive Abhängigkeit aufrechterhalten (vgl. Muck und Schröter, in diesem Band). Während die Psychoanalyse die infantile Abhängigkeit wiederbelebt, um einen emanzipatorischen Prozeß im Patienten einzuleiten – etwa analog dem des erwachsen werdenden Kindes, das schließlich als unabhängiger und selbständiger Mensch seine Eltern verläßt –, konstelliert die hypnotische Behandlung eine infantile Abhängigkeit gegenüber einer mächtigen Instanz, deren suggestive Kräfte ganz in den Dienst einer »Heilung« gestellt werden. Je besser sich diese Übertragung auf einen mächtigen Helfer ausbildet, um so eher ist der Patient bereit, den suggestiven Willen des Arztes zu übernehmen. Dabei handelt es sich nicht mehr um Aneignung von Erkenntnis, sondern um den Machtvollzug des Willens einer mächtigen Autorität, was eine Veränderung in einer gewünschten Richtung herbeiführt. Die infantilen Anteile des Patienten werden nicht aufgehoben, sondern bestärkt.

Diese Gegenüberstellung von Psychoanalyse und Hypnose erlaubt uns nun, weitere psychotherapeutische Verfahren als zwischen diesen beiden Polen liegend zu kennzeichnen. Wie jedermann weiß, kommen psychotherapeutische Wirkungen auf vielfachen Wegen zustande: das »Sich-Aussprechen« und Zuhören allein hat schon einen großen therapeutischen Wert. Der sich Aussprechende findet im Akt des Verbalisierens Distanz zu den Vorgängen, über die er spricht, und gewinnt damit ein wenig Freiheit, sofern er Abstand findet. Die Tatsache, daß ein anderer zuhört, bildet ein wichtiges Moment, wobei erlebt werden kann, daß man mit seinem Leiden nicht allein ist. (In Amerika hat sich der Beruf des sogenannten »Listener« entwickelt. Es handelt sich dabei um die Professionalisierung dieses zwischenmenschlichen Bezugs. Gegen Geld hört der Listener zu und ist verpflichtet, nichts zu sagen. Auch in der BRD bieten sich »Zuhörer« an. Siehe Horn 1972, S. 73.) Das Sich-zur-Verfügung-Stellen, um einem anderen Menschen zuzuhören, kann sehr viel für einen Menschen in Not bedeuten, wenn es wirklich ernstgemeint ist. Zusätzlich kann eine emotionale Entlastung eintreten, die der Patient

wohltuend erlebt. Die Erteilung eines Rates hat in einer derartigen Beziehung oft eine therapeutische, wohltuende Wirkung. Selbst wenn der Rat nicht befolgt wird, kann er oft zur Hilfe werden, das eigene Verhalten gegen den gegebenen Rat entschiedener organisieren zu können. Das gute Zureden, Auf-die-Schulter-Klopfen, Unterstützen, das Hinweisen auf das in jedem individuellen Leid enthaltene allgemeine Leid, das Beistehen im weitesten Sinne, die Beruhigung, der Trost, alles dies sind Verhaltensweisen, die dem in Not Befindlichen helfen können, mit seiner Situation besser fertig zu werden. Im dialogischen Sprechen über die Probleme einer Situation gelingt es auch oft, eine Teillösung eines Konfliktes zu finden. Dabei kann der andere durchaus auch handelnd mit eingreifen: anfeuernd, anstachelnd, ausredend, zuredend, verbietend (sofern er die Autorität dazu gewonnen hat), evtl. strafend. Der »Fachmann« kann zudem aus seinem Wissen über innerseelische Zusammenhänge allgemeingültige typische Gefährdungen, Mißverständnisse, Schwächen und Irrtümer aufzeigen. Er kann zum Beispiel dem Hysteriker zeigen, wie er übertreibt und gleichzeitig bagatellisiert, wie der Zwanghafte zu ängstlich ist, aus sich herauszugehen, etwas zu wagen, wie der Depressive unnötig resigniert, wo Einsatz durchaus realitätsgerecht wäre usw. Auf diesen Wegen können große therapeutische Hilfen gegeben werden, wobei immer wieder, auch in kleinen Zusammenhängen, dem Patienten gezeigt wird, was er tut und wie er es besser machen kann. So kann das Wissen des Fachmanns, verbunden mit seinem Engagement für den Patienten, diesem dazu verhelfen, die Realität besser zu sehen und ein realitätsgerechteres Verhalten einzuüben und zu erlernen.
Es wird deutlich geworden sein, inwiefern diese therapeutischen Verhaltensweisen zwischen beiden beschriebenen Polen Psychoanalyse und Hypnose liegen: hier steht die Übertragungsbeziehung im Dienst emanzipativer Erkenntnis, die in Richtung wachsender Unabhängigkeit und reifer Liebesfähigkeit führt, dort wird die Übertragungsbeziehung unreflektiert mit Hilfe manipulativer Maßnahmen benutzt, um einen Leidenszustand oberflächlich, d. h. nur das Symptom, und nicht den zugrunde liegenden Konflikt zu beseitigen. Verständnis und manipulative Maßnahmen können in vielfältiger Form

miteinander verbunden werden, so daß eine Vielzahl therapeutischer Techniken entwickelt werden konnte. Die Ausbildungsgänge zur Erlernung der verschiedenen Verfahren erfordern einen außerordentlich unterschiedlichen Aufwand. Man sollte jedoch nicht übersehen, daß ein Bedarf an einem vielschichtigen therapeutischen Angebot besteht, da nicht jeder Patient psychoanalytisch behandelbar ist. Dafür sind verschiedene Gründe verantwortlich. Der gegenwärtige Mangel an ausgebildeten Psychoanalytikern wird eines Tages behebbar sein. Die Indikation für eine psychoanalytische Behandlung wird aber nie für alle psychischen Leidenszustände gelten, sondern auf einen bestimmten Kreis beschränkt bleiben. Sodann ist nicht jeder psychisch Leidende bereit, das Abenteuer einer Selbstentdeckung einer bloßen Symptombeseitigung vorzuziehen. Freud hatte auch selbst nie die Vorstellung, mit Hilfe der Psychoanalyse alle Neurosen heilen zu können: »Erinnern wir uns aber, daß man dem Leben nicht als fanatischer Hygieniker oder Therapeut entgegentreten darf. Gestehen wir uns ein, daß diese ideale Verhütung der neurotischen Erkrankungen nicht allen einzelnen zum Vorteil gereichen wird. Eine gute Anzahl derer, die sich heute in die Krankheit flüchten, würde unter den von uns angenommenen Bedingungen den Konflikt nicht bestehen, sondern rasch zugrunde gehen oder ein Unheil anstiften, welches größer ist als ihre eigene neurotische Erkrankung« (Freud 1923, S. 113).

Während die Psychoanalyse unter pragmatischem Gesichtspunkt ein psychotherapeutisches Verfahren neben anderen darstellt, nimmt sie zugleich gegenüber anderen Verfahren eine Sonderstellung ein. Aufgrund ihrer besonders ausgeprägt entwickelten Theorie ist nur sie in der Lage, Aussagen darüber zu machen, was mittels der verschiedenen psychotherapeutischen Verfahren mit dem Patienten und seiner Krankheit geschieht. Ich habe mich im Rahmen dieses Beitrags auf die Darstellung der Hypnose unter diesem Gesichtspunkt beschränkt.

Bibliographie

Freud, S. (1910), *Die zukünftigen Chancen der psychoanalytischen Therapie.* GW VIII.
– (1923), *Psychoanalyse und Libidotheorie.* GW XIII.
Horn, K. (1972), *Gruppendynamik und der »subjektive Faktor«. Repressive Entsublimierung oder politische Praxis.* Frankfurt 1972.
Klüwer, R. (1973), *Anmerkungen zum Selbstverständnis des Psychoanalytikers.* In: *PSYCHE* 27, 1973, Heft 12.

Udo Eberenz
Psychoanalyse und Verhaltenstherapie

Um die Jahrhundertwende hatte der russische Physiologe Iwan Pawlow bei experimentellen Untersuchungen zur Physiologie der Verdauungsorgane die Beobachtung gemacht, daß die Versuchstiere, hungrige Hunde, bereits vor der Futtergabe Speichel absonderten, wenn sie die Schritte der Tierpfleger hörten, die Futter brachten. Von dieser Beobachtung ausgehend, konnte Pawlow den experimentellen Nachweis führen, daß ein neutrales Ereignis (wie z. B. Schritte auf dem Gang oder Klingelton) zum bedingten Reiz wird, wenn es oft genug mit einem unbedingten Reiz (wie Futter) gekoppelt wird, der eine unbedingte Reaktion auslöst. Futter ist ein unbedingter Reiz, auf den ein Organismus in angeborener Weise zu reagieren pflegt, d. h. die Speichelsekretion ist eine unbedingte, weil nicht gelernte Reaktion. Durch eine gewisse Häufigkeit und zeitliche Aufeinanderfolge von ursprünglich neutralem Reiz – Klingelton – und unkonditioniertem Reiz – Futter – erhält der Klingelton Signalcharakter und wird zum bedingenden Reiz, der darauf folgende Speichelfluß zur bedingten Reaktion. Die Kombination Klingelton, Futter und Speichelabsonderung führte dazu, daß in der Folgezeit bei diesen Versuchstieren der Klingelton allein Speichelfluß auslöste. Der entstandene bedingte (konditionierte) Reflex stellt eine Verhaltensänderung dar, die als Lernen bezeichnet wird. Lernen ist der zentrale Begriff, der sich durch alle Formen von Verhaltenstherapien zieht. Es ist zunächst darauf hinzuweisen, daß es »die« Verhaltenstherapie ebensowenig gibt wie »die« Lerntheorie. Gemeinsam ist aber den verschiedenen Formen von Verhaltenstherapien, daß sie sich auf lernpsychologische Gesetzmäßigkeiten beim Verlernen von unangepaßten Verhaltensweisen bzw. beim Erlernen angepaßter Verhaltensweisen beziehen.
Begriff und Methode der »Verhaltenstherapie« wurden erst Ende der 50er Jahre von Lazarus und Eysenck eingeführt. Das Neuartige an der Methode der Verhaltenstherapie bestand

darin, daß bei der Behandlung abnormen Verhaltens Befunde aus Experimenten über Gesetzmäßigkeiten des Lernens systematisch auf ihre therapeutische Wirksamkeit überprüft wurden. Da Verhaltenstherapie – wie jede Behandlungsform – in einem sozialen Feld stattfindet, wird sie definiert als »[...] systematische Anwendung der Methoden und Erkenntnisse lernpsychologischer Forschung in einer Situation sozialer Einflußnahme« (Cohen, 1972, S. 88) bei Verhaltensstörungen. In der experimentellen Situation können unter kontrollierten Bedingungen Reaktionsformen variiert und Gesetzmäßigkeiten abgeleitet werden. Die naturwissenschaftlich-experimentell destillierten Gesetze des Lernens sind denn auch der gemeinsame Hintergrund der verschiedensten Erscheinungsformen von Verhaltenstherapien. Ob klassisches, operantes oder Vermeidungskonditionieren, um nur einige Prinzipien von Verhaltenstherapien zu nennen, gemeinsam ist diesen Formen, daß nach Versuch und Irrtum gelernt wird und das jeweils geforderte »richtige« Lernen das Erscheinen des unbedingten Reizes zur Folge hat. Durch Belohnung oder Bestrafung oder Nichtbeachtung kann der unbedingte Reiz bzw. der erwünschte Lernerfolg bekräftigt oder abgeschwächt werden. Die Zentrierung auf bestimmte, so genau wie möglich zu umschreibende Verhaltensweisen, die verlernt oder gelernt werden sollen, ist ein gemeinsames Bezugssystem der Verhaltenstherapien, gleichgültig, ob es sich um physiologische, affektive oder kognitive Regelhaftigkeit aus dem Insgesamt eines Verhaltensrepertoires handelt. Nach den Grundannahmen der Verhaltenstherapien sind Verhaltensstörungen genauso aufgebaut wie andere unauffällige Verhaltenssequenzen: Verhalten ist immer Resultat eines Lern- bzw. Konditionierungsprozesses. Daraus folgt, daß Verhaltensstörungen nach den gleichen Gesetzmäßigkeiten, die ihre Genese bedingt haben, wieder abgebaut, dekonditioniert werden können. Die jeweiligen lerntheoretischen Prinzipien können hier nicht im einzelnen dargestellt und ihre Wirkungsweise exemplifiziert und kritisch erörtert werden.[1] Der Leser sei nur mit einem Beispiel konfrontiert, das paradigmatisch für verhaltenstherapeutische Vorgehensweise stehe.

1 Vgl. die entsprechende Literatur im Anhang, insbesondere Wolpe, 1972.

Nach Eysenck ist das Symptom die Krankheit (vgl. dagegen Muck in diesem Band). So hat die Verhaltenstherapie schon relativ frühzeitig begonnen, *ohne* eine Theorie zur Genese von Verhaltensstörungen wie z. B. des nächtlichen Einnässens entwickelt zu haben, Konditionierungsverfahren zu dessen Therapie anzuwenden. Sobald die Kinder einzunässen beginnen, werden sie durch eine Klingel oder einen Stromschlag geweckt (durch die Harnflüssigkeit wird ein elektrischer Kontakt hergestellt). Wesentlich bei diesem Lernvorgang, dem instrumentellen Lernen oder operanten Konditionieren, ist die Einsicht, daß nicht nur vorangehende Ereignisse (= Reize) Verhalten beeinflussen, sondern auch die Folgen (= Reaktionen), die angenehm oder unangenehm sein können. Mit anderen Worten, das »Gesetz der Verstärkung« besagt, daß Handlungen mit angenehmen Folgen häufiger, mit unangenehmen Folgen weniger häufig auftreten. Aus diesem trivialen Sachverhalt lassen sich sogar Prognosen formulieren.
Aus anderer Perspektive betrachtet, ist das »Gesetz der Verstärkung« die wissenschaftlich-lerntheoretische Abstraktion für den wohl ältesten Erfahrungsgrundsatz jeglicher Erziehungstechnik, sei es im menschlichen oder tierischen Bereich: die Beobachtung nämlich, daß Organismen Verhaltensabläufe eher wiederholen oder beibehalten, wenn sie dafür belohnt werden bzw. Handlungen weniger häufig wiederholen oder löschen, wenn sie dafür systematisch bestraft werden. Aus dem oben angeführten Beispiel wird der verhaltenstherapeutische Wissenschaftsbegriff deutlich: eine verhaltenstherapeutische Methode ist wissenschaftlich und sinnvoll, wenn Wirksamkeit, Wirtschaftlichkeit und Wiederholbarkeit gewährleistet sind. So mag die Tatsache, daß man nach dem Modell des bedingten Reflexes Tauben Pingpong spielen lehren kann, beeindruckend sein, allein in der Übertragung dieses Modells auf den Menschen findet eine »Verobjektivierung« statt, d. h. Gesetzmäßigkeiten bzw. Regelhaftigkeiten, die bei Tieren unter ganz spezifischen, künstlich geschaffenen Bedingungen gefunden wurden, werden verallgemeinert und unter Beiseitelassen aller damit verbundenen Probleme auf den Menschen übertragen. Als methodologiekritischer Einwand ist hinzuzufügen, daß die Übertragbarkeit der Gesetzmäßigkeit von Lernen aus Tierexperimenten auf menschliches Verhalten zwar

unterstellt wird, aber nicht gesichertes empirisches Wissen bildet, sondern eine Hypothese, die sich bestätigen oder verwerfen läßt (vgl. Fürstenau, 1972). Gegenstand dieser Psychologie ist beobachtbares, manifestes Verhalten des Menschen im Sinne von beobachtbarer Natur. Die Psychoanalyse dagegen untersucht individuelles Handeln, das gesellschaftlich vermittelt ist und aus der Spannung körperlich-triebhafter Bedürfnisse und objektiv-gesellschaftlicher Bedingungen entsteht. In den Verhaltenstherapien geht es um die Erklärung von Schwierigkeiten im Lernprozeß, d. h. konkret, um die Heranziehung lernpsychologischer Gesetzmäßigkeiten zur Erklärung des Lernens unangepaßter Verhaltensweisen bzw. in der therapeutischen Praxis um die Anwendung von Lerngesetzen, um das Verlernen unangepaßter Verhaltensweisen zu bewerkstelligen. Neurotische und zum Teil auch psychotische Störungen sind dann Symptome, die als nach denselben Gesetzmäßigkeiten wie andere Verhaltensweisen erworben betrachtet werden und durch gezielte Anwendung der Regeln, die die experimentelle Lernpsychologie erarbeitet hat, durch neue »richtige« Lernvorgänge zu angepaßten Verhaltensweisen modifiziert werden müssen.
Mit fortschreitender Verwendung und Verfeinerung der an den Naturwissenschaften orientierten Methode in der Lernpsychologie setzte eine Desintegration und Trivialisierung in der psychologischen Forschung ein, deren Ergebnisse für den praktisch arbeitenden Psychologen, also hier für den im weiteren Sinne des Wortes im klinischen und sozialen Bereich tätigen, und das ist das Hauptkontingent aller Psychologen, weitgehend unbrauchbar geworden sind oder aber zu einer rigorosen, ungeprüften Ausrichtung des Menschen an einer statistischen Norm Anlaß gaben. Von einer kritischen Sozialpsychologie wurden dieser positivistisch eingeengte Methodenbegriff und das daraus resultierende »verobjektivierte« Menschenbild aufgezeigt und gefordert, zum Gegenstand psychologischer Forschung »die historischen, sozialen und gesellschaftlichen Bedingungen, die das Selbst- und Weltverständnis der Individuen prägen« (vgl. Holzkamp 1970), zu erklären. In der psychoanalytischen Theorie und Praxis ist das komplexe Endprodukt dieser Bedingungen, das Individuum mit seiner je eigenen Praxis, Forschungsobjekt

und Interaktionspartner.
Etwa um die gleiche Zeit, in der Pawlow aufgrund von Tierexperimenten seine Reflexlehre formulierte, konzipierte Sigmund Freud, von seiner Ausbildung her ebenfalls Neurophysiologe und seit Jahren mit der Pathologie menschlichen Seelenlebens befaßt, die psychoanalytische Theorie als die Wissenschaft vom seelischen Unbewußten (vgl. Muck und Klüwer in diesem Band). Freud hatte bei der Analyse erwachsener Neurotiker die Bedeutung infantiler Konflikte für das Konflikterleben im Erwachsenenalter entdeckt und Störungen der psychosexuellen Entwicklung und der kindlichen Objektbeziehungen in ihrem Einfluß auf die Phantasietätigkeit, das heißt die innere Realität, eines Subjektes als Mitursachen neurotischer Entwicklungen erkannt. Die infantile Sexualität verfiel einer Amnesie, oder – dynamisch ausgedrückt – sie wurde verdrängt, und es waren nach Freuds Auffassung pathogene Reminiszenzen, an denen Neurotiker leiden.[2] Insofern geht das psychoanalytische Krankheitskonzept von einem komplexen Konfliktverständnis aus (vgl. auch Horn in diesem Band). Konflikte stellen nicht wie in der positivistischen Psychologie rationale und skalierbare Entscheidungssituationen dar, wo zwischen abwägbaren Alternativen gewählt werden könnte, sondern werden als unbewußte, im Sinne von lebensgeschichtlich unbewußt gewordenen Motiven und Determinanten beherrscht verstanden. Von diesem Konfliktverständnis ausgehend, haben psychoneurotische Symptome eine spezifische Bedeutung und einen ganz anderen Stellenwert als in den Verhaltenstherapien. Während hier das Symptom als unangepaßte Verhaltensweise identisch mit der Krankheit ist, also die Neurose selbst konstituiert, stellt nach psychoanalytischer Auffassung das Symptom nur eine Erscheinungsform des zugrunde liegenden Konflikts dar, der sich auch anderen Ausdruck verschaffen könnte. Der verstellte Sinn des Symptoms liegt nach psychoanalytischer Anschauung darin, daß es einen Kompromiß darstellt zwischen konflikthaften Wünschen und den Abwehrmechanis-

2 Es ergeben sich Überschneidungen, gelegentlich auch Wiederholungen von Gedanken, die in anderen Artikeln in diesem Band ausführlicher abgehandelt werden. Der Leser sei insbesondere auf die Ausführungen von Muck und Klüwer verwiesen.

men des Ich. Das Symptom ist somit Ausdruck für einen zugrunde liegenden Konflikt, und Aufgabe der psychoanalytischen Therapie ist das Verstehen und Aufarbeiten dieses Konfliktes sowie die Rekonstruktion von unbewußten Sinnzusammenhängen.

Unter diesen Bedingungen, d. h. den völlig verschiedenen Vorannahmen über Neurose, ist ein Vergleich zwischen Verhaltenstherapie und Psychoanalyse hinsichtlich der Behandlungserfolge eine recht fragliche Angelegenheit; dennoch gibt dieses Vorgehen immer wieder Anlaß zu unsachlichen, ja polemischen Stellungnahmen. Die Klärung der verschiedenen Vorannahmen beider großen Psychotherapieformen und ihrer Behandlungsziele soll Gegenstand des folgenden Textes sein. Als Folge des naiven Vorgehens, nämlich ohne Verständigung über Kriterien Behandlungserfolge zu vergleichen, wird neben den polemischen Versuchen, z. B. Psychoanalyse als »unwissenschaftlich« abzuqualifizieren (vgl. insb. Eysenck), neuerdings eine andere Tendenz Mode: nach dem Motto »Wir sitzen tatsächlich auf dem gleichen Dampfer [...]« (Cohen, 1972, S. 179) werden hierbei Unterschiede zwischen Verhaltenstherapie und Psychoanalyse eingeebnet. Die Meinung, es gebe eine Möglichkeit, Verhaltenstherapie und Psychoanalyse unmittelbar miteinander zu vergleichen, verwischt aber nicht nur die Unterschiede, sondern blockiert die Diskussion über vergleichende Psychotherapieforschung: »Es kann gerade keine gemeinsamen Daten geben, und gerade diese Illusion, daß es gemeinsame Daten gibt, schafft eine Konfusion«. (Fürstenau, 1972, S. 180)

II

Für die Situation von Verhaltenstherapie und Psychoanalyse dürfte auch heute noch die Beschreibung eines Pioniers auf dem Gebiet der Kindertherapie zutreffen: »Die Kinderpsychotherapie findet bei jüngeren Ärzten von Jahr zu Jahr mehr Interesse. Daß von der Universitätsmedizin noch nichts für die Ausbildung in diesem Beruf getan wurde, ist ein kaum mehr aufzuholendes Versäumnis. [...] Von Universitätsinstituten wird die Forschung der Verhaltenstherapie großzügig unterstützt. Die analytische Kinderpsychotherapie wurde bisher an keiner deutschen Universität auch nur im geringsten

Umfang gefördert. Allein hier liegt schon der Verdacht einer Repression der Gesellschaft, die ihre Kinder, einschließlich die verhaltensgestörten, lediglich zur Anpassung erziehen will, ohne ihre individuellen emotionalen Bedingungen zu berücksichtigen«. (Biermann 1970; zit. nach: Mitscherlich, 1970, S. 36 f.) Im Vergleich zur Universitätsmedizin ist innerhalb der Universitätspsychologie die Situation der beiden zu vergleichenden Therapieformen noch mehr einseitig gewichtet.[3] Die psychoanalytische Ausbildung war wegen der gesetzlich geregelten Berechtigung zur Behandlung von Patienten lange Zeit fast ausschließlich auf Ärzte beschränkt. Neben die mittlerweile »etablierten« ärztlichen und psychologischen Psychoanalytiker stellen sich » [. . .] die Vertreter eines frustrierten Berufsstandes, der bis jetzt keine entsprechende Rolle gefunden hat, nämlich die klinischen Psychologien als gleichberechtigt (wie sie glauben: auch wissenschaftlich überlegen) [. . .]« (Strotzka, 1972, S. 67). In dieser zweifellos richtigen Feststellung wird eine lange Entwicklung auf einen Nenner gebracht: im Gegensatz zur Psychoanalyse war und ist die Psychologie des Lernens ein fester Bestandteil des Psychologiestudiums. Die Verhaltenstherapien beruhen darauf, daß aus der Vielfalt von lernpsychologischen Ansätzen ein Zusammenhang hergestellt werden soll zwischen der Lernpsychologie und der Klinischen Psychologie. Die speziellen verhaltenstherapeutischen Ansätze sind pragmatisch orientierte Verfahren, die auf einer relativ einfachen, sich naturwissenschaftlich-experimentell verstehenden Basis der Lernpsychologie gründen und in der Klinischen Psychologie angewandt werden. Verhaltenstherapie ist also ein Teilbereich der Klinischen Psychologie.[4] Ihre therapeutischen Verfahren sind einfach: Lernen und Verlernen in vielfältiger Form sollen durch

3 S. *Frankfurter Rundschau* vom 23. 12. 1971, Nummer 297, S. 6, *Hat die Psychoanalyse eine Chance?* und als Reaktion: S. Kongreßbericht der Deutschen Gesellschaft für Psychologie, (DGfPs), Saarbrücken 1972.

4 Sowohl innerhalb der Universitätspsychologie als auch in den psychologischen berufsständischen Organisationen sind Bemühungen im Gange, Verhaltenstherapie und Klinische Psychologie gleichzusetzen. Vgl. Merkblatt für die Antragstellung zur Erlangung des Zertifikates *Fachpsychologe für Klinische Psychologie,* Göttingen, den 1. IV. 1972. Sektion Klinische Psychologie im Berufsverband Deutscher Psychologen (BDP). Die Diskussion dieser berufspolitischen Machtfrage soll im folgenden ausgeklammert bleiben.

die Prinzipien von Belohnung, Bestrafung und Nichtbeachtung erreicht werden. Die Verhaltenstherapie ist, wie weiter unten an einem Beispiel gezeigt werden soll, praxeologisch und theoriefern (sie ist bei manchen Störungen angebracht, unter bestimmten Bedingungen sogar die Methode der Wahl). Hingegen hat Psychoanalyse eine umfassende Theorie der Genese, Funktion und Therapie von Krankheit entwickelt, die mit psychischem Konflikt in Zusammenhang steht. Ferner umfaßt Psychoanalyse theoretisch auch die Position der Verhaltenstherapie, insofern sie deren Vorgehen erklären kann.
Als beliebiges Beispiel sei die Entstehung und Behandlung von Ängsten im Modell des klassischen Konditionierens (Pawlow) gewählt: nach Erkenntnis der Lernpsychologie wird Angst immer als Furcht vor etwas, sei es Person, Situation, Gegenstand o. ä., aufgefaßt und stellt eine bedingte Reaktion dar. Wie bei der positiven Konditionierung mittels positivem Reiz (Nahrung) werden bei der Anwendung negativer bzw. aversiver Reize (elektrische Stromschläge) bedingte Reaktionen hergestellt, wenn neutrale Reize häufig genug mit negativen Reizen gekoppelt werden (aversive Konditionierung). Die Entstehung der verschiedensten Phobien, z. B. Platzangst und Tierängste, wird durch dieses Modell erklärt. Die Behandlung, d. h. die Löschung der bedingten Reaktion »Angst« erfolgt, indem der bedingte aversive Reiz mit neuen angenehmen Reizen gekoppelt wird. So werden z. B. einem Kind, das Angst vor Pferden hat, so lange Pferde gezeigt und Süßigkeiten verabreicht, bis die Angst vor Pferden gelöscht ist. Bei der Behandlung von Ängsten erwachsener Personen wird dieses Modell als »systematische Desensibilisierung« (Wolpe 1972) angewandt, wobei die Patienten in ihrer Vorstellung schrittweise an die angstauslösenden Reize herangeführt werden. Nun wird kein Psychoanalytiker leugnen, daß aufgrund wiederholter negativer Erfahrungen Furcht vor den Bedingungen dieser realen Erfahrung entstehen kann. Allerdings ist mit diesem Modell der Genese von Furcht (vor etwas) nur ein kleines Segment der psychoanalytischen Angsttheorie abgedeckt, es kann keinesfalls verallgemeinert werden in bezug auf die Entstehung der Angst. Angst kann sich an jeden beliebigen Vorstellungsinhalt knüpfen, sie kann einen Menschen unvermittelt als irrationale Macht überwältigen, wie besonders

deutlich wird am Angstfall oder an Angst vor der Angst. Die Bedingungen der Genese und die Funktion von Angst sind dem Patienten nicht bewußt und individuell einzigartig. Wie Freud (1909) in der *Analyse der Phobie eines fünfjährigen Knaben* gezeigt hat, ist auch die Furcht vor einem bestimmten Objekt – hier die Furcht des Kleinen Hans vor Pferden – nicht das Resultat eines bewußt erlebten, falschen Lernprozesses aufgrund realer Erfahrungen, sondern ein Symptom, das einen Kompromiß bildet zwischen den libidinösen und aggressiven Triebwünschen und den unbewußt wirkenden Abwehrkräften des infantilen Ichs. (Vgl. auch die Falldarstellung von Klüwer in diesem Band.) Nach den klinischen Erfahrungen der Psychoanalyse sind die phobischen Objekte Ersatzbildungen, d. h. die Angst war ursprünglich an andere Vorstellungsinhalte geknüpft, die verdrängt werden mußten, wobei jedoch die Besetzungsenergie dieser Vorstellungsinhalte erhalten blieb und sich an neuen Vorstellungsinhalten festmachte. Es soll aber betont werden, daß die allgemein gültigen Prinzipien, die die psychoanalytische Theorie erarbeitet hat, wie die Lehre der Abwehrmechanismen, der Energiebesetzung und -verschiebung und der Triebdynamik, nur Teile einer umfassenden Persönlichkeitstheorie sind und keine therapeutischen Modelle darstellen, die symptomspezifisch regelhafte Anwendung – wie bei der Verhaltenstherapie – finden könnten. Die psychoanalytische Therapie wäre insofern ›ganzheitlich‹, als sie psychische Störung immer auf dem Hintergrund der je individuell strukturellen Konfliktkonstellation erfaßt. Dagegen ist Verhaltenstherapie ›elementaristisch‹; eine psychische Störung soll unter Absehung von individueller Lebensgeschichte und psychischen Konflikten durch Konditionierungsmaßnahmen wegtrainiert werden. So erweist sich das auf den ersten Blick Identische – wie am Beispiel der Phobie gezeigt – als so verschieden, daß sich, mangels eines gemeinsamen Bezugssystems, keine Vergleiche anstellen lassen.

Offen bleibt somit die Frage, ob »die Idee eines wissenschaftlichen Streitgesprächs zwischen Psychoanalytikern und Verhaltenstherapeuten, die wechselseitig über ihr therapeutisches Handeln aufgeklärt sind, also zur Sache miteinander sprechen [...]« (Bachmann 1972, S. 7), überhaupt eingelöst werden

kann. Auf keinen Fall jedoch läßt sich die komplexe Problematik der vergleichenden Psychotherapieforschung reduzieren auf den Trivialmythos: »Psychoanalyse und Verhaltenstherapie scheinen feindliche Brüder zu sein, die ihre Verwandtschaft nicht wahrhaben wollen, in der doch gerade ihre gegenseitige Abneigung und ihre Rivalität begründet sind. Was sich nah ist, haßt sich gut« (Görres 1972, S. 71).
Hier tut sich allerdings ein Mißverständnis auf, das die Optik des Betrachters einzustellen trachtet auf ein Pseudoproblem. Mitscherlich wies darauf hin, daß es beim Ausmaß des »neurotischen Elends« nicht um das Streitigmachen von Erfolg geht, auch dann nicht, »wenn die Erfolge sich nicht als beständig erweisen sollten. Darin liegt kein wahrer Streitpunkt; es geht uns nicht um das Bestreiten von Erfolg, denn es handelt sich gar nicht um eine Konkurrenzsituation mit gleichen Zielvorstellungen« (1970, S. 35). Wesentliche Aufgabe unserer Themenstellung ist also, die bestehenden prinzipiellen Unterschiede herauszuarbeiten und auf die zugrunde liegende Theorie- und Ideologiebildung zu beziehen. Das Problem einer vergleichenden Psychotherapieforschung scheint aus theoretischen Gründen nicht möglich zu sein: Da wir nicht über eine gemeinsame Metatheorie verfügen, die quasi hinter oder über Psychoanalyse und Verhaltenstherapie steht, kann es nicht um »das Hin-und-her-Übersetzen von einer Theoriesprache in die andere« (Görres 1972, S. 75) gehen. Diese vereinfachte Sicht täuscht indes einen Einigungsprozeß vor, der aus Gründen der zentralen theoretischen Konzeptualisierungen, des therapeutischen Handelns und der Reflexion über therapeutisches Handeln notwendig zum Scheitern verurteilt ist. Ferner entziehen sich der Gegenstand von Theorie und Praxis der Psychoanalyse[5] und Phänomene, die im Zusammenhang mit therapeutischem Handeln auftreten, einer Vergleichbarkeit bzw. können aus Gründen der konventionellen lernpsychologisch-experimentellen Standards nicht wahrgenommen werden. Fürstenau (1972) faßt das Problem der vergleichenden Psychotherapieforschung zusammen: »[...] eine Reduktion der Mannigfaltigkeit von psychothera-

5 Vgl. Lorenzer, *Über den Gegenstand der Psychoanalyse oder: Sprache und Interaktion*, Frankfurt 1973.

peutischen Richtungen und zugehörigen Behandlungsverfahren auf dem Wege statistischer Erfolgs- und Mißerfolgsuntersuchungen (ist) bisher nicht möglich (und auch in Zukunft aus theoretischen Gründen nicht zu erwarten)« (S. 47).

Die illusorische Annahme einer gemeinsamen Ausgangssituation jedoch geht immer wieder in die Argumentationen beim Vergleich Psychoanalyse und Verhaltenstherapie ein, obwohl wiederholt darauf hingewiesen worden ist, daß unterschiedliche implizite oder explizite Konzepte von Krankheit die Hypothesenbildung und Behandlungsverfahren determinieren. Wir wollen uns einer kritischen Erörterung der frühen Optimismus-Periode in der Verhaltenstherapie (Eysenck, Wolpe), die durch »eine oft groteske Überschätzung des Erfolgs« (Strotzka, 1972, S. 67) gekennzeichnet war, enthalten und lediglich darauf hinweisen, daß das definierte Erfolgskriterium, nämlich eine gelungene Verhaltensmodifikation, in der psychoanalytischen Therapie nicht mit Heilung oder Strukturveränderung identifiziert werden kann.

Ein Verhaltenstherapeut würde ein einnässendes Kind umkonditionieren, d. h. er würde versuchen, das Symptom zu beseitigen. Aufgabe des Psychoanalytikers wäre dagegen, die Konfliktgeschichte dieses Symptoms zu verstehen. Er müßte sich intensiv mit den Eltern des Kindes beschäftigen, um eventuelle Erziehungsfehler, die den Eltern gar nicht bewußt sind, so z. B. die Bevorzugung eines jüngeren Geschwisters, durchzuarbeiten, und den Konflikt in Zusammenarbeit mit den Eltern lösen. Allein dieses Beispiel mag verdeutlichen, um wieviel aufwendiger und tiefgehender das psychoanalytische Behandlungsverfahren ist.[6]

In Vorwegnahme eines skeptischen Einwandes wird in katamnestischen Erhebungen von Verhaltenstherapeuten übereinstimmend betont, daß nach Verhaltenstherapien keine neuen Störungen aufträten, die als Symptomverschiebungen zu

6 Die verschiedenen Rollen und Funktionen, die ein Kind für die Eltern haben kann bzw. unbewußt spielen muß, sind in letzter Zeit u. a. von H. E. Richter dargestellt worden, vgl. *Eltern, Kind, Neurose, Patient–Familie.* Das Kind kann der Abwehr unbewußter Konflikte auf seiten der Eltern dienen und als schwächstes Glied in der Kette einer pathologischen Familienstruktur zum Symptomträger werden.

P. Kutter machte mich darauf aufmerksam, daß M. Balint in diesem Zusammenhang bereits 1955 den Begriff des »Präsentiersymptoms« geprägt hat.

begreifen wären (insbes. Eysenck, 1965, Bandura, 1970). Diese Aussage ist nach von der Verhaltenstherapie selber aufgestellten Grundsätzen unhaltbar: in einer Therapieform wie der Verhaltensmodifikation werden Verhaltensanalyse und Behandlungsplan ausgerichtet an einem Modell des Lernens, das unter Absehung von der individuellen Lebensgeschichte verallgemeinert wird. Die den Verhaltenstherapien zugrunde liegenden Lerntheorien – oder, präziser ausgedrückt, die Annahmen über Gesetzlichkeiten des Lernens – sind allgemein psychologische (in Opposition zu persönlichkeitsspezifischen) Aussagen. In der Verhaltenstherapie, die nicht über eine umfassende und explizite Persönlichkeitstheorie und Krankheitslehre verfügt, können aus theorieimmanenten Gründen also gar keine Aussagen über Symptomverschiebungen gemacht werden, da das Symptom qua Fehlanpassung die Neurose selbst ist und nicht, wie in der psychoanalytischen Nosologie, als Resultat einer mißglückten Konfliktabwehr gesehen wird, die sich im Prozeß des ›Erinnerns, Wiederholens und Durcharbeitens‹ (Freud) auf Grund der Dynamik des unbewußt gewordenen Konflikts an der Oberfläche ihres Erscheinens verschieben kann. Die Beobachtung einer Symptomverschiebung oder -substitution kann nur geklärt werden nach einer spezifischen Analyse der individuellen Widerstands- und Abwehrkonstellation und setzt die Annahme unbewußter Abwehrmechanismen des Ichs voraus, die durch lernpsychologische Begriffe (wie z. B. sekundäre Konditionierung, Reizgeneralisation) nicht abgedeckt werden.

III

Die beiden wichtigsten »essentials« der psychoanalytischen Theorie sind die Annahmen über die unbewußte Determiniertheit psychischen Geschehens und die Triebnatur des Menschen, die sich als Triebschicksal manifestiert. Weder das Unbewußte noch die Triebausstattung sind direkter Beobachtung zugänglich oder als Quantität meßbar, was Behavioristen zum Anlaß dient, die »Beweislast« umzukehren. »Da solche internen ›Kräfte‹ der experimentellen Variation und naturwissenschaftlichen Beweisführung generell nicht zugänglich sind, können sie weder bestätigt noch verworfen werden« (Birbaumer 1973, S. 7). Der Hinweis sei erlaubt, daß nicht Annahmen »unzugänglich sind«, so daß sie »weder bestätigt noch verworfen werden können«, sondern vielmehr das Untersuchungsinstrumentarium unzulänglich sein dürfte. Besonders eindrucksvoll ist aber das Axiom, das solche positivistische Selbstbeschränkung ermöglicht: »Psychisches Geschehen ist entweder bewußt oder kein psychisches Geschehen!« (a.a.O., S. 146). Infolge dieses Selbstverständnisses der Verhaltensmodifikation als extremer Bewußtseinspsychologie, die nicht die Frage nach Sinnzusammenhängen stellt, ist das Ziel der Behandlung die Dekonditionierung von Symptomen, wobei Symptome objektiviert werden zu »unerwünschten Gewohnheiten«.

In dem dynamischen Krankheitskonzept der Psychoanalyse wird die Neurosenwahl als lebensgeschichtlich determiniert verstanden, so daß sich in den spezifischen Symptombildungen die jeweilige Wiederkehr des Verdrängten erkennen läßt (vgl. Muck). Insofern kennt die psychoanalytische Nosographie den Mechanismus der Symptomverschiebung oder Symptomsubstitution. Nun wird der Psychoanalyse unterstellt, daß das, was sie als »interne Kräfte« bezeichnet, die die Dynamik psychischen Geschehens ausmachen, im Sinne des Postulats eines »autonomen Menschen« (vgl. Skinner, 1973) verstanden werden müsse. Gerade durch die internen Kräfte, wie z. B. Triebimpulse und internalisierte Über-Ich-Forderungen, wird die Konflikthaftigkeit und mehrfache Abhängigkeit des Ichs mitbedingt. Freud (1923) formulierte diesen Sachverhalt prägnant: das Ich hat drei Herren zu dienen: der Außenwelt, dem Es und dem Über-Ich und leidet »demzufolge unter den Drohungen von dreierlei Gefahren [...], von der Außenwelt her, von der Libido des Es und von der Strenge des Über-Ichs« (S. 286).

Während Skinner (1948, 1970) in seinem utopischen Roman *Walden Two* – in Anspielung auf und Fortführung von H. D. Thoreaus *Walden* – wissenschaftlich »wertfrei« argumentiert, d. h. einer konsequenten politischen Abstinenz das Wort redet[7], besinnen sich neuerdings Vertreter der Verhaltenstechnologie auf ihre gesellschaftspolitische Verantwor-

7 Vgl. die 5 Prinzipien von *Walden* bzw. 10 von *Walden Two*, insbes. 3.

tung. »Die determinierende Rolle sozialer und gesellschaftlicher Faktoren als unabhängige Variablen wurden meist übersehen oder ignoriert. Besonders Vertreter tiefenpsychologischer oder psychoanalytischer Schulen neigen zur Annahme ›unbewußter Kräfte‹ im Individuum, die ein bestimmtes Verhalten ›verursachen‹. [...] Die Ursachen angepaßten oder unangepaßten, erwünschten oder unerwünschten, ›normalen‹ oder ›pathologischen‹ Verhaltens werden von den Vertretern dieser Denkrichtung in den individuellen Organismus oder in die individuelle ›Psyche‹ oder ›Persönlichkeit‹ verlegt« (Birbaumer, a.a.O., S. 7).

Prüft man das Konzept, von dem aus diese Form von Kritik überhaupt möglich ist, dann bleiben ein flacher Krankheitsbegriff und ein fatalistisches politisches Verständnis übrig: Krankheit wird zu unerwünschtem Fehlverhalten reduziert, das wegkonditionierbar ist. »Die determinierende Rolle sozialer und gesellschaftlicher Faktoren« wird als »unabhängige Variablen« hingenommen oder, anders formuliert: Die Fehlanpassung ist veränderbar: »Versuchen Sie aber nicht, diese Änderung durch politische Tätigkeit zu bewirken [...]« (Skinner, 1970, S. 5). Das Denkspiel mit den beidermaßen verkürzten und verflachten Konzepten – Krankheit und Gesellschaft – gipfelt letztlich in falschen Behauptungen über angebliche psychoanalytische Grundannahmen. Es trifft auch hier die Bemerkung L. Bellaks zu, daß in vielen Fällen, in denen Psychoanalyse kritisiert wird, psychoanalytische Grundkonzepte mißverstanden und falsch angewandt werden: »Es ist wohl das bedeutendste Verdienst der Lernpsychologie, die entscheidenden Umweltvariationen analysiert und manipulierbar gemacht zu haben. Ängstliches oder ›neurotisches‹ Verhalten ist nicht die Folge einer innerorganismischen psychischen Pathologie, sondern das Resultat ganz bestimmter, zeitlich begrenzter Umwelteinflüsse« (Birbaumer, a.a.O., S. 7). Die Kritik entpuppt sich als Spiegelfechterei: bereits 1894 hat Freud »ängstliches« oder »neurotisches Verhalten« als »[...] Resultat ganz bestimmter begrenzter Umwelteinflüsse« erkannt und ausführlich diskutiert, allerdings nicht mit dem Anspruch, jedwedes neurotisches Verhalten und Erleben damit erklären zu können. Die Erkenntnis, daß manche neurotische Erscheinung aus der Angst und der mißglückten

Anpassung des Ichs an neue Bedingungen resultieren, veranlaßte Freud, »von der Neurasthenie einen bestimmten Symptomkomplex als ›Angstneurose‹ abzutrennen«. Für Neurasthenie und Angstneurose machte Freud nicht infantile, sondern gegenwärtige Konflikte verantwortlich, weshalb er den Begriff der »Aktualneurose« wählte und im Gegensatz zu den »Psychoneurosen« eine somatische und nicht psychische Ätiologie annahm: » [...] die Erregungsquelle, der Anlaß zur Störung, (liegt) auf somatischem Gebiet, anstatt wie bei Hysterie und Zwangsneurose auf psychischem« (1894, S. 341).
Die Kritik mancher Verhaltenstherapeuten, die weniger auf Kenntnissen von Psychoanalyse denn auf Mutmaßungen gründet, verbirgt nur mühsam den Anspruch auf totale Erkenntnis und Verfügbarmachung, die auf eine Verhaltenstechnik abzielt, welche mehr als nur Psychologie systematisch und endgültig zu determinieren versucht. Es stellt sich die Frage, ob die Verhaltensmodifikation, die sich selbst als »Technologie des Verhaltens« (Skinner) definiert, nicht Gefahr läuft, in eine totalitäre Staatsideologie einzumünden. Mitscherlich (1970) kommt in seiner Bestandsaufnahme »Versuch, die Welt besser zu verstehen«, zur pessimistischen Schlußfolgerung: »Dann wird der Staat, oder was immer das aktive Machtgebilde sein mag, ausüben, was heute noch auf Sprechstundenebene als Verhaltenstherapie einstudiert wird: ›Gehirnwäsche‹« (S. 106). Und Mendels Vergleich (1972) über zwei Arten von Natur drängt sich auf. »Wenn man der ›natürlichen‹ Natur ihren freien Lauf gelassen hätte, wären heute Epidemien, Hungersnöte und Naturkatastrophen unser Schicksal. Wenn man der technologischen Natur freien Lauf ließe, würde dies notwendig zum Faschismus führen« (S. 247). Es scheint, daß die Einwände »einer großen Gruppe sozial engagierter Psychologen und Psychiater« (Keupp und Bergold, 1972, S. 106) gegen die Verhaltensmodifikation weniger polemische Vorwürfe als ernsthafte Warnungen vor der Gefahr des Machtmißbrauchs sind. Die Verhaltenstherapeuten Keupp und Bergold reflektieren erstmals das Problem der Machtdimension, das in der Verhaltensmodifikation intern dadurch entsteht, »daß zwischen dem Therapeuten und dem Patienten eine Rollenverteilung stattfindet, die Macht auf der einen Seite und Abhängigkeit auf der anderen verankert«

(a.a.O., S. 107). Die treffende Feststellung Laings, daß »[...] Verhaltenstherapie [...] unvermeidlich eine Technik der Nicht-Begegnung, der Manipulation und der Kontrolle [ist]« (1969, S. 46), wird von den Autoren konzidiert, »weil hier [...] tatsächlich eine reale Gefahr angesprochen wird: die zunehmende Indienstnahme effektiver Techniken der Verhaltenskontrolle und -steuerung zur Aufrechterhaltung der bestehenden Herrschaftsstruktur« (Keupp und Bergold, a.a.O., S. 106). »Den ›Erfolg‹ der Therapie kann man nach diesem Bewertungssystem zusammenfassend charakterisieren als Anpassung an die bestehende Klassengesellschaft« (a.a.O., S. 117).

Nachdem durch die Studentenbewegung der späten 60er Jahre Psychoanalyse in den Mittelpunkt eines breiten studentischen Interesses gerückt und die Hoffnung, psychoanalytische Erkenntnisse unmittelbar in politische Praxis umsetzen zu können, enttäuscht worden war (vgl. Lorenzer 1973, Berndt 1973, Klüwer 1973), trat anstelle der kritischen Psychoanalyse-Rezeption das Verdikt, Psychoanalyse betreibe Anpassungstherapie. Dem ist entgegenzuhalten, daß selbst bei Hartmann, dessen allgemein-psychologischer und a-historischer Abhandlung über »Ich-Psychologie und Anpassungsproblem« wir den strittigen Begriff »Anpassung« im Rahmen der jüngeren Psychoanalyse-Diskussion verdanken, Anpassung immer aktive Veränderung individueller und sozialer Gegebenheiten heißt, und nicht, wie in der verhaltenstherapeutischen Konzeption, passives Akzeptieren bestehender Verhältnisse. Schon die Anfänge der Psychoanalyse waren durch den aufklärerischen Impetus Freuds geprägt: »Die Entstehung der Psychoanalyse verdankt sich dem aufklärerisch-emanzipatorischen Erkenntnisinteresse, zur Befreiung des Menschen von undurchschauten Abhängigkeiten beizutragen« (Nolte 1970, S. 15).

Die Verhaltenstherapie ist dadurch gekennzeichnet, daß sie den Menschen als zu manipulierendes Objekt betrachtet. Nicht die Emanzipation von irrationalen sozialen und psychischen Abhängigkeiten ist das Ziel der Therapie, explizite Kriterien des Behandlungsplanes sind vielmehr die Konstituierung einer starren Rollenverteilung und eines Abhängigkeitsverhältnisses, das ex definitione eine Fremdbestimmung des Patienten bedingt. »Es scheint uns ein Kennzeichen der Verhaltensmodifikation zu sein, daß versucht wird, das Machtpotential des Therapeuten so weit wie möglich zu erhöhen, um die Effizienz der Behandlung zu steigern« (Keupp und Bergold, a.a.O., S. 128). »Die Effizienz der Behandlung« besteht in dem dressurähnlichen Einüben neuer bzw. in dem Abbau »unerwünschter« Gewohnheiten. Die Unvereinbarkeit verhaltenstherapeutischen Vorgehens und einer Selbstbestimmung des Menschen wird evident, wenn die Autoren Habermas' Modell des kommunikativen Handelns (1968) reflektieren, um es für die verhaltenstherapeutische Selbstreflexion nutzbar zu machen (a.a.O., S. 133 f.). Die notwendige »erkenntnistheoretische Selbstreflexion der Wissenschaft« (Habermas) kann nicht eingeholt werden durch ein additives Aneinanderreihen von Individuum und sozialer Umwelt. Selbst wenn der Anspruch auf totale Verhaltenskontrolle und -steuerung aufgegeben würde, bliebe doch nur »ein Leben als Selbsterhaltung ohne Selbst« (Adorno). Die Dialektik im Verhältnis Subjekt-Gesellschaft verkommt unter einem solchen Zugriff zum schlichten Alternativendenken: »Wer als Stotterer zur Behandlung kommt, das entscheidet die soziale Umwelt. Pointiert könnte man sagen: Der Stotterer leidet nicht daran, daß er stottert, sondern daß seine Umwelt nicht stottert« (Keupp und Bergold, 1972, S. 126).

Es scheint, daß bei der Unmöglichkeit, Verhaltenstherapie als Sozialwissenschaft zu definieren, nur noch der Weg in die biologistische Sackgasse offenbleibt. Eysenck, streitbarer Polemiker gegen die Unwissenschaftlichkeit der Psychoanalyse, verneint, »daß wir den angeborenen, prädisponierenden Faktor Neurotizismus durch eine psychotherapeutische Behandlung oder andere Verfahren, die das Zentralnervensystem nicht direkt operativ angehen, beeinflussen können«. Demgegenüber hat Psychoanalyse von Anfang an ihren Weg genommen über die Analyse mißlungener Interaktionsformen. In Lorenzers Ausführungen »Zur Begründung einer materialistischen Sozialisationstheorie« (1972) stellt die Annahme idealer Interaktionsbeziehungen allemal eine nicht einholbare Utopie dar. Von diesen Vorstellungen ausgehend kommt Lorenzer zu der Annahme systematisch gebrochener Verhältnisse (= Interaktionen), die sich aus der gesamtgesellschaftlichen Praxis und ihren inhärenten Widersprüchen nicht loslösen lassen. »Die Mutter steht ihrerseits im gesellschaftlichen Zusammenhang; ihre Praxis ist ein Teil der gesamtgesellschaftlichen Praxis, ist nicht isoliert zu sehen von der Organisation der Arbeit, die der geschichtlichen Bewegung folgt« (Lorenzer 1972, S. 52). Als Ziel der klassischen Psychoanalyse wird definiert, » [...] die Herstellung des durch Konflikt und Konfliktabwehr zerstörten Interaktionsgefüges in Rekonstruktion der unterbrochenen Bildungsprozesse des Individuums – entlang der vom Konflikt und d. h. Widerspruch gewiesenen lebensgeschichtlichen Linien«. Dabei dient die Rekonstruktion der Lebensgeschichte » [...] der Rekonstruktion des Interaktionsgefüges *und* der Konstituierung der subjektiven Möglichkeit, Widersprüche, die verändernde Praxis fordern, zu reflektieren. Psychoanalyse sprengt damit keine objektiven Handlungsgrenzen, wohl aber beseitigt sie die subjektiven Barrieren gegen die Entwicklung jener Interaktionsformen, die verändernde Praxis fundieren« (Lorenzer, a.a.O., S. 13).

IV

Zwar ging Freud vorübergehend von der Vorstellung aus, Psychoanalyse sei eine Naturwissenschaft. Dieses von Habermas als »szientistisches Selbstmißverständnis« der Psychoanalyse bezeichnete Konzept wird von Repräsentanten der behavioristischen Psychologien immer noch als Wertmaßstab an die Psychoanalyse und somit an psychoanalytische Inhalte, insbesondere zur »Verifizierbarkeit« und Falsifizierbarkeit psychoanalytischer Konzepte, angelegt. Dagegen verstehen wir Psychoanalyse nicht als Naturwissenschaft, da wir ansonsten Gesetzmäßigkeiten und Gesetze nach experimentalpsychologischen Regeln formulieren und hypothetico-deduktiv konfirmieren bzw. falsifizieren müßten. Was den Erkenntnisprozeß der Psychoanalyse ausmacht, ist gerade eine dieser Vorgehensweise diametral entgegengesetzte Empirie und Theoriebildung, und zwar – wie Sonnemann formulierte – ist es »das stete Überschießen der empirischen Aufdeckungen über ihren empiristischen Selbstentwurf als Naturlehre hinaus« (1972, S. 730), d. h. wir können in der Psychoanalyse nicht Theorie und Praxis voneinander getrennt betrachten i. S. der herkömmlichen Naturwissenschaft, derart, daß wir Theoreme formulieren und die Empirie einstellend auf theoretische Sätze überprüfen bzw. als Beweis für die Richtigkeit der Theorie heranziehen.

Folgt man der historischen Entwicklung der Psychoanalyse, sieht man, wie Freud durch die psychoanalytische Empirie, nämlich durch die Verfolgung der Eigenart neurotischer Krankheitsphänomene, Stück für Stück die naturwissenschaftlichen, physiko-chemischen Theoreme aufgab und »[...] zum Psychologen und ersten Sozialisationstheoretiker wurde. Die Konzeption der psychoanalytischen Therapie erweist sich als Renaissance der dialektischen Theorie von Selbstentfremdung und Wiederaneignung inmitten der Ära des triumphierenden Positivismus« (Dahmer 1973, S. 26). Freud hatte mit Unbestechlichkeit und Redlichkeit erst das in Theoriesprache übersetzt, was er an Struktur, Regelmäßigkeit oder »pathologischer« Abweichung der je einzelnen Lebensgeschichte vorgefunden hatte. Sein historisch bedingter Denkfehler lag darin, daß er teilweise annahm, Aussagen machen zu können über die Invarianz von Natur, wo wir heute meinen, daß es sich um eine gesellschaftlich bedingte Invarianz des Schicksals handelte. Dieser historische Denkfehler, der, um es zu betonen, bei Freud kein durchgängiger ist, resultiert aus dem Wissenschaftsverständnis seiner Zeit, das weitgehend mit verdinglichten Begriffen operierte.[8]

Um zusammenzufassen: Die Psychoanalyse redet nicht mit theoretischen Konstrukten, die sie, um es bildlich auszudrükken, aus einem über uns aufgespannten Ideenhimmel entlehnt, über Empirie, sondern erfährt unmittelbar in einem

8 Im Anschluß an Kunz stellt Fürstenau (1971) dazu fest: »Kunz hat vor Jahrzehnten schon die Vermutung geäußert, Freud und seine ersten Schüler hätten (das) physiologische Theoriemodell, das sie mit der Medizin ihrer Zeit verband, unbewußt gewählt, um sich zu schützen: sie hätten gefürchtet, die Wahl einer angemesseneren Darstellungsform für das so sehr Neue und Befremdliche, das sie entdeckt und erfahren haben, hätte sie den Affekten der Gesellschaft, besonders der Ärzte, noch mehr ausgesetzt« (S. 445). Kunz schreibt (1930, S. 668): Die »Unangemessenheit der mechanistischen und rationalistischen [...] Begriffsbildung stellt offensichtlich die logische und erkenntnistheoretische Auswirkung jenes fundamentalen Selbstmißverständnisses dar, dem Freud als Erbe des ›naturwissenschaftlichen Zeitalters‹ erlag« (zitiert nach Dahmer 1973, S. 13, Fußnote).

psychoanalytischen Prozeß konkrete Praxis, die in eine Theoriesprache umgesetzt wird. Freud hatte, nachdem er im *Entwurf einer Psychologie* (1895) meinte, Psychoanalyse analog einer Physiko-Chemie konzipieren zu können, spätestens 1900 mit seinem grundlegenden Werk der *Traumdeutung* Psychoanalyse vorgestellt als die Wissenschaft vom seelisch Unbewußten. Dies bedeutet aber nicht, daß alles Psychische unbewußt ist. Die Trennung des Psychischen in Bewußtes und Unbewußtes und die Erforschung der Eigengesetzlichkeit des Unbewußten hatten zur Folge, daß die scharfe Trennung von gesund und krank aufgehoben wurde. Nicht alles, was sogenannte Normale tun, ist deshalb normal, ebensowenig sind die Unternehmungen von Neurotikern vorweg als krankhaft anzusehen. Wir sind nämlich der Meinung, daß auch beim Gesunden die unbewußten Motivationen ausschlaggebend sind. Die dynamische Wirksamkeit unbewußter Motivation äußert sich beim Gesunden deshalb nicht störend, weil die unbewußten Motivationen bei dem Gesunden die Kontinuität von Intention und kommunikativem Handeln nicht stören oder weil der Gesunde, wenn diese Kontinuität bedroht ist, über ausreichende reife Abwehrmechanismen verfügt, so daß Störungen des psychischen Gleichgewichts relativ konfliktfrei erledigt werden können.

Mit dem Begriff des Konflikts wird vorweggenommen, was Resultat psychoanalytischer Forschung ist: die Psychoanalyse ist entstanden als Behandlungsmethode von Neurosen, sie war von allem Anfang an Konfliktpsychologie. Breuer hatte die Beobachtung gemacht, daß die »nervösen Symptome« einer seiner Patientinnen verschwanden, nachdem sie sich an »vergessene« Erlebnisinhalte mit der Intensität des originalen Erlebnisses wieder erinnert hatte. Nun waren aber diese Ereignisse nicht zufällig vergessen worden, sondern mußten auf Grund ihrer Inhalte, die in Konflikt standen mit bewußten bzw. geforderten Einstellungen und Werthaltungen, gewissermaßen in die Versenkung geraten. Die Virulenz dieser verdrängten Erlebnisinhalte erkannte Freud in einer mißglückten Konfliktabwehr. Im Unbewußten gibt es kein »Vergessen«. Konflikte, die verdrängt werden mußten, also unbewußt geworden sind, können sich auf vielfältige Weise Ausdruck verschaffen: als Symptome, Fehlleistungen, Traumarbeit,

irrationale Wahrnehmungen in der Realität u. ä. Somit kann unbewußt Gewordenes zu Leidenserfahrung werden.
Dies ist vielleicht einer der markantesten Punkte, in dem sich Psychoanalyse von anderen Humanwissenschaften abhebt. Psychoanalyse setzt an den Leidenserfahrungen der Subjekte an. Das Unbewußte kommt nicht als ontologische Entität, sondern immer durch »die Verfolgung der lebensgeschichtlichen Linien von Konflikten und Konfliktabwehr« (Lorenzer) ins Spiel. Das Bewußtmachen von Konflikten ist nur sinnvoll und human, wenn neben der intellektuellen Einsicht auch affektives Durcharbeiten möglich ist. Dann und nur dann führt das Bewußtmachen von Konflikten nicht nur zu einer Symptombeseitigung, sondern auch zu einer Ich- bzw. Bewußtseinserweiterung, was eine adäquate Lösung neuer Konflikte erlaubt (vgl. Muck). Inadäquates Konflikterleben wird nach psychoanalytischer Neurosenlehre gerade deshalb wirksam und damit störend, weil Konflikterleben und entsprechende Konfliktbeseitigung psychischen Eigengesetzlichkeiten unterworfen sind. Die psychoanalytische Annahme, daß psychische Vorgänge determiniert bzw. überdeterminiert sind, besagt zwar in erster Linie, daß nichts ohne Ursache im psychischen Apparat geschieht, sie bedeutet aber, wenn wir die Ursächlichkeiten erforschen, daß Verhaltens- und Reaktionsweisen immer in Bildungsprozessen angeeignet worden sind. Die Wirksamkeit der Erlebnisniederschläge aus früher Kindheit lassen sich sowohl aus ihrer »prägenden« Kraft erklären als auch aus der mangelnden Differenziertheit des psychischen Apparates in der Kindheit. Es ist aber zu betonen, daß, in Abgrenzung von anderen Psychologien, die Psychoanalyse die mannigfaltigen irrationalen, nämlich falschen und unvollständigen Wahrnehmungen bzw. Wahrnehmungsverarbeitungen der Kindheit, die zwangsläufig als Resultat eines Konfliktes mit der Realität einer Verdrängung anheimfallen müssen, also unbewußt werden, als konstituierende Momente für das Konflikterleben im Erwachsenenalter und auch für die Manifestation einer Neurose annimmt. Es sind somit unbewußte Konflikte, die den Neurosen zugrunde liegen, wobei die Modellsituationen für das Konflikterleben im Erwachsenenalter bereits in der frühen Kindheit eingeübt worden sind (vgl. Muck).

Die Entwicklungsstörungen und -hemmungen und die Modelle mißglückter Konfliktabwehr bestimmen die individuelle Struktur und den Charakter eines Menschen und sind nicht losgelöst zu sehen von seiner vielfältig vermittelten Sozialisation. Die psychoanalytische Behandlung ist deshalb nicht symptomorientiert, weil ihr Ziel in einer Icherweiterung und also einer Aufhebung der Deformierung von Strukturen besteht. Die Deutungsarbeit des Analytikers, das schrittweise Bewußtmachen unbewußt gewordener Konflikte und irrationaler Wahrnehmungen, hat eine Icherweiterung zur Folge. Die Aussage Freuds: »Wo Es war, soll Ich werden«, bedarf weiterer Erklärung. Mitscherlich (1970) wies darauf hin, daß von einem »verminderten absolutistischen Herrschaftsanspruch die Rede ist und nicht von einer Totalauflösung. [...] Gelingt der Schritt, dann bleibt das Ich weniger absolut unterworfen unter Naturzwänge, unter Urteils- und Handlungsnormen der jeweiligen Gesellschaft und unter die infantilen Zwänge der Selbstwertverteidigung (Projektion, Verdrängung etc.) [...]. Es geht um die schrittweise Vergrößerung der Autonomie des kritisch prüfenden Ich, [...] Um diese kleinen Verschiebungen in der Richtung der Bewußtseinserweiterung ringt die Psychoanalyse« (1970, S. 39). Das bedeutet, daß mit Hilfe des Analytikers über den Weg der Selbstreflexion die gesamte Struktur eines Menschen ausdifferenziert wird und Triebe, Ängste, Affekte nicht unterdrückt werden müssen, sondern neue Entfaltungsmöglichkeiten erhalten, die von einem gestärkten Ich integriert werden können. Die gemeinsame Arbeit von Analytiker und Patient besteht in der Rekonstruktion von Lebensgeschichte – d. h. auch in der Rekonstruktion von unbewußter Sinngeschichte.

Die Psychoanalyse ist also nicht an einem Menschenbild orientiert, das das Individuum »objektiviert«, d. h. als zu manipulierendes Objekt setzt, um über dieses Objekt Daten zu gewinnen, die mit Ereignissen in korrelativen Zusammenhängen stehen und ebenfalls durch Beobachtung gewonnen werden, um hieraus wiederum Gesetzmäßigkeiten ableiten zu können, wobei die Richtigkeit bzw. Sicherheit des jeweiligen Verfahrens durch Regeln experimental-psychologischen Vorgehens gewährleistet wäre. Der Gegenstand der Psychoanalyse ist nicht Verhalten i. S. beobachtbarer Natur, sondern sind Interaktionsformen, und zwar Interaktionsformen, die sich prototypisch schon in der frühesten Mutter-Kind-Beziehung darstellen als gesellschaftlich vermittelte Handlungen aus der Spannung körperlich-triebhafter Bedürfnisse. Selbst der Trieb ist nicht bloße Natur; schon Freud hatte im Triebbegriff die Subjekt-Objekt-Verklammerung erkannt. An dieser Stelle wäre also die psychoanalytische Sozialisationstheorie abzuhandeln (Lorenzer, 1972), d. h. es wären die Bedingungen der jeweiligen Ontogenese des Ichs aufzuzeigen, die vielfältigen Wechselwirkungsverhältnisse der psychosexuellen Entwicklung und der Bildung von Objektbeziehungen, die durch die Praxis der Sozialisationsagenturen vermittelt werden (vgl. auch Muck).

V

Klaus Horn hat in seinen Arbeiten versucht, kritische Gesellschaftstheorie mit Psychologie zu vermitteln. Horn bezeichnet die Psychoanalyse als »kritische Theorie des Subjekts« (1972). Ich möchte diesen Ansatz zu umschreiben versuchen, indem ich die psychoanalytische Vorstellung über den historischen Wandel von psychischen Konflikten konfrontiere mit der oberflächlichen, weil unkritischen und ahistorischen Stellungnahme der Verhaltenstherapie zu diesem Problem.

Wenn ich mich in den bisherigen Ausführungen auch wiederholt auf den frühen Freud bezogen habe, so bedeutet das nicht, daß ich die Phänomene, die Freud richtig erkannt hat, als unverändert fortbestehend betrachte. Die historisch-gesellschaftliche Entwicklung blieb nicht ohne Folgen für die innerpsychische Konstellation der Individuen, die, mit veränderten Sozialisationsbedingungen auch veränderten Konfliktkonfigurationen ausgesetzt, andere Erscheinungsformen von Symptomen produzieren. Während zu Freuds Zeiten die Erscheinungsformen z. B. von hysterischen Symptomen sehr viel dramatischer waren und aus heutiger Sicht in ihrem symbolischen Sinngehalt schon als klassisch apostrophiert werden können – man denke nur an den arc de cercle und die verschiedenen Formen von hysterischen Lähmungen –, mögen Symptome heute in ihrer ehemals üblichen Drastizität allenfalls in abgeschiedenen, »rückständigen« Regionen mit entsprechender Sozial-, Familien- und Informationsstruktur vorkommen. Sehr viel häufiger aber sind Modifikationen von Symptomen hin zu intimeren und subtileren Ausprägungen oder scheinbar »symptomfreie« Störungen wie Arbeits-, Kontakt- oder Kommunikationsstörungen. Mitscherlich (1963) hat die Verlagerung von psychischen Erkrankungen in Richtung einer Zunahme von frühen narzißtischen Störungen der Persönlichkeitsentwicklung als Folge einer Gesamtentwicklung erkannt, die er unter dem Thema *Auf dem Weg zur vaterlosen Gesellschaft* abhandelte. D. h., bezogen auf das Konfliktkonzept der Psychoanalyse, daß der Ödipuskomplex, also die Auseinandersetzung des Kindes in einer dreipoligen Kind-Eltern-Beziehung, zwar nach wie vor als »Kernkomplex der Neurosen« (Freud), aber nicht als der zentrale Konflikt unserer Zeit erachtet wird (vgl. Horn in diesem Band).

Einer weiteren Veränderung im Erscheinungsbild psychischer Störungen sind wir konfrontiert: durch die psychoanalytische Aufklärung selbst wurde ohne Zweifel eine triebfreundlichere Einstellung gegenüber Sexualität bewirkt und »gesellschaftlich verankerte unmäßige Überich-Ansprüche wurden in ihrer Autorität erschüttert« (Klüwer 1973, S. 1085). Aber statt die Verantwortlichkeit des Ichs den Triebansprüchen gegenüber zu stärken und Triebbefriedigung somit in eigener Regie, d. h. konfliktfrei, zu ermöglichen, wurde die triebfreundliche Haltung nicht nur als Erlaubnis, sondern als Leistungszwang zur Triebbefriedigung mißverstanden. Das Scheitern der sogenannten anti-autoritären Erziehung und von dezidiert »repressionsfreien« Kommunen (vgl. H. Berndt, 1969) mag unter diesem Aspekt der Betrachtung ein Beispiel sein. Obwohl also das manifeste Verhalten einer Gruppe mit den bewußten und selbstgewählten Standards kongruent sein kann und die Mitglieder wie die Gruppe insgesamt in hohem Maße »erwünschtes« Verhalten leben, entstehen unlösbare Konflikte, Konflikte, für die nicht das »falsche Bewußtsein« der einen oder anderen verantwortlich gemacht werden kann, Konflikte, die im Unbewußten im Sinne des unbewußt Gewordenen, weil Verdrängten, wurzeln. »Der Überich-Anspruch wird dabei nicht unter die Kontrolle des bewußten Ichs gestellt, sondern verdrängt. Das Ich bleibt nach wie vor vom Überich geleitet, ist aber infolge der Verdrängung seines

Schutzes beraubt und fühlt sich zunehmend Triebansprüchen ausgeliefert« (Klüwer, a.a.O., S. 1085). Es setzt sich, wie Klüwer betont, eine regressive Tendenz fort, so daß vermeintlich gesteigerte Triebbefriedigung sich in Unfähigkeit verkehrt, »Triebansprüche angemessen kontrollieren zu können«.
Unter diesem Aspekt hat die alte Formel: »Neurose ist die Wiederkehr des Verdrängten aus der Verdrängung«, eine Bedeutungserweiterung erfahren: nicht nur triebhafte Es-Impulse dürfen vom Ich nicht akzeptiert werden und müssen abgewehrt werden, sondern auch Überich-Forderungen fallen der Verdrängung anheim und konfligieren mit bewußten Forderungen und Einstellungen. Es bleibt unbestritten, daß manche neurotischen Erscheinungen aus der Angst und der Anpassung des Ichs an neue Bedingungen erklärt werden können. Doch hat für die Mehrzahl neurotischer Konflikte Freuds Ansicht Gültigkeit, daß in der neurotischen Erscheinungsform, z. B. dem Symptom, etwas Ichfremdes gegen den Willen des Ichs geschieht, worin nicht eine »Fehlanpassung«, sondern ein Sieg ichfremder Kräfte über alle Anpassungsversuche des Ichs zu sehen ist.
In der Bestimmung, was Neurose sei, unterscheiden sich die mannigfaltigen Ansätze der Verhaltenstherapie und Psychoanalyse grundlegend. Wolpe (1972) engt das Konzept der Krankheit in der Verhaltenstherapie ein und beschränkt demzufolge die therapeutische Aufgabe. »Da der Verhaltenstherapeut die therapeutische Aufgabe darin sieht, überdauernde unangepaßte *Gewohnheiten* zu beseitigen, scheint das angemessenste Vorgehen zur Messung des Erfolgs, diese unangepaßten Gewohnheiten vor der Therapie zu klassifizieren und auszuzählen und dann, im Anschluß an die Therapie, das Ausmaß, in dem jede Gewohnheit beseitigt wurde, abzuschätzen« (S. 279). Die experimentelle Lernpsychologie bietet allgemeine Prinzipien, die zu verschiedenen Dekonditionierungsmethoden transformiert werden können, um unangepaßte Gewohnheiten abzubauen und erwünschte aufzubauen. Ist das Einschleifen einer neuen Gewohnheit geglückt, konstatiert Wolpe eine »Persönlichkeitsveränderung« und sieht »in diesem Fall [...] eine Möglichkeit eröffnet, Verhaltenstherapie und Psychoanalyse als Wege zur Persönlichkeitsveränderung zu vergleichen« (Wolpe, a.a.O., S. 282 f.). Ohne auf

dieses totale Unverständnis psychoanalytischer Praxis einzugehen, meinen wir, daß, während die Allgemeine und Sozialpsychologie immer mehr von einer Analyse menschlichen Verhaltens zu einer »Psychologie des Benehmens« versandet, der ursprüngliche Impetus einer lerntheoretisch fundierten Verhaltenstherapie, nämlich Verhaltensstörungen zu erforschen und zu therapieren, zu einer Verhaltenssteuerung und -kontrolle wird, die bar jeder Persönlichkeitstheorie sich orientiert an einem unkritischen Anpassungsbegriff und dem reibungslosen Funktionieren eines unpsychologischen Mensch-Maschine-Modells.

Die lebensgeschichtlich orientierte Fragestellung, und dies war Freuds erste *psychologische* Entdeckung (1894), ist in der Psychoanalyse über fast ein Jahrhundert hinweg weiterverfolgt worden. Aus dieser Fragestellung wurde, wie Loch (1972) systematisierend zusammenfaßt, 1) eine eigene Forschungsmethode entwickelt, 2) eine allgemeine psychologische Theorie – die psychoanalytische Metatheorie, und auf Grund der klinischen Empirie 3) eine Nosologie, d. h. eine psychoanalytische Krankheitslehre, in der psychische Faktoren wie Störungen und Hemmungen der psychosexuellen Entwicklung als bestimmend für die Ausbildung späterer Neurosen erkannt wurden und woraus 4) eine Behandlungstechnik, die psychoanalytische Psychotherapie, entwickelt wurde; 5) die Psychoanalyse verfügt über eine umfassende Persönlichkeitstheorie, in der über die Entwicklung, die Struktur und Funktion der Psyche systematische Feststellungen getroffen werden.

In der lebensgeschichtlich zentrierten Frage nach den Bedeutungsgehalten von Kommunikations- und Interaktionsformen wird die Analyse eingestellt auf den subjektiv vermeinten Sinn. Insofern ist der psychoanalytische Verstehens- und Erkenntnisprozeß, die Erschließung der je einzelnen Subjektivität, ein hermeneutisches Verfahren. Bezogen auf die Bearbeitung von Konflikten bedeutet das, daß das interpretative Vorgehen der Psychoanalyse sich nicht auf die Herausarbeitung objektiver Bedeutungen richtet, sondern auf subjektive Bedeutungen. Freud hatte schon sehr früh erkannt, daß es zur Aufhebung der Verdrängung nicht genügt, den Patienten den Sinn ihrer Symptome zu erklären. Jeder Patient bildet nämlich im Laufe einer psychoanalytischen Behandlung einen Widerstand gegen den Zugang zu seinem Unbewußten (vgl. Muck). Das bedeutet nun nicht, daß eine Symptomheilung in der psychoanalytischen Therapie irrelevant sei, aber die bloße Mitteilung dessen, was der Patient nicht weiß, weil er es verdrängt hat, hat nach einem Vergleich von Freud ebensoviel Einfluß auf die Leidenssymptome wie die Verteilung von Menükarten zur Zeit einer Hungersnot auf den Hunger. Weiter wies Freud bereits darauf hin, daß der Vergleich über seine erste Verwendung hinaus brauchbar sei, da die Mitteilung des Unbewußten an den Patienten regelmäßig zur Folge hat, daß der Konflikt in ihm verschärft wird und die Beschwerden sich steigern. In der spezifischen Interaktionssituation der Übertragung, d. h. in dem Erinnern und Wiederholen infantiler Vorbilder und unbewußter Wünsche, die an der Person des Analytikers mit einem Gefühl der Aktualität erlebt wird, läßt sich intellektuelle Einsicht ins Unbewußte auch affektiv durcharbeiten. Somit ist der psychoanalytische Therapieerfolg gebunden an die Herstellung und das Erleben der Übertragung. Nur durch die Hineinnahme und Aufarbeitung der eigenen Lebensgeschichte kann das Individuum Einsicht gewinnen in die Motivationen seines Handelns. Bevor praktische Zukunft gewonnen wird, ist die Aufarbeitung der lebensgeschichtlichen Vergangenheit notwendig. Das bedeutet, daß im Gegensatz zu nichtpsychoanalytischen Therapieformen der Patient weder Handlungsanweisungen erhält noch suggestiv-zudeckende Techniken zur Verhaltenssteuerung praktiziert werden. Psychoanalytische Therapie als lebensgeschichtliche Analyse ist zentriert auf die Verbiegung, Verstümmelung und Erstarrung der Lebensgeschichte, die sich manifestiert in einer »Privatisierung« der Sprache (Lorenzer), nämlich in einem Auseinanderfallen von sprachlich ausgedrückten Intentionen und kommunikativem Handeln des Individuums.

Die konkrete geschichtliche Situation ist einem in die Gesellschaft eintretenden Individuum immer schon vorgegeben, wobei gesellschaftliche Widersprüche in bearbeiteter Form in den Interaktionsmustern der Individuen vorgefunden werden (vgl. Horn in diesem Band). Wenn es also im psychoanalytischen Prozeß um die Aufarbeitung der Lebensgeschichte

geht, so ist die individuelle Lebensgeschichte immer schon als vermittelt durch objektiv gesellschaftliche Bedingungen zu sehen. Die Bearbeitung der individuellen Lebensgeschichte – nämlich der gestörten Praxis des Einzelnen – macht erst den Weg frei, auf dem das Individuum die objektiven Bedingungen seines subjektiven Leidens reflektieren kann.
Die Verhaltenstherapie mag in bestimmten Fällen angebracht sein: es mag Symptome geben, wie sie von Hartmann unter dem Begriff der »sekundären Autonomie« abgehandelt werden. D. h. ein Symptom kann in der Folge einer langen Chronifizierung ohne Beeinträchtigung der allgemeinen Lebensführung ein verselbständigtes Dasein führen. Anstelle einer Psychoanalyse, die in einer langwierigen und beschwerlichen Aufarbeitung der charakterstrukturellen Zusammenhänge bestünde, wären in diesen Fällen Dekonditionierungsmaßnahmen indiziert (vgl. Klüwer in diesem Band). Allerdings soll die Skepsis gegenüber der Verhaltensmodifikation nicht geglättet werden. Während der psychoanalytische Erkenntnisprozeß »keine auf Regression fußende Heilsgewißheit« anbietet, sondern eine Methode vermittelt, »mit deren Hilfe es dem Individuum gelingt, mehr und mehr die Wirklichkeit unter dem Aspekt der Wahrheit zu ertragen« (Mitscherlich, 1970, S. 24), stellt Skinner (1973), der wohl profilierteste Vertreter der Verhaltenstherapie die Forderung auf: »Das eigentliche Problem ist die Wirksamkeit von Kontrolltechniken [...] Es gilt nicht, die Verantwortlichkeit des »autonomen Menschen« zu ändern, sondern die Bedingungen, seien sie nun genetisch oder umweltbedingt, die das Verhalten einer Person zur Folge haben« (S. 81). Der Titel des Buches ist unverhohlen programmatisch: *Jenseits von Freiheit und Würde – eine Technologie des Verhaltens.*
Von den idealiter erreichten Zielen beider großen Psychotherapieformen aus würde sich die Alternative darstellen als Verhaltensmodifikation im Sinne einer Optimierung von Verhaltensakten bei den Verhaltenstherapien, während die psychoanalytische Therapie einen Prozeß des Erkennens bedingt, der die Emanzipation von irrationalem Handeln ermöglicht, d. h. Selbstbestimmung und Identität.

Bachmann, C. H. (Hrsg.) (1972), *Psychoanalyse und Verhaltenstherapie,* Frankfurt.
Bandura, A. (1971), *Principles of behavior modification,* London.
Birbaumer, N. (Hrsg.) (1973), *Neuropsychologie der Angst,* München-Berlin-Wien.
Berndt, H. (1969), *Kommune und Familie.* In: *Kursbuch 17,* S. 129-146.
– (1973), *Psychoanalyse und studentische Protestbewegung.* In: *PSYCHE* 27, S. 1128-1151.
Cohen, A. (1972), *Grundlagen der Verhaltenstherapie.* In: Bachmann, a.a.O., Frankfurt.
Dahmer, H. (1973), *Libido und Gesellschaft. Studien über Freud und die Freud'sche Linke,* Frankfurt.
Eberenz, U. (1973), *Das Menschenbild in der Psychoanalyse.* In: *Vierteljahresschrift für Heilpädagogik, 42,* 4, S. 342-349.
Eysenck, H.-J. (1960), *Behaviour Therapie,* London.
Eysenck, H.-J., Rachmann, S. (1965), *The Causes and Cures of Neurosis. An Introduction to Modern Behaviour Therapy Based on Learning Theory and the Principles of Conditioning,* London. Deutsch: *Neurosen – Ursachen und Heilmethoden,* Berlin 1967.
Freud, S. (1895), *Über die Berechtigung von der Neurasthenie einen bestimmten Symptomkomplex als »Angstneurose« abzutrennen. GW* I, S. 313-342.
– (1895), *Entwurf einer Psychologie.* In: *Aus den Anfängen der Psychoanalyse. Briefe an Wilhelm Fließ,* Frankfurt 1962.
– (1900)- *Die Traumdeutung. GW* II und III.
– (1904), *Zur Psychopathologie des Alltaglebens. GW* IV.
– (1905), *Vorlesungen aus den Jahren 1904-1905. GW* V.
– (1913), *Das Unbewußte. GW* X, S. 264-303.
– (1914), *Erinnern, Wiederholen, Durcharbeiten. GW* X, S. 126-136.
– (1915a), *Triebe und Triebschicksale. GW* X, S. 210-232.
– (1915b), *Die Verdrängung. GW* X, S. 248-261.
– (1920), *Jenseits des Lustprinzips. GW* XIII, S. 1-70.
– (1923a), *»Psychoanalyse« und »Libidotheorie«. GW* XIII, S. 209-234.
– (1923b), *Das Ich und das Es. GW* XIII, S. 235-290.
– (1926), *Hemmung, Symptom und Angst. GW* XIV, S. 111-206.
Fürstenau, P. (1972), *Probleme der vergleichenden Psychotherapie-Forschung.* In: Bachmann, a.a.O., Frankfurt.
Görres, A. (1972), *Psychoanalyse und Verhaltenstherapie.* In: Bachmann, a.a.O., Frankfurt.
Graumann, C. F. (1969), *Sozialpsychologie: Ort, Gegenstand und*

Aufgabe. In: Graumann (Hrsg.), *Sozialpsychologie. Handbuch der Psychologie*, 7. Bd., 1. Hbd., Göttingen.
Habermas, J. (1968a), *Erkenntnis und Interesse*, Frankfurt.
– (1968b), *Technik und Wissenschaft als Ideologie*, Frankfurt.
– (1972), *Zur Logik der Sozialwissenschaften. Materialien*, Frankfurt.
Hartmann, H. (1939), *Ich-Psychologie und Anpassungsproblem*, Stuttgart 1960.
Holzkamp, K. (1970), *Wissenschaftstheoretische Voraussetzungen kritisch-emanzipatorischer Psychologie.* In: *Z. Sozialpsychologie*, 1, S. 5-21 und 109-141.
Horn, K. (1972), *Kritische Theorie des Subjekts. Aufsätze*, Frankfurt.
Keupp, H., Bergold, J. B. (1972), *Probleme der Macht in der Psychotherapie unter spezieller Berücksichtigung der Verhaltenstherapie.* In: Bachmann, a.a.O., Frankfurt.
Klüwer, R. (1973), *Zum Selbstverständnis des Psychoanalytikers.* In: *PSYCHE* 27, S. 1077-1089.
Laing, R. D. (1969), *Phänomenologie der Erfahrung*, Frankfurt.
Loch, W. (1972), *Zur Theorie, Technik und Therapie der Psychoanalyse*, Frankfurt.
Lorenzer, A. (1972), *Zur Begründung einer materialistischen Sozialisationstheorie*, Frankfurt.
– (1973), *Über den Gegenstand der Psychoanalyse oder Sprache und Interaktion.* Frankfurt.
Mendel, G. (1970), *Generationskrise*, Frankfurt.
Mitscherlich, A. (1963), *Auf dem Weg zur vaterlosen Gesellschaft*, Frankfurt.
– (1970), *Versuch, die Welt besser zu verstehen. 5 Plädoyers in Sachen Psychoanalyse*, Frankfurt.
Nolte, H. (1970), *Psychoanalyse und Soziologie.* Bern-Stuttgart-Wien.
Skinner, B. F. (1970), *Futurum Zwei.* Hamburg.
– (1973), *Jenseits von Freiheit und Würde.* Hamburg.
Sonnemann, U. (1972), *Monade und Polis.* In: *PSYCHE* 26, 10.
Strotzka, H. (1972), *Fortschritte der Neurosentherapie.* In: Bachmann, a.a.O., Frankfurt.
Wolpe, J. (1972), *Praxis der Verhaltenstherapie.* Bern-Stuttgart-Wien.

Klaus Kennel
Die Entscheidung zur psychoanalytischen Behandlung

Wird dem Psychoanalytiker die Frage nach der therapeutischen Leistungsfähigkeit seiner Behandlungsmethode, nach ihrer Eignung für die verschiedenen Formen psychischer Erkrankung gestellt, so weiß er aus mancherlei Erfahrung, daß eine umstandslos gegebene Antwort, fiele sie auch noch so detailliert – etwa mit Hinweisen auf statistische Untersuchungen – aus, meist wenig fruchtet. Will er sinnvoll antworten, tut er gut daran, den Motivationshintergrund der Frage zu erkunden. Der Informationswert einfacher Mitteilungen wie: diese Krankheiten seien psychoanalytisch im Prinzip heilbar, jene aber nicht, die Heilungsaussichten seien bei dieser Art von seelischen Symptomen groß, bei anderen gering und dgl. mehr, bleibt – von ihrer sachlichen Fragwürdigkeit, von der zu reden sein wird, abgesehen – für den Fragenden selbst meist eigentümlich gering. Solche Antworten werden gelegentlich desinteressiert, nicht selten mit einer gewissen Enttäuschung aufgenommen. Die Vermutung drängt sich auf, der Frager habe im Grunde etwas anderes hören wollen, als wonach er fragte.
Worum es geht, erhellt eine in der psychoanalytischen Behandlungssituation häufig gemachte Erfahrung. Die affektiven Widerstände, die der Analysand regelmäßig und notwendig der Aufklärung seiner unbewußten Konflikte entgegensetzt, pflegen sich zu irgendeinem Zeitpunkt der Analyse einmal in die Gestalt eines mehr oder weniger hartnäckigen Zweifels an der therapeutischen Wirksamkeit des Verfahrens zu kleiden. Statt des Zweifels aber, manchmal auch alternierend mit ihm oder auch – paradox genug – gleichzeitig mag der Patient die enthusiastische Überzeugung hegen, die Psychoanalyse könne schlechterdings alle Leiden dieser Welt heilen. Der verfestigte Zweifel und die kritiklose Überschätzung spiegeln in ihrem Nach- oder Nebeneinander die emotionale Ambivalenz gegenüber einem Verfahren wider, dessen

therapeutisches Agens die Einsicht in die oft schmerzhafte Wahrheit über die eigene Person ist. Das ist übrigens der Kern auch mancher mit wissenschaftlichen Argumenten ausgetragenen Debatte über den therapeutischen Wert oder Unwert der Psychoanalyse, bei der notorische Skeptiker und Apostel einander polemisch gegenüberstehen.

Ein unnötig verdecktes, weil höchst berechtigtes persönliches Interesse ist oft der unschwer zu erkennende Kern solcher scheinbar sachlich-distanzierter Fragen.[1] Wonach da häufig in verschleierter Form gefragt wird, lautet also, offen ausgesprochen, so: sollte ich selbst mich einer psychoanalytischen Behandlung unterziehen? Würde mir das in meinen eigenen Schwierigkeiten mit einem Partner oder in der Arbeit nützen können? Dürfte ich hoffen, meine Angst, meine immer wiederkehrenden Beziehungsprobleme, meine Verstimmungen durch eine solche Behandlung zu verlieren? Ist meine eigene Störung so schwerwiegend, daß eine psychoanalytische Behandlung gar nicht erst möglich ist, oder im Gegenteil so geringfügig, daß sie überflüssig ist? Die Antwort, die einer sich schließlich selber gibt und die darüber entscheidet, ob er sich an einen Psychotherapeuten wendet, hängt von der Einschätzung des Schweregrads seiner seelischen Probleme ab, davon, ob er sie als »krankhaft« empfindet oder nicht, von seinem Wissen über Psychoanalyse und seiner Einstellung zu ihr und vielen anderen Faktoren, von denen uns einige im folgenden noch beschäftigen werden. In jedem Fall liegt die Entscheidung zunächst einmal bei ihm selbst, und er kann sich dabei in aller Regel auf ein geringeres Maß realen Wissens stützen, muß sich durch ein dichteres Gestrüpp von Vorurteilen und Meinungen hindurcharbeiten, als es bei einer körperlichen Erkrankung der Fall wäre. Sich selbst auf Grund seelischer Symptome als behandlungsbedürftig anzusehen und damit als psychisch Kranken akzeptieren zu müssen, stellt bis heute in unserer Gesellschaft für den einzelnen im allgemeinen eine tiefere Kränkung dar, als etwa anzuerkennen, daß er

1 Mit diesen Bemerkungen über Beobachtungen aus Alltagssituationen soll natürlich nicht die objektive Bedeutung von Fragen nach der Anwendungsbreite und der therapeutischen Möglichkeiten der Psychoanalyse angetastet werden, die sich etwa im Rahmen gesundheitspolitischer Diskussionen stellen.

an einer Organkrankheit leidet. Gehört er nicht zu den unverfroren Angepaßten, die über ihre seelischen Schwierigkeiten sprechen (und denken) wie über Schnupfen oder Magenverstimmung, so wird er, wie vage auch immer, eine gewisse Bedrohung seines Bilds von sich selbst, seiner persönlichen Identität empfinden. Es läßt sich also sagen: die Entscheidung zur psychoanalytischen Behandlung hat der Patient für sich selbst oft schon vorweggenommen, wenn er den Kontakt mit einem Psychotherapeuten aufnimmt. Der Psychoanalytiker kann von diesem Moment nicht absehen; er will es auch nicht. Vielmehr stellt für ihn die subjektive Einschätzung, die der Patient hinsichtlich seines Leidens vornimmt, seine Stellungnahme zu der eigenen Erkrankung und zur Behandlung ein wichtiges Element in den Überlegungen dar, die er selbst anstellen muß, wenn es nun an ihm ist, sich zu entscheiden, ob er seine Behandlungsmethode diesem bestimmten Menschen mit dieser bestimmten psychischen Erkrankung als geeignet und erfolgversprechend empfehlen kann.
Um das zu verdeutlichen, sei ein Vergleich zur Situation in der klassischen, naturwissenschaftlich orientierten Medizin gezogen. Auch für den Mediziner stellt sich ja die Frage, ob eine bestimmte, sagen wir: operative Behandlungsmethode bei einem bestimmten Menschen mit einer bestimmten Krankheit, z. B. einer Geschwulstkrankheit, angezeigt ist oder nicht. Die Kriterien, nach denen diese Frage der »Indikation« entschieden wird, leiten sich im wesentlichen aus der Krankheit selbst, im genannten Fall also der Art und Ausdehnung, der Lokalisation und dem bisherigen zeitlichen Verlauf des Geschwulstwachstums her. Um entscheiden zu können, ob dem Patienten der betreffende operative Eingriff zugemutet werden kann, wird selbstverständlich darüber hinaus sein gesundheitlicher Gesamtzustand, der sogenannte »Allgemeinzustand«, in Betracht gezogen. Dabei können natürlich auch seelische Faktoren eine Rolle spielen, doch in die Überlegungen des Arztes gehen sie im allgemeinen nur insoweit ein, als sie im Gesamtbild in störender Weise dominieren, etwa wenn der Patient jede Hoffnung auf Heilung aufgegeben hat und das Fehlen seines Heilungswillens sich auf seine Körpervorgänge auszuwirken und den Heilungserfolg zu vereiteln

droht. Die Persönlichkeit des erkrankten Menschen, seine Lebensgeschichte, seine menschlichen Beziehungen, seine Einstellung gegenüber der Krankheit, gegenüber dem behandelnden Arzt und der in Aussicht genommenen Behandlung sind Faktoren, die einem vernünftigen Arzt zwar keineswegs gleichgültig sind, die aber bei der Auswahl der geeigneten Behandlungsmethode kaum ins Gewicht fallen. Denn diese Auswahl erfolgt tendenziell je nach »objektiven« Kriterien. Selbstverständlich weiß auch die »Schulmedizin«, daß subjektive Faktoren, wie etwa das Vertrauen des Patienten zu einem bestimmten Arzt oder sein Widerstandswille gegenüber der Krankheit, wichtig sein können. Doch kennt sie keine systematische Beschäftigung mit der Klärung und Aufdeckung solcher subjektiven Sachverhalte. Sie überläßt es mehr oder weniger ganz dem spontanen menschlichen Einfühlungsvermögen, der vorhandenen oder fehlenden Kontaktbereitschaft, dem entfalteten oder aber fachspezialistisch verkümmerten Urteilsvermögen des Arztes, ob er die hier in Rede stehenden, der Subjektivität des Patienten entspringenden Phänomene wahrnimmt, wie er sie bewertet und mit ihnen umgeht. In der modernen Medizin mit ihren hochentwickelten technischen Verfahren stellen sie randständige Faktoren einer ihrem Wesen und Selbstverständnis nach vorab auf die Beeinflussung von Krankheit, d. h. also hier auf die chemische oder physikalische Beeinflussung pathologischer Prozesse des Organismus und nicht auf die Auseinandersetzung mit dem erkrankten Subjekt gerichteten therapeutischen Verfahrensweise dar. In einem bestimmten Bereich des Spektrums der körperlichen Erkrankungen mag diese Betrachtungsweise adäquat erscheinen; sie läßt sich zumindest unproblematisch praktizieren. Wer wollte leugnen, daß es für die Erkennung und Behandlung eines Knochenbruchs, einer akuten hochfieberhaften Erkrankung, eines Hirntumors usw. wichtiger und therapeutisch besser ist, durch den Schleier der zufälligen individuellen Ausformung der Krankheit hindurch die typischen Manifestationen der pathologischen Organveränderung zu erkennen und ihnen mit den technisch-instrumentellen (operativen, chemotherapeutischen usw.) Mitteln der modernen Medizin entgegenzuwirken, als etwa sich mit der Erforschung des subjektiven Erlebens des Patienten zu begnügen und dieses zum Angriffspunkt therapeutischen Handelns machen zu wollen.

Der naturwissenschaftlichen Medizin ist es gelungen – und das ist ihr Verdienst, ihr aufklärerisches Erbe –, gegenüber einer magisch-animistischen oder in religiösen Vorstellungen begründeten Krankheitsauffassung in breiten Bevölkerungskreisen ein Verständnis von Krankheit zu etablieren, wonach diese stets eine prinzipiell erkennbare Ursache hat, nach deren Ausschaltung sich der Zustand der Gesundheit wiederherstellt (vgl. Horn in diesem Band). Der Arzt kennt die Krankheitsursachen, die biologischen Zusammenhänge und Abläufe des Krankheitsgeschehens sowie die Methoden seiner Erkennung und Behandlung, die er dem hilfesuchenden Patienten zur Verfügung stellt. Hierbei sind die Rollen zwischen handelndem »Subjekt« und behandeltem »Objekt« klar verteilt. Das subjektive Krankheitserleben des Patienten, wie es in seinen Schilderungen, die er dem Arzt gibt, zum Ausdruck kommt, stellt nur eine Gruppe von Informationen neben vielen anderen dar, die auf ein objektives biologisches Krankheitsgeschehen verweisen. Ist dessen Art und Schweregrad durch diverse Untersuchungen geklärt, die Diagnose gestellt, schlägt der Arzt eine bestimmte Behandlung vor. Er trifft diese Entscheidung für den Patienten, und dieser wird sie in der Regel akzeptieren, sofern er sich im Sinne dieses Verständnisses von Krankheit und Heilung rational verhält. Auf diesem – hier idealtypisch gezeichneten – Bild der Arzt-Patient-Beziehung beruht unser ganzes System der Krankenversorgung. Wer je als Arzt einen irrational aus diesem System ausscherenden Patienten – manches deutet darauf hin, daß ihre Zahl im Zunehmen begriffen ist – etwa zur Einsicht in die Notwendigkeit einer speziellen Untersuchung zur Abklärung eines bestimmten Krankheitsverdachtes bringen mußte oder gar ängstlich verstörte und deshalb uneinsichtig reagierende Angehörige eines schwerkranken Patienten von der Notwendigkeit einer, womöglich lebensrettenden, Operation überzeugen mußte, wird den Wert der allgemein akzeptierten Unterwerfung unter die rationale Autorität des Arztes und der durch ihn vertretenen Wissenschaft nicht geringschätzen und sie nicht kurzerhand mit blinder Autoritätshörigkeit gleichsetzen.

Doch die Rationalität des Arzt-Patient-Verhältnisses in der klassischen Medizin war schon immer mehr fiktiv als real. Die teils nicht wahrgenommenen, teils lediglich als störende Einmischungen registrierten emotionalen Komponenten auf seiten der Patienten wie auch der Ärzte selbst bestimmten in Wahrheit sein Gepräge. Ihre konstante Nichtbeachtung ist wohl für einen großen Teil der Phänomene verantwortlich, die man heute unter dem Schlagwort »Krise der Medizin« zusammenfaßt.

Das gilt insbesondere dort, wo die Medizin es mit Krankheitszuständen zu tun hat, die sich dem naturwissenschaftlichen Modell der Krankheitsentstehung ganz eindeutig nicht fügen. Die Medizin sieht sich in wachsendem Maß einer Vielzahl von Krankheitsbildern, den sogenannten psychosomatischen Erkrankungen, konfrontiert, bei denen die naturwissenschaftlich-medizinische Forschung nur noch einen bestimmten Teilausschnitt der pathologischen Vorgänge, nämlich ihren körperlichen Niederschlag, mit ihren Untersuchungsmethoden erfassen kann, ohne mehr dem eigenen Anspruch zu genügen, zu den wirklichen Ursachen vorzudringen. Da diese Krankheitsprozesse aufs engste mit der äußeren und inneren Lebensgeschichte des Patienten und mit seinen unbewußten Konflikten ursächlich verknüpft sind, muß die naturwissenschaftlich begründete therapeutische Vorgehensweise der technisch-instrumentellen Medizin an die Grenzen ihrer Möglichkeiten gelangen. Sie kann an dem körperlichen Endresultat eines langwährenden seelischen Krankheitsprozesses ansetzen, indem sie etwa das erkrankte Organ entfernt, aber sie kann nicht verhindern, daß sich die ungelösten seelischen Konflikte dann in einem anderen Störungsfeld, sei es einem seelischen, körperlichen oder sozialen, niederschlagen. Die Geneigtheit der meisten Ärzte, die psychische Genese eines psychosomatischen Krankheitsbildes anzuerkennen, ist ebenso gering wie ihre Fähigkeit, eine psychologische Diagnose zu stellen und daraus die Indikation einer psychotherapeutischen Behandlung abzuleiten. Wo eine schwere Symptomatik bei dauerndem Fehlen eines organischen Befundes das Bestehen einer »seelischen Fehlhaltung« – so der an dubiosen Normvorstellungen orientierte Terminus technicus – unabweisbar macht, begnügen sie sich mit oberflächlichen und globalen Feststellungen und fahren fort, die Kranken medikamentös zu behandeln. Es bleibt ihnen allerdings auch nichts anderes übrig. Die Ausbildung, die sie erfahren haben, versetzt sie nicht in die Lage, unbewußte krankheitserzeugende Konflikte zu erkennen und mit ihnen umzugehen. So greifen sie zu den Psychopharmaka, die kurzfristig Linderung bringen können, aber an den zugrunde liegenden seelischen Problemen eines Patienten selbstverständlich nichts ändern. Im Fall der mit Organveränderungen einhergehenden psychosomatischen Krankheiten halten sie häufig an der Diagnose einer rein somatischen Störung fest und gelangen dementsprechend zur Indikation rein körperlich einwirkender Behandlungsverfahren. Ohne es zu ahnen, kommen sie damit dem geheimen Bedürfnis der psychosomatisch Kranken entgegen, unter Verleugnung aller Zusammenhänge ihrer Krankheit mit der inneren und äußeren Lebenssituation an einer körperlichen Krankheitsursache festzuhalten und sich nur allzu bereitwillig in die Rolle des körperlich Kranken zu fügen. Die psychischen Widerstände des Patienten gegen die Anerkennung der Realität seiner inneren Konflikte gehen mit dem im medizinischen Krankheitsbegriff wurzelnden, seinem Wesen nach technisch-instrumentellen therapeutischen Konzept der Medizin eine unheilige Allianz ein. Studiert man Krankengeschichten sogenannter Problempatienten, die auf eine 15- oder 20-jährige »Laufbahn« mit zahllosen Krankenhausaufenthalten, medikamentösen Behandlungen, Operationen, Kuren usw. zurückblicken können, stellt sich Erschrecken ein. Wenn diese Menschen dann schließlich zum Psychotherapeuten überwiesen werden, ist ihr Leiden so chronifiziert, ihre Fixierung auf das krankhafte Körpergeschehen so stark, ihr Mißtrauen gegenüber jedem therapeutischen Versuch bei aller äußeren Kooperationsbereitschaft so tief, daß auch er die Waffen strecken muß.

Unser Exkurs über die psychosomatischen Krankheiten diente zur Demonstration der Grenzen des klassischen Krankheits- und Behandlungskonzepts in der Medizin und des auf ihm beruhenden Arzt-Patient-Verhältnisses. Unleugbar erzielt die Medizin weiterhin überzeugende Erfolge dort, wo es um die Behandlung von Krankheitszuständen geht, deren Verursachung »rein« oder vorwiegend in naturwissenschaftlich faßbaren Schädlichkeiten liegt, die den Organismus treffen, wo also von der Subjekthaftigkeit des Patienten, von seiner individuellen Lebenspraxis (vgl. Horn in diesem Band) pragmatisch ohne größeren Schaden abgesehen werden kann. Für diesen Bereich ist der Umgang mit Krankheit in hohem Maße institutionalisiert. Krankheitsverständnis und Krankheitsverhalten des Patienten, seine Erwartungen und Einstellungen gegenüber den Methoden, dem Personal und den Institutionen des gesellschaftlich bereitgestellten Versorgungssystems stehen, soweit es sich um *bewußte* Einstellungen handelt, nicht in Widerspruch zu den Auffassungen des Arztes. Die Entscheidung, ärztliche Hilfe in Anspruch zu nehmen, der Gang zum Arzt, die Art der Präsentation des eigenen Leidens, der Entgegennahme therapeutischer Empfehlungen und des Befolgens therapeutischer Vorschriften usw. sind weitgehend unproblematisch, weil sie unreflektiert-selbstverständlichen, eingeschliffenen Verhaltensmustern folgen. Wer bei sich selbst eine schmerzhafte Anschwellung eines Organs, eine wiederkehrende und zunehmende Störung einer bestimmten Körperfunktion, eine sichtbare und bleibende Veränderung eines Hautbezirks feststellt, wer anfallsweise auftretende Schmerzattacken, plötzliche Blutungen oder dergleichen erlebt, wird weder im Zweifel sein, daß es sich um eine krankhafte Erscheinung handelt, noch auch, daß es in seinem Interesse liegt, sich einer ärztlichen Untersuchung zur Klärung des Wesens und der Ursache seiner Symptome zu unterziehen. Entschließt er sich zu diesem Schritt, so hat er damit stillschweigend akzeptiert, daß er sich nun in einem bestimmten Maß zum Objekt diagnostischer und therapeutischer Maßnahmen des Arztes macht, bis hin zu Eingriffen in seinen Körper. Trifft er es gut, so findet er einen Arzt, der bereit ist, ihn über jeden Schritt der Untersuchung und Behandlung aufzuklären, ihm die Wirkungsweise und die möglichen Nebenwirkungen der in Aussicht genommenen Maßnahmen zu erklären, ihn über die Heilungschancen bei durchgeführter Behandlung und dem vermutlichen Ausgang der Krankheit bei deren Unterlassung zu informieren. Doch auch wenn diese Bedingungen einer partnerschaftlichen Beziehung zwischen Arzt und mündigem Patienten, die in der Praxis der gegenwärtigen Krankenversorgung keineswegs die Regel, sondern eher ein Glücksfall ist, erfüllt sind, ändert das nichts am Grundcharakter der Untersuchungs- und Behandlungssituation, der darin besteht, daß beide, Arzt und Patient, stillschweigend darüber vorverständigt sind, die Krankheit als Naturgeschehen anzusehen, das mit der Persönlichkeit des Patienten nichts zu tun hat, sondern fremd, unverständlich, gleichsam »blind« und »von außen« in sein Schicksal eingreift. Ob eine Behandlung angezeigt und welche Behandlungsmethode zu wählen ist, die Indikationsstellung also, ist letztlich Sache des Arztes.

Bei der Entscheidung zur Aufnahme einer psychoanalytischen Behandlung liegen die Verhältnisse bei manchen Übereinstimmungen wesentlich anders. Eine solche Entscheidung hat auf seiten des Patienten meist eine lange Vorgeschichte. Bis jemand dazu gelangt, seelische Symptome bei sich selbst überhaupt als solche zu erkennen, sie gar als Ausdruck einer behandlungsbedürftigen seelischen Erkrankung anzuerkennen, durchläuft er in der Regel eine Leidensgeschichte, die geprägt ist von inneren Kämpfen, Zweifeln, Ausflüchten und schließlich unter dem Druck leidvoller Erfahrungen langsam sich einstellender Einsicht. Diese Einsicht bleibt häufig eine vorläufige und schwankende. Der Kranke greift gern zu jeder Rationalisierung, die sich ihm bietet und die ihm erlaubt, sein Leiden doch wieder als ein körperlich bedingtes, als harmlos und vorübergehend usw. aufzufassen. Lange Zeit wird er versuchen, seine Schwierigkeiten vor anderen, ja vor sich selbst, zu verbergen, sie zu verleugnen. Wird ihre Existenz unabweisbar, wird er sie auf äußere Faktoren seiner gegenwärtigen Lebenssituation, auf berufliche Überlastung, »Streß«, schädliche Einflüsse aus seiner menschlichen Umgebung usw. zurückzuführen versuchen, den aktiven Kampf gegen solche Unzuträglichkeiten aufnehmen und, wenn er erfolglos bleibt und seine Kräfte erlahmen, sich ihnen durch äußeren oder inneren Rückzug zu entziehen suchen.[2] Welchen Verlauf ein

2 Wenn hier von der »Anschuldigung« äußerer Faktoren, also beispielsweise unerträglichen Bedingungen innerhalb der Arbeitswelt usw., als von Rationalisierung gesprochen wird, so soll damit keineswegs der Zusammenhang von Neurose und gesellschaftlichen Verhältnissen geleugnet werden. Entgegen den kursierenden soziogenetischen Krankheitskonzepten, die diesen Zusammenhang meist verkürzt darstellen, muß die Psychoanalyse aber darauf beharren,

von schweren und unbehandelten neurotischen Konflikten bestimmtes Leben nimmt, ist weithin unerforscht. Es hängt neben vielen Unwägbarkeiten auch vom »sozialen Ort« (Bernfeld 1929, S. 199) des Kranken ab, von der sozialen Schicht, der er angehört, und der Entwicklung, die er auf Grund seiner gesunden Persönlichkeitsanteile bis zum Zeitpunkt seiner manifesten Erkrankung in beruflicher Hinsicht und in seinen menschlichen Beziehungen genommen hat. Veränderungen in der äußeren Lebenssituation, die eine günstige Wirkung auf die innere Balance zwischen gesunden und neurotischen Seiten eines Menschen haben, können selbstverständlich seinen progressiven Tendenzen Auftrieb geben, ihm neue Entwicklungsmöglichkeiten eröffnen, sein geschwächtes Ich erstarken lassen und die neurotische Symptomatik teilweise oder ganz im Sinne einer Spontanheilung zum Verschwinden bringen. (Vgl. Cremerius 1962, Ernst 1965). Eine andere Möglichkeit besteht darin, daß er auf die allzu schwierige und seine infantilen neurotischen Konflikte aktualisierende Bewältigung bestimmter Lebensaufgaben, wie die Wahl eines Ehepartners, das Verfolgen bestimmter Berufswünsche usw., verzichtet oder sogar einen schon erreichten, aber mit zu vielen inneren Opfern erkauften Stand seiner menschlichen Beziehungen, seiner beruflichen Tätigkeit, seiner Persönlichkeitsentwicklung insgesamt aufgibt und ein Leben auf einem zwar neurotisch eingeschränkten, aber weniger konflikthaften Niveau vorzieht.

Doch setzen wir den Fall, eine vollausgebildete Neurose sei entstanden, das Ich des Patienten habe sich ihrer über längere Zeit hin zu erwehren gesucht, es sei ihm aber selbst um den Preis gewisser Anpassungen an seinen erkrankten Anteil nicht gelungen, die Symptomatik zu beherrschen oder auch nur auf ein erträgliches Maß zu reduzieren. Das Ich liegt nun weiterhin mit den Symptomen – z. B. einer schweren Gehemmtheit in allen sozialen Kontakten, einer Unfähigkeit

daß solche »Faktoren« in der Regel nicht auf direktem Weg, nicht unmittelbar, sondern vermittelt durch die *Bedeutung*, die sie im unbewußten Erleben eines Menschen haben, krankheitserzeugend sind. Diese unbewußte Bedeutung hängt wesentlich von den inneren Dispositionen des Subjekts ab, die sich in seiner Lebensgeschichte, insbesondere als Niederschlag seiner Kindheitserfahrungen, herausgebildet haben.

zu befriedigendem sexuellem Erleben, einer unerklärlichen und unüberwindlichen Angst, Straßen und freie Plätze zu betreten usw. – in einem ständigen Kampf. Sollte man nicht annehmen, allein der unentrinnbare Druck des seelischen Leidens eines solchen Menschen sei für ihn das stärkste und eindeutigste Motiv zu einer psychoanalytischen Behandlung und für den Psychoanalytiker der klarste und ausschließlich maßgebliche Hinweis auf die Notwendigkeit ihrer sofortigen Realisierung? Weder das eine noch das andere ist so ohne weiteres richtig. Beides bedarf zumindest der Einschränkung. Was den Patienten betrifft, so muß man sich vergegenwärtigen, daß das Wesen seines Krankheitszustandes ja in einem Konflikt zwischen unbewußten Triebwünschen und -phantasien und ebenfalls unbewußten, gegen sie gerichteten Abwehrbemühungen seines Ichs besteht (vgl. Muck I in diesem Band). Wehrte sich das Ich nicht gegen das Bewußtwerden jener verborgenen Strebungen, wäre es stark genug, sie angstfrei wahrzunehmen, dann hätte es die Wahl, ihnen nachzugeben oder auf ihre Befriedigung zu verzichten. Es müßte, wenn es sich um gesellschaftlich negativ sanktionierte Triebziele handelte, dann an den realen Folgen leiden oder die Qual der Entsagung auf sich nehmen, in keinem Fall aber neurotische Symptome entwickeln. Im Falle von »Krankheit« hat das Ich diese Wahl nicht, weil die unbewußten Triebregungen in ihm Angst auslösen und es sich ihrer schon erwehrt, ehe sie die Schwelle zum Bewußtsein überhaupt erreicht haben. Wir stehen damit vor der vertrackten Situation, daß das Ich des neurotisch Erkrankten, das doch von den wahren Ursachen seiner Beschwerden, den unbewußten Konflikten, per definitionem nichts wissen kann, bei Strafe der Angstentstehung nichts wissen darf, sich zu einer Behandlung entschließen soll, die eben in der Bewußtmachung jener Ursachen besteht und die es deshalb fürchten muß. Nimmt man diesen Gesichtspunkt ernst, dann darf man sich in der Tat, wie Hermann Nunberg in seiner *Allgemeinen Neurosenlehre,* darüber wundern, daß psychoanalytische Behandlungen überhaupt zustande kommen: »Da der neurotisch Kranke so viele Abwehrmaßnahmen als Schutz gegen das Eindringen des unbewußten Materials in das Ich ergreift, ist es ein Rätsel, warum er sich überhaupt in psychoanalytische Behandlung begibt. Von einem Priester, einem Hypnotiseur oder einem anderen Psychotherapeuten könnte er Beruhigung, Trost und Zuspruch empfangen. Für eine Weile wird eine derartige Behandlung die Verdrängung stärken und damit den Konflikt beschwichtigen. Der Psychoanalytiker hingegen lenkt vor allem die Aufmerksamkeit des Kranken auf seine inneren Konflikte, deren Quellen beiden unbekannt sind, und fordert ihn auf, mit ihm an der Aufdeckung des Unbekannten, des Verdrängten, zu arbeiten. Von allem Anfang an sind also die Ziele des Analytikers denen des Patienten, den Wünschen seines verdrängenden Ichs, entgegengesetzt.« (Nunberg, 1959, S. 373). Einen Augenblick lang könnte man versucht sein, daraus den Schluß zu ziehen, dann sei es eben am besten, der Patient wisse gar nicht, was ihn in einer solchen Behandlung erwarte, und man lasse ihn, um ihn davon nicht abzuschrekken, so lange unaufgeklärt, bis er sich von ihrer heilsamen Wirkung selbst überzeugt habe[3]. Doch durch die Unaufrichtigkeit eines solchen Vorgehens wäre der Erfolg des gemeinsamen Vorhabens von vornherein ernstlich gefährdet und die alte Schwierigkeit nur durch eine neue ersetzt: die Arbeit des Analytikers kann ja nicht am bewußten Ich des Patienten vorbei, gleichsam hinter seinem Rücken, geschehen. Früher oder später müßte der Patient der Absicht des Analytikers, Unbewußtes bewußt zu machen, gewahr werden – und er müßte sich hintergangen fühlen.

Die Lösung des Nunbergschen »Rätsels« ist anderswo zu suchen. Das Ich des Patienten ist in seinen Motiven und Zielen nicht einheitlich, nicht geschlossen, sondern zerrissen, ambi-

3 Tatsächlich haben es Analytiker, die etwa in einer psychoanalytischen Poliklinik arbeiten, immer wieder auch mit Patienten zu tun, die nichts über Psychoanalyse wissen. Meist handelt es sich um von Ärzten oder Kliniken überwiesene Patienten, bei denen zwar der überweisende Arzt Einsicht in die Psychogenese hatte, die aber selbst keine spezifische Krankheitseinsicht entwikkelt haben. Unter ihnen findet man nicht selten solche, die gerade auf Grund ihrer Naivität gegenüber dem psychoanalytischen Verfahren ihre Konflikte besonders unverstellt zum Ausdruck bringen. Oft ist es dann überraschend, wie schnell sie die ersten vorsichtig deutenden Interventionen des Analytikers aufgreifen und sich auf seine ihnen ungewohnte Arbeitsweise einstellen können. Auf Grund einer solchen Gesprächserfahrung sind sie dann u. U. in der Lage, Krankheitseinsicht und Behandlungsmotivation zu entwickeln. Andere freilich reagieren verständnislos oder empört und verschanzen sich hinter der Meinung, bloßes »Darüberreden« könne ihnen doch nicht helfen.

valent. So richtig es ist, daß es Ziele verfolgt, die denen des Analytikers entgegengesetzt sind, nämlich: die in den Symptomen entstellten Ersatzbefriedigungen beizubehalten, die Aufklärung unbewußter Sinnzusammenhänge zu verhindern, – es will andererseits auch sein Leiden loswerden, seine Symptome verlieren, »gesund« werden. Der *Genesungswunsch* macht einen wesentlichen Bestandteil dessen aus, was man die bewußte *Motivation* zur Behandlung nennen kann. Die Erwähnung des Genesungswunsches mag erstaunen, weil man geneigt ist, ihn als selbstverständlich vorauszusetzen. Er ist es aber nicht. Die Psychoanalyse kennt den Begriff des *sekundären Krankheitsgewinns* und versteht darunter die oft zu beobachtende Tatsache, daß eine länger bestehende Symptomatik sekundär bestimmte Funktionen für das mit ihr behaftete Ich übernehmen kann (etwa eine besondere Rücksichtnahme der Umwelt, die dauernde Bindung eines Partners durch Erweckung von Schuldgefühlen, finanzielle Vorteile o. ä.), die diesem so wichtig sind, daß seine Bereitschaft, die Symptome aufzugeben, sein Genesungswunsch also, empfindlich eingeschränkt sein kann. Freud (1926, S. 125) hat dieses merkwürdige, utilitaristisch-pseudorationale Kalkül des Ichs so beschrieben: »Im weiteren Verlaufe benimmt sich das Ich so, als ob es von der Erwägung geleitet würde: das Symptom ist einmal da und kann nicht beseitigt werden; nun heißt es, sich mit dieser Situation befreunden und den größtmöglichen Vorteil aus ihr ziehen. Es findet eine Anpassung an das ichfremde Stück der Innenwelt statt, das durch das Symptom repräsentiert wird, wie sie das Ich sonst normalerweise gegen die Außenwelt zustande bringt. An Anlässen hierzu fehlt es nie. Die Existenz des Symptoms mag eine gewisse Behinderung der Leistung mit sich bringen, mit der man eine Anforderung des Überichs beschwichtigen oder einen Anspruch der Außenwelt zurückweisen kann. So wird das Symptom allmählich mit der Vertretung wichtiger Interessen betraut, es erhält einen Wert für die Selbstbehauptung, verwächst immer inniger mit dem Ich, wird ihm immer unentbehrlicher.« Gegenüber dem Genesungswunsch verhalten sich die Motive, die im sekundären Krankheitsgewinn auf ihre Kosten kommen, geradezu antagonistisch: »Wer den Kranken gesund machen will, stößt dann zu seinem Erstaunen auf einen großen Widerstand, der ihn belehrt, daß es dem Kranken mit der Absicht, das Leiden aufzugeben, nicht so ganz, so voll ernst ist« (Freud, 1905, S. 203). Eine besonders schwer aufzulösende Variante des Krankheitsgewinns kann darin bestehen, daß bestimmte, vielleicht sogar von dem betreffenden Individuum selbst als krankhaft oder zumindest als störend erlebte Haltungen, Einstellungen, Überzeugungen oder Charakterzüge im Rahmen einer sozialen Gruppe, einer Institution oder einer beruflichen Funktion Anpassungswert gewonnen haben. Man denke z. B. an Menschen mit Zwangscharakter in der Bürokratie, an einfühlungsunfähige narzißtische Charaktere in gesellschaftlichen Schlüsselpositionen usw. Sie hätten von der psychoanalytischen Aufklärung unter Umständen die stärkste Verunsicherung bezüglich ihres Lebensarrangements zu fürchten.

Bei so mächtigen, im Unbewußten wurzelnden Gegenspielern haben es die bewußten Wünsche nach Genesung, nach Freiheit von neurotischen Symptomen, Persönlichkeitsdeformationen und -einschränkungen schwer, sich durchzusetzen. Es gelänge ihnen auch wohl kaum, kämen ihnen nicht andere zu Hilfe, die in ihrer Gesamtheit die sogenannte *unbewußte Behandlungsmotivation* ausmachen. Man mag erstaunt sein, hierunter wiederum jene unbewußten infantilen Triebwünsche zu finden, von deren Ersatzbefriedigung in Gestalt neurotischer Symptome das Ich des neurotisch Kranken so wenig ablassen will, daß es ihrer Aufdeckung durch eine psychoanalytische Behandlung die mannigfaltigsten Widerstände entgegensetzt. Doch im Grunde ist es eigentlich nicht verwunderlich, daß diese beim Erwachsenen verborgenen, unterdrückten, seit der Kindheit unverändert fortbestehenden Triebwünsche sich nun auf die analytische Behandlung richten. Im Analytiker ahnen sie gleichsam ein neues menschliches Objekt, an dem sie Befriedigung erfahren könnten. Die gesamte reichhaltige Skala der libidinösen, aggressiven und narzißtischen Strebungen aus allen Entwicklungsphasen des kindlichen Seelenlebens kommt hier in Betracht. Der dominierende unbewußte Wunsch, der einen Patienten in psychoanalytische Behandlung führt, kann also etwa das Bedürfnis nach Abhängigkeit von einem zärtlich sich zuwendenden Objekt nach dem Vorbild der Mutter in den allerersten Lebensjahren sein oder der Wunsch, die verbotenen, inzestuösen Triebziele doch noch zu erreichen; es mag der Wunsch bestehen, Rache zu nehmen für erlittene Enttäuschungen und Kränkungen oder das Bedürfnis, die phantasierte Vollkommenheit und Allmacht der Kindheit wiederherzustellen. Es sind diese so offenkundig »unvernünftigen«, unerfüllbaren, anscheinend dem Ziel der Behandlung, das doch in größtmöglicher Autonomie von inneren Pressionen besteht, so deutlich zuwiderlaufenden Triebwünsche, die gleichwohl die stärksten Motive dafür abgeben, die Behandlung nicht nur aufzunehmen, sondern sie auch durchzuhalten. Denn hat sich erst einmal ihre *Übertragung* auf den Analytiker vollzogen, ergibt sich für den Patienten daraus eine gewisse Bindung an dessen Person, die nach und nach in den Mittelpunkt seines unbewußten und zum Teil auch seines bewußten Erlebens rückt. Damit beginnt die Entfaltung der sogenannten *Übertragungsneurose.* (Vgl. M. Muck und Schröter, in diesem Band.) Die unbewußten Konflikte des Patienten zentrieren sich nun immer stärker um den Analytiker und schlagen sich in dem Beziehungsfeld zwischen beiden nieder. Im idealen Fall wird die ursprüngliche Symptomneurose von diesem Prozeß weitgehend aufgesogen und durch die Übertragungsneurose ersetzt. Statt neurotische Symptome zu erzeugen und zu unterhalten, wandert das unbewußte Konfliktpotential in das Beziehungsgeschehen zwischen Patient und Analytiker ein und bringt dort eine bunte Folge affektiver Konstellationen hervor. Damit aber werden die zuvor in den Symptomen gebundenen unbewußten Phantasien und Gefühle für den Analytiker entzifferbar und einfühlbar. Durch seine Interpretationsarbeit werden sie für den Patienten selbst, dessen Erleben in der analytischen Situation von ihnen in einer ihm zunächst unerklärlichen Weise tangiert wird, schließlich auch bewußt erkennbar. Nach einem langen, sich über Jahre erstreckenden Prozeß des Durcharbeitens klingen die Übertragungsphänomene ab, die von den spannungsreichen Übertragungsgefühlen gefärbte Beziehung des Patienten zum Analytiker macht einer realistischeren Einstellung zu diesem und – was das Wichtigste ist – zu sich selber Platz.

Von diesem inneren Wirkprinzip der psychoanalytischen Behandlung her ergeben sich zwangsläufig einige Überlegungen zur Frage der Eignung eines Patienten für dieses

Verfahren oder – wenn man dieser Formulierung mehr Geschmack abgewinnt – der Eignung des Verfahrens für den Patienten. Zwar ist kein Analytiker in der Lage, dem Patienten im einzelnen vorauszusagen, welche Übertragungserlebnisse er in der Analyse haben wird; insofern läßt sich der Patient in jedem Fall auf etwas Unbekanntes ein. Er sollte aber vor Beginn der Behandlung zumindest darüber aufgeklärt sein oder werden, daß er mit mehr oder weniger intensiven Gefühlsreaktionen gegenüber dem Analytiker zu rechnen hat und daß, anders als bei jeder medizinischen Behandlungsform, das offene Aussprechen dieser Gefühle einer der wichtigsten Beiträge sein wird, die er selbst zur Behandlung liefert. Wer eine solche persönliche und intime Beteiligung am Behandlungsgeschehen von vornherein ablehnt – was jedem Patienten zuzubilligen ist –, dem ist psychoanalytisch nicht zu helfen.[4] – Manche Patienten lehnen eine solche Beteiligung in ihrem Bewußtsein keineswegs ab, bringen sie dann aber konkret nicht oder nur sehr dürftig zustande. Es handelt sich dabei um kühle, zurückhaltende, distanzierte, im Grunde immer mißtrauische und äußerst verletzliche Menschen, die es sehr schwer haben, den Schutz, den ihnen ihre gewohnheitsmäßige fast totale Gefühlskontrolle verleiht, aufzugeben. Je stärker sich diese Abwehrhaltungen zu dauerhaften Persönlichkeitsmerkmalen verfestigt haben, je mehr sie sich in der *Charakterstruktur* niedergeschlagen haben, desto weniger ist zu erwarten, daß die zugrunde liegenden unbewußten Konflikte in der Übertragungsbeziehung in ihrem vollen emotionalen Gehalt wiederbelebt werden können. Freud hatte die Vorstellung, daß diese Unfähigkeit zur Übertragung vor allem ein Kennzeichen der narzißtischen Neurosen sei, worunter er die Psychosen verstand, und er mußte diese deshalb für psychoanalytisch unbehandelbar halten. Mit fortschreiten-

4 Gelegentlich melden sich Patienten – oft sind es solche mit psychosomatischen Symptomen, – die zwar behaupten, sie hätten verstanden, daß ihre Beschwerden seelischen Ursprungs seien, die aber im Grunde nicht bereit sind, etwas von ihrem inneren Erleben preiszugeben. Sie stellen sich die Psychoanalyse als eine Art Hypnose, letztlich als einen magischen Eingriff vor, bei dem etwas mit ihnen gemacht wird, während sie selbst als Person aus dem Spiel bleiben. Sie verhalten sich nach der Devise »Wasch mich, aber mach mich nicht naß«. Begreifen sie erst die ganz andersartige Anforderung, die die analytische Behandlung an sie stellt, ziehen sie sich zurück.

der Erweiterung ihres Verständnisses solcher Störungen ist die Psychoanalyse inzwischen zu einer anderen Einschätzung gelangt. Sie hat zu sehen gelernt, daß sowohl die Patienten mit narzißtischen Persönlichkeitsproblemen (den sogenannten »narzißtischen Störungen« im engeren Sinn) wie auch psychotische Patienten durchaus Übertragungen entwickeln, wenn auch Übertragungen ganz anderer Art und Dimension, als sie von den klassischen »Übertragungsneurosen« (Hysterie und Zwangsneurose) her vertraut waren. Das Problem ist hier nicht wie bei den erwähnten Patienten, bei denen allzu viel seelisches Potential in dauerhaften, rigiden Charakterstrukturen gleichsam »geronnen« ist, ein Zuwenig an Übertragung, sondern eher ein Zuviel. Mit dieser zweifellos extrem vereinfachenden Formel soll folgendes angedeutet werden. Bei Menschen, deren Ichfunktionen, insbesondere die Funktionen der inneren und äußeren Realitätsprüfung, nachhaltig gestört sind (was bei Patienten mit narzißtischen Störungen häufig in leichterem Maße, bei psychotischen Patienten regelmäßig in schwerem Maße der Fall ist), können die durch das Übertragungsgeschehen mobilisierten regressiven Vorgänge qualitativ und quantitativ Formen annehmen, die es nicht erlauben, die analytische Situation aufrechtzuerhalten. Wenn das geschwächte Ich des Patienten dem Andrang der aus dem Unbewußten aufsteigenden Übertragungsphantasien nicht mehr standhält, von ihnen gewissermaßen überschwemmt wird, kann es geschehen, daß der Patient Phantasie und Realität nicht mehr zu unterscheiden vermag. Er ist dann nicht mehr in der Lage, den »Als-ob«-Charakter seiner Übertragungsgefühle zu erkennen, sie zu verarbeiten und zu analysieren, sondern ist ihnen mehr oder weniger hilflos ausgeliefert. Im Fall einer ausgesprochen psychotischen Übertragung mag er etwa den Analytiker unmittelbar und konkret als eine Person seiner Vergangenheit, als Teil seiner selbst oder als feindselige, verfolgende Macht erleben.

Eine solche Situation könnte den Abbruch oder doch eine Unterbrechung der Analyse erzwingen, weil der Analytiker zwar allenfalls noch die Bedeutung dieser Vorgänge verstehen könnte, im Patienten selbst aber keinen rationalen Partner mehr fände, dem er sie vermitteln könnte.[5] Ähnlich verhält es

5 Das heißt keineswegs, daß die psychoanalytische Behandlung von Psychoti-

sich bei Patienten, die in ungewöhnlich starker Weise dazu neigen, unbewußte Impulse in Handlungen umzusetzen, bevor eine analytische Durcharbeitung auch nur annähernd geleistet werden kann. Dieses *Ausagieren* spielt zwar in fast jeder psychoanalytischen Behandlung eine gewisse Rolle, kann aber bei bestimmten Persönlichkeitsstrukturen eine solche Intensität annehmen, daß die Analyse bereits an ganz handgreiflichen Hindernissen scheitern muß, etwa wenn der Patient nicht zu den verabredeten Stunden erscheint, oder wenn es aufgrund seiner destruktiven und selbstdestruktiven Impulse ständig zu delinquentem Verhalten kommt. Hierher gehören bestimmte Formen der Kriminalität und der sogenannten Psychopathie. Vor ähnlichen Problemen steht der Analytiker auch, wenn er den Versuch einer ambulanten Behandlung von drogen- oder alkoholsüchtigen Patienten oder von Patienten mit schweren, suchtartigen sexuellen Perversionen unternimmt.

Die besonderen Schwierigkeiten, die sich bei der Behandlung von Menschen mit solchen Persönlichkeitsproblemen ergeben und die sie für das klassische analytische Verfahren, also die ohne jeden direkten Eingriff in das Leben des Patienten strikt interpretativ verfahrende analytische Arbeit mit hoher Stundenfrequenz über lange Zeit hinweg, ungeeignet erscheinen lassen, kann man als die Unfähigkeit kennzeichnen, eine spezifische Form der Beziehung zum Analytiker herzustellen oder aufrechtzuerhalten, für die sich der Terminus *Arbeitsbündnis* eingebürgert hat. (Greenson, 1973, S. 203, siehe auch K. Schröter und M. Muck in diesem Band.) Man versteht darunter jenen Aspekt der Beziehung zwischen Analytiker und Patient, der auf dem ausgesprochenen oder unausgesprochenen Übereinkommen zwischen dem »vernünftigen«, »reifen« Ich des Patienten und dem Analytiker beruht, die Äußerungen des neurotischen Ich-Anteils des Patienten zum Gegenstand gemeinsamer Verstehensarbeit zu machen. Dieser »relativ unneurotische Rapport zwischen dem Patienten und

kern unmöglich wäre. Vielmehr wurden und werden solche Behandlungen durchgeführt und bilden die Grundlage einer sich ständig erweiternden psychoanalytischen Erforschung der Psychosen. Sie erfordern aber in der Regel erhebliche Modifikationen des Verfahrens und im Gegensatz zu den meist ambulant durchgeführten Analysen bei Neurotikern einen klinischen Rahmen.

seinem Analytiker« (Greenson, 1973, S. 204) bildet also das Gegenstück zu dem anderen, gleichzeitig und parallel vorhandenen Anteil der Beziehung, der mit der Übertragungsneurose gegeben ist. Nur im Rahmen dieses Arbeitsbündnisses lassen sich die Übertragungsphänomene, die sich im Lauf der Analyse einstellen, so interpretieren, daß ihre Deutung für den Patienten eine produktive Wirkung entfaltet. Das ist nicht so zu verstehen, daß die Arbeitsbeziehungen zu allen Zeiten und in vollem Umfang bestehen müssen, bevor überhaupt analytische Interpretationen gegeben werden könnten. Die affektiven Widerstände tangieren bei fast allen Patienten im Lauf der Analyse nicht selten auch die »therapeutische Allianz« und unterwerfen sie beträchtlichen Schwankungen. Doch die Frage, ob solche Störungen des Arbeitsbündnisses bei einem bestimmten Patienten grundsätzlich mit psychoanalytischen Mitteln, im wesentlichen also durch weitere Interpretationsarbeit wieder zu beheben sind oder nicht, ist bereits eine Frage seiner »Analysierbarkeit«, seiner »Eignung« für die klassische Analyse schlechthin.

Die Fähigkeit zur Herstellung und relativ konstanten Aufrechterhaltung des Arbeitsbündnisses nimmt denn auch unter den Kriterien, nach denen der Analytiker die Eignung von Patienten zur psychoanalytischen Behandlung beurteilt, heute einen zentralen Platz ein, während in früheren Jahren die Beurteilung nach diagnostischen Kriterien im Vordergrund stand. Hatte man bei einem Patienten eine Hysterie, eine Phobie oder eine Zwangsneurose diagnostiziert, so bedeutete das häufig auch schon, daß man eine Psychoanalyse für angezeigt hielt. Die Erfahrung hat aber gelehrt, daß sich die Frage der »Behandelbarkeit« nicht mit der Frage nach der Diagnose deckt.[6] Patienten mit einer »leichten« und psychoanalytisch gut erforschten Neurose wie etwa der Hysterie können aufgrund besonderer Faktoren in ihrer Persönlichkeitsstruktur unfähig sein, ein analytisches Arbeitsbündnis herzustellen, während Menschen mit »schweren« seelischen Erkrankungen

6 Dennoch ist auch heute noch eine möglichst genaue psychoanalytische Diagnosestellung, die sich über die Feststellung des Symptomenbildes hinaus um eine *Strukturdiagnose* bemüht, von großem Wert. Sie erlaubt gewisse Voraussagen darüber, mit welcher Dimension von Problemen Analytiker und Patient es in der Analyse zu tun haben werden.

unter Umständen dazu sehr gut in der Lage sind. Diese Fähigkeit hat eine Reihe von Faktoren zur Voraussetzung, von denen einige hier kurz dargestellt seien. Zunächst muß es dem Patienten möglich sein, in der analytischen Behandlungssituation sich selbst, dem eigenen emotionalen Erleben gegenüber eine betrachtende, reflektierende, forschende Haltung einzunehmen. Soweit der Patient diese Position einnimmt, identifiziert er sich mit der entsprechenden Haltung des Analytikers, mit dessen analytischer Funktion. Zugleich aber und in einem gewissen Kontrast dazu ist der Patient auch unmittelbar erlebendes, fühlendes Subjekt der analytischen Situation. Die Fähigkeit, beide Positionen zugleich einzunehmen oder doch zwischen beiden zu pendeln, eine sogenannte *therapeutische Ichspaltung* vorzunehmen, bringt nicht jeder auf.
Wer von seinem eigenen emotionalen Erleben chronisch überschwemmt ist, ohne ihm durch reflektierende Verarbeitung Neuland abgewinnen zu können, wird in der Analyse zwar zu heftigen Übertragungsreaktionen neigen, daraus aber wenig Gewinn ziehen können. Das Gegenstück bilden die oben erwähnten Menschen, bei denen die ständige introspektive Selbstbeobachtung, die zwanghaft-mißtrauische Kontrolle des eigenen emotionalen Erlebens, einen solchen Grad erreicht hat, daß unmittelbare emotionale Impulse von der intellektualisierenden und rationalisierenden Abwehr von vornherein abgefangen werden. Bei ihnen besteht die Gefahr, daß sie das Arbeitsbündnis ad absurdum führen, indem sie sich sklavisch daran halten, um so ihre Übertragungsgefühle abzuwehren.
Man mag die Forderung, der Patient müsse eine zweifellos so komplexe Fähigkeit mitbringen, um sich einer psychoanalytischen Behandlung unterziehen zu können, für unbillig halten. In gewissem Sinn ist sie es auch. Die Schwierigkeit einer Beschreibung der Voraussetzungen, die ein Patient für eine psychoanalytische Behandlung mitbringen muß, besteht darin, daß sie leicht den Eindruck erweckt, als kämen im Grunde nur gesunde Personen dafür in Frage, die ihrer ohnehin nicht bedürfen (vgl. Tyson und Sandler, 1974). Um Mißverständnisse auszuschließen: in Wahrheit handelt es sich hier um eine Idealforderung, hinter der jeder Patient mehr oder weniger zurückbleibt und die er vielleicht erst gegen Ende der Behandlung ganz erfüllen kann. Es verhält sich damit ähnlich

wie mit der Fähigkeit, die sogenannte *analytische Grundregel* einzuhalten, die den Patienten verpflichtet, alle Gedanken und Gefühle, die in der analytischen Situation in ihm aufsteigen, dem Analytiker ohne Einschränkung mitzuteilen. Kaum einer ist dazu von allem Anfang an in der Lage, denn die tiefe Scheu vorm Aussprechen der intimsten Empfindungen veranlaßt das Ich zu den mannigfachsten Manövern der Selbsttäuschung. Erst wenn sich die manifeste oder latente Angst so weit gemindert hat, daß sich eine vertrauensvolle Beziehung zum Analytiker herstellen kann, fühlt sich der Patient zu rückhaltloser Offenheit imstande. Man könnte den analytischen Prozeß auch als Lernvorgang charakterisieren, in dem sich jene geforderten Fähigkeiten und Eigenschaften überhaupt erst herstellen. Gegenstand der anfänglichen Beurteilung muß deshalb über den gegebenen Ist-Zustand hinaus auch das Potential sein, aus dem sich solche und andere häufig als Eignungskriterien genannten Eigenschaften, wie etwa *Introspektionsfähigkeit* und *Verbalisierungsfähigkeit*, entwickeln können.

Gerade die beiden letzteren Begriffe legen übrigens ein anderes Mißverständnis nahe. Allzu leicht werden sie mit Faktoren wie *Intelligenz* und *sprachlicher Gewandtheit* gleichgesetzt, psychologischen Sachverhalten, die – je nach Lehrmeinung der verschiedenen psychologischen Schulen – entweder mehr als Funktionen angeborener Begabungen oder aber des erworbenen Bildungsgrads und damit als von der sozialen Herkunft abhängig angesehen werden. In letzterem Fall pflegt sich die Psychoanalyse den Vorwurf einzuhandeln, sie bevorzuge in elitärer Weise Patienten aus der Mittel- und Oberschicht und sei entweder nicht willens oder nicht in der Lage, einen Beitrag zur Bekämpfung des »neurotischen Massenelends« zu leisten. Der wahre Kern dieser Vorwürfe besteht darin, daß die psychoanalytische Behandlung, die ihrem Wesen nach ein Verstehens- und Verständigungsprozeß ist, solchen Individuen besonders gut helfen kann, bei denen die Fähigkeit, psychologische Zusammenhänge zu verstehen und sich darüber zu verständigen, von vornherein gut entwickelt ist. Schwerlich läßt sich leugnen, daß dies bei den Angehörigen der privilegierten Schichten häufiger der Fall ist. Eine Betrachtungsweise, bei der die Wechselfälle eines individuellen Schicksals auf verborgene Sinnzusammenhänge, auf motivierende Kräfte aus dem Bereich des subjektiven Gefühlslebens hin untersucht werden, scheint ihnen im allgemeinen näherzuliegen als Unterschicht-Angehörigen, in deren Sozialisations- und Bildungsprozessen die Beschäftigung mit dem eigenen seelischen Erleben oft als Zeichen krankhafter Schwäche einer viel stärkeren Tabuisierung unterliegt. Selbstverständlich wäre es unsinnig anzunehmen, der Grad an innerer, emotionaler Differenziertheit sei eindeutig mit dem sozialen Status korreliert. Überhaupt bewegt man sich hier in einem Bereich, in dem vorurteilsgebundenes Denken noch in die sorgsam ausgeklügelten wissenschaftlichen Untersuchungen eingehen kann. Zugestandenermaßen können auch die hier vorgebrachten Bemerkungen nicht mehr sein als ein tastender Versuch, für die unbestreitbare Tatsache, daß der zahlenmäßige Anteil etwa von Arbeitern an den psychoanalytisch behandelten Patienten sehr gering ist, ein erstes Verständnis zu gewinnen. Der gelegentlich gegen die Psychoanalyse erhobene Vorwurf, sie schließe zahlungsunfähige Patienten von der Behandlung aus, ist eine grobe polemische Vereinfachung. Gewiß ist es richtig, daß die Psychoanalytiker bis vor nicht allzu langer Zeit von allen Institutionen des medizinischen Versorgungssystems praktisch ausgeschlossen und deshalb auf zahlungsfähige Patienten angewiesen waren. Inzwischen besteht die Möglichkeit – für Arbeiter skandalöserweise allerdings immer noch in stärker eingeschränktem Maße als für Angestellte –, öffentliche Kostenträger für psychotherapeutische Behandlungen in Anspruch zu nehmen. Doch läßt sich schon jetzt absehen, daß mit dem Wegfall oder der Reduzierung des finanziellen Hindernisses das Problem nicht gelöst ist. Es wird koordinierter psychoanalytischer und soziologischer Untersuchungen bedürfen, um herauszufinden, wo die entscheidenden Barrieren liegen. Zu vermuten ist, daß das Krankheitsverständnis von Unterschichtpatienten, ihre mangelnde Informiertheit über andere Behandlungsformen als die gewohnten medizinischen, natürlich auch das Informationsdefizit der Ärzte und Institutionen, die solche Patienten an die Psychotherapie heranzuführen hätten, und sicherlich auch Faktoren, die der sogenannten sozialen Distanz zwischen Unterschichtpatienten und Psychotherapeuten entspringen,

sich hierbei als wesentlich erweisen würden.
Neuerdings ist häufig die Vermutung zu hören, die Befunde der Sprachsoziologie, die sich unter dem Stichwort der »Sprachbarriere« zusammenfassen lassen, könnten das Nichtzustandekommen psychoanalytischer Behandlung von Unterschichtpatienten erklären. So liest man bei Bernstein, »daß Mitglieder der unteren Arbeiterschicht (lower working class) nicht über die für eine psychotherapeutische Beziehung notwendige Sensibilität und Kommunikationsform verfügen, und zwar nicht kraft angeborener Intelligenzmängel, sondern aufgrund eines kulturell induzierten Systems der Sprechweise, dessen Bedeutungs- und Signifikanzumfang dem Patienten aus der unteren Arbeiterschicht in der therapeutischen Beziehung keine Orientierung ermöglicht«. (Bernstein, 1970, S. 84). Kein Zweifel, daß solche Überlegungen in Einzelfällen den Kern der Sache treffen. In ihrer generalisierten Form greifen sie aus psychoanalytischer Sicht zu kurz. Ihnen widerspricht schon die häufig zu machende klinische Erfahrung, daß die sprichwörtliche »einfache Hausfrau« aus der Unterschicht in einem psychoanalytischen Interview mit dem Analytiker zu einer weitaus besseren Verständigung gelangen kann als so mancher Mittelschichtpatient, dessen Sprache zu langweiligen Formeln erstarrt ist und mehr der ständigen rationalisierenden Abwehr unbewußter Gefühlsimpulse zu dienen scheint als der Kommunikation emotionalen Erlebens. Zumal wenn er obendrein mit den traditionellen antipsychologischen Vorurteilen gespickt ist, wie sie besonders in bestimmten Berufsgruppen (Juristen, Naturwissenschaftler, Ärzte) endemisch sind, kann er für psychologische Zusammenhänge so blind, im Umgang mit dem eigenen Gefühlsleben so »dumm« sein wie nur irgendeine sogenannte »Primitivpersönlichkeit« aus der Unterschicht, der man nach Freuds Worten nur mit »Suppenlogik und Knödelargumenten« beikommen kann. Die sprachsoziologisch womöglich höchst triftige Unterscheidung zwischen dem »restringierten Code«, einer bestimmten, eingeschränkten Sprechweise von vergleichsweise einfacher Sprachorganisation mit einem »relativ dürftigen Bereich syntaktischer Alternativen« und einer hohen Vorhersagbarkeit (Bernstein, 1970, S. 102) einerseits und dem »elaborierten Code« andererseits, der durch einen

ausgedehnten Bereich syntaktischer Alternativen und damit durch ein höheres Niveau der Sprachorganisation bestimmt ist, kann unter den spezifischen Bedingungen des psychoanalytischen Dialogs nur bedingt Geltung beanspruchen. Wenn vom restringierten Code gesagt wird, Sprache sei »in diesem Fall kein Mittel, die Erfahrung der Vereinzelung und der individuellen Besonderheit relativ genau in Worte zu fassen«, oder sie sei »nicht das wichtigste Mittel für die Reise des Ich zum Du des anderen« (Bernstein, 1970, S. 90), und sie erlaube mehr »die Signalisierung von sozialer als von persönlicher Identität« (S. 95), so mag das eine bedeutsame Beschreibung umgangssprachlicher Kommunikationsschwierigkeiten zwischen Unterschicht- und Mittelschichtangehörigen in alltäglichen Situationen sein. Im psychoanalytischen Dialog, in dem es um das Wahrnehmen unbewußter Intentionen geht, scheinen die beschriebenen Charakteristika des restringierten Code im großen und ganzen jedoch mehr den Stellenwert von Oberflächenphänomenen zu haben. Was bei umgangssprachlicher Kommunikation, die in der Absicht geführt wird, bewußte Meinungen, Urteile, Absichten zu übermitteln und zu verstehen, als Defizit an Logik und Klarheit des sprachlichen Ausdrucks erscheint, kann im psychoanalytischen Dialog die situationsgerechte Darstellung unbewußter Phantasien unter Umständen sogar erleichtern. Von bestimmten Eigentümlichkeiten des restringierten Code, wie der starken Einbeziehung »extraverbaler Kanäle«, der Verwendung von Mimik und Gestik, der Betonung expressiver Sprachmomente usw., kann man jedenfalls den Eindruck haben, sie seien dem spezifisch psychoanalytischen Zugang zum Verstehen des Unbewußten förderlicher als der elaborierte Code, der sich durch »ein höheres Niveau des verbalen Planens bei der Vorbereitung des Sprachverhaltens« (Bernstein, 1970, S. 103) auszeichnet.

Bei den Unterschichtangehörigen, die allen Barrieren zum Trotz in psychoanalytischen Interviews oder Langzeitbehandlungen gesehen werden, können zwar sprachliche Verständigungsschwierigkeiten – wie bei allen anderen Patienten übrigens auch – zu Widerstandszwecken benutzt werden, aber es wäre zweifellos übertrieben, diese selbst an Stelle der ihnen zugrunde liegenden affektiven Widerstände für ein mögliches Scheitern des Dialogs verantwortlich zu machen. Die unbewußten Widerstandshaltungen, deren wesentlichste »die Angst vor dem Vater und der Unglaube gegenüber den Großen, beide voll auf den Arzt übertragbar« (Freud, Brief vom 25. 1. 1909 an Jung) sind, können sich freilich schichtspezifischer Ausdrucksformen bedienen. Wenn – wie geschehen –, eine ansonsten höchst »angepaßte« junge Frau aus der Arbeiterschicht dem Analytiker in der Behandlung plötzlich das volle Mißtrauen des Underdogs gegenüber seinem Ausbeuter entgegenkehrt, kann sie damit durchaus einmal erreichen, daß ihn seine eigenen Schuldgefühle eine Weile daran hindern, ihre infantilen Ängste und Phantasien, die in ihrem Verhalten zugleich ausgedrückt und abgewehrt sind, zu erkennen. Sind solche und ähnliche Haltungen bereits im Vorfeld der psychoanalytischen Behandlung wirksam – und es ist anzunehmen, daß das in weit stärkerem Maße der Fall ist, als die harmonistische Vorstellung von der »Integration des Proletariats« es wahrhaben will –, dann läßt sich von ihnen natürlich nicht als von Widerständen im analytischen Sinn sprechen. Das untergründige Fortbestehen eines Denkens in »unten und oben«, die ängstlich-unterwürfige und zugleich ressentimentgeladene Einstellung gegenüber den »Höhergestellten«, vorbewußt-ambivalente Relikte des verlorenen Klassenbewußtseins, die vom unbewußten »Elternkomplex« her Verstärkung erfahren, dürften die entscheidenden sozialpsychologischen Faktoren sein, die für die soziale Distanz von Unterschicht-Angehörigen zu Ärzten überhaupt und zu Psychiatern, Psychotherapeuten im besonderen verantwortlich sind.

Wo von »Eignungskriterien« die Rede ist, stellt sich die Frage, wie, mit welcher Methode auszumachen ist, ob sie im Einzelfall erfüllt sind. Im Gespräch zwischen Patient und Analytiker (im psychoanalytischen »Erstinterview« oder in einem kurzen Sprechstundengespräch) hat der Patient die Möglichkeit, sich selbst, seine Probleme, so wie er sie sieht, darzustellen. Der Analytiker seinerseits kann über die bloße Registrierung der Beschwerden, Symptome und Lebensdaten des Patienten hinaus seine Wahrnehmung auf das sogenannte »unbewußte Angebot« des Patienten einstellen. Damit bezeichnet man das regelmäßig zu beobachtende Phänomen, daß der Patient in seine bewußt intendierten Mitteilungen durch die Art, wie er spricht, durch die Aufeinanderfolge seiner Äußerungen, durch Gestik, Mimik und ungezählte andere Ausdrucksmittel unbewußt eine unmittelbare Darstellung seines aktuellen inneren Konflikts sozusagen »hineinkomponiert«. Gelingt es dem Analytiker, Fragmente dieser »szenischen Darstellung« (Argelander, 1970) wahrzunehmen und in geeigneter Weise verbal auf sie zu reagieren, wird der Patient im allgemeinen in dem sich entspinnenden Dialog bewußt oder unbewußt weitere Informationen liefern, die in ihrer Gesamtheit die manchmal vagen, manchmal bereits höchst präzisen Umrisse einer bestimmten »Konfliktgestalt« ergeben. Aus den Reaktionen des Patienten auf seine ersten, versuchsweise gegebenen Interpretationen kann der Analytiker eine Vielzahl von Aufschlüssen gewinnen. Er wird einen Eindruck bekommen von der Fähigkeit und Bereitschaft des Patienten, unabhängig davon, ob dieser seine Interpretationen bewußt akzeptiert oder als unzutreffend ablehnt, seine gegenüber der umgangssprachlichen Kommunikation so andersartige Wahrnehmungsweise wenigstens im Ansatz zuzulassen und auch auf sich selbst anzuwenden. In einer sekundären, begrifflich-theoretischen Verarbeitung seiner Intervieweindrücke versucht der Analytiker über die Beschreibung des aktuellen Konfliktes hinaus zu einer psychoanalytischen Strukturdiagnose zu gelangen. Sie enthält Aussagen über das Niveau der Triebentwicklung und Ichentwicklung des Patienten, über die Art und Organisation seiner Abwehrstruktur, seiner Objektbeziehungen und viele weitere Aspekte. Dieser Teil der Diagnostik ist jedoch, wie oben dargelegt wurde, für die Entscheidung, ob dem Patienten schließlich eine Empfehlung zur Behandlung gegeben wird oder nicht, nur von bedingter Relevanz. Wichtiger sind jene Faktoren, die sich auf die Eignung und die Motivation zur Behandlung beziehen. Es läßt sich denken, daß diese diagnostische Aufgabe anspruchsvoll ist und auch bei verfeinerter Interviewtechnik die Diagnose nicht selten unklar bleibt. Weitere Interviews bei demselben oder einem anderen Analytiker oder die Zuhilfenahme psychologischer Testuntersuchungen erlauben dann aber in aller Regel eine hinreichende Klärung.

Die Methode des nicht explorativ, sondern ausgesprochen

interpretativ verfahrenden Interviews hat den großen Vorteil, daß sie dem Patienten besser als alle anderen Versuche, ihn über das Wesen der psychoanalytischen Methode aufzuklären, die Möglichkeit gibt zu prüfen, ob sie für ihn »das Richtige« ist. Das Interview bietet ihm einen gewissen Vorgeschmack, was er in einer psychoanalytischen Behandlung zu erwarten hätte. Manch einer zieht sich zurück, wenn ihm im Interview zu dämmern beginnt, welcher Art seine Probleme sind, und man kann sich in diesen Fällen gelegentlich des Eindrucks nicht erwehren, es sei auch besser so. Anderen genügt das Stück Aufklärung, das sie durch die gemeinsame Arbeit im Interview erhalten haben, um eine bestimmte Konfliktsituation nun allein zu bewältigen. Sie erkennen, daß ihre Motivation damit erschöpft ist und sie eine lange Behandlung gar nicht wünschen. Wieder andere kommen zögernd und unentschlossen und entwickeln gerade durch das Interview den Mut, sich für eine Psychoanalyse zu entscheiden. Aus dem grotesken Mißverhältnis zwischen der geringen Zahl von ausgebildeten Psychotherapeuten in der Bundesrepublik und dem wachsenden Bedürfnis großer Gruppen der Bevölkerung nach Psychotherapie resultiert die Situation, daß viele Patienten, die sich längst für eine psychoanalytische Behandlung entschieden haben und für die dieses Verfahren auch geeignet wäre, eine Art von Numerus-clausus-Situation vorfinden, deren negative Implikationen auf der Hand liegen. Der praktizierende Analytiker, der damit täglich konfrontiert ist, kann für die von konservativen Gegnern der Psychoanalyse immer wieder geäußerten Zweifel an der »Echtheit« des wachsenden Bedürfnisses großer Gruppen der Bevölkerung nach Psychotherapie, ihren Forderungen nach »Beweisen«, kein Verständnis aufbringen. Zwar ist zu konzedieren, daß bei der gesteigerten Nachfrage hie und da dubiose Motive mitspielen mögen – modische Trends etwa oder passiv-regressive Versorgungserwartungen. Aber es gehört schon ein beträchtliches Stück Ignoranz, Verleugnung oder Zynismus dazu, die wachsende Zahl von Menschen zu übersehen, die psychotherapeutischer Hilfe bedürfen und denen die Psychoanalyse, sei es nun in ihrer »reinen« oder in irgendeiner anderen Form psychoanalytisch aufgeklärter Psychotherapie, entscheidende Hilfe zur Selbsthilfe geben könnte.

Argelander, H. (1968a), *Der psychoanalytische Dialog.* In: *PSYCHE* 22, 337.
– (1968b), *Der psychoanalytische Befund.* In: *PSYCHE* 22, 748.
– (1970a), *Das Erstinterview in der Psychotherapie,* Darmstadt.
– (1970b), *Die szenische Funktion des Ichs und ihr Anteil an der Symptom- und Charakterbildung.* In: *PSYCHE* 24, S. 325-345.
Bernfeld, S. (1929), *Der soziale Ort und seine Bedeutung für Neurose, Verwahrlosung und Pädagogik.* In: *Antiautoritäre Erziehung und Psychoanalyse,* Bd. 3, Frankfurt 1970, 1971.
Bernstein, B. (1963), *Soziale Schicht, System der Sprechweise und Psychotherapie.*
– (1964), *Elaborierte und restringierte Codes.* Beide in: *Soziale Struktur, Sozialisation und Sprachverhalten. Aufsätze 1958-1970,* Amsterdam 1970.
Cremerius, J. (1962), *Die Beurteilung des Behandlungserfolges in der Psychotherapie,* Berlin-Göttingen-Heidelberg.
– (1968), *Die Prognose funktioneller Syndrome. Ein Beitrag zu ihrer Naturgeschichte,* Stuttgart.
de Boor, Cl., Künzler, E. (1963), *Die psychosomatische Klinik und ihre Patienten. Erfahrungsbericht der Psychosomatischen Universitätsklinik,* Heidelberg-Bern-Stuttgart.
Ernst, K. (1965), *Neurotische Langstreckenverläufe und ihre Beeinflussung durch Psychotherapie.* In: *Zeitschrift für Psychotherapie und medizinische Psychologie,* 15. Jg., S. 185.
Fenichel, O. (1945), *The Psychoanalytic Theory of Neurosis,* New York.
Freud, S. (1905), *Bruchstück einer Hysterieanalyse. GW* V, Frankfurt.
– (1909), *Brief an C. G. Jung.* In: *Sigmund Freud / C. G. Jung Briefwechsel,* Frankfurt 1974.
– (1910), *Die zukünftigen Chancen der psychoanalytischen Therapie. GW* VIII.
– (1926), *Hemmung, Symptom und Angst. GW* XIV.
Greenson, R. R. (1967), *Technik und Praxis der Psychoanalyse,* Bd. 1, Stuttgart 1973.
Heigl, F. (1972), *Indikation und Prognose in Psychoanalyse und Psychotherapie,* Göttingen.
Knapp, P. H., Levin, S., McCarter, R. H., Wermer, H. und Zetzel, E. (1960), *Suitability for psychoanalysis. A review of one hundred supervised analytic cases.* In: *Psychoanalytic Quarterly* 29, 459-477.
Kuiper, P. C. (1968), *Indications and contraindications for psychoanalytic treatment.* In: *International Journal of Psychoanalysis,* 49, 261-264.

Nunberg, H. (1959), *Allgemeine Neurosenlehre*, Bern.
Parin, P. (1958), *Die Indikation zur Analyse*. In: *PSYCHE* 12, 367-387.
Tyson, R. L. und Sandler, J. (1974), *Probleme der Auswahl von Patienten für eine Psychoanalyse*. In: *PSYCHE* 28, 530-560.
Stone, L. (1954), *The widening scope of indications for psychoanalysis*. In: *Journal of the American Psychoanal. Association*, 2, 567-594.
– (1961), *Die psychoanalytische Situation*, Frankfurt 1973.

Klaus Horn

Das psychoanalytische als Teil eines sozialwissenschaftlichen Krankheitskonzeptes

I

Spricht man naiv über Krankheit, dann scheint es zunächst keine Schwierigkeiten zu geben: In spektakulären Fällen – bei Krebs oder bei von der modernen Medizin bereits bewältigten Seuchen wie Cholera – gibt es keine kontroversen Ansichten, daß es sich um Krankheiten handelt, die sich wissenschaftlich bekämpfen lassen.[1] Allerdings gab es darüber auch andere Vorstellungen: Im Mittelalter wurden gerade Seuchen als göttliche Strafgerichte interpretiert. Die moderne, sich an naturwissenschaftlichen Verfahren orientierende Medizin hat jene aus heutiger Perspektive fatalistisch erscheinende Vorstellung abgelöst. Diese zeitgenössische Medizin geht davon aus, daß Erkrankungen in der Regel eine spezifische, naturwissenschaftlich feststellbare Ursache haben, die als deren Erreger (oder in anderer Form naturwissenschaftlich identifizierbarer Grund) vorgestellt wird, und davon, daß jede Krankheit durch eine spezifische Grundstörung charakterisiert ist. Indem man annimmt, daß eine gleichförmige, im Körperlichen auszumachende Entstehung von Krankheit auch die gleichen klinischen Anzeichen hervorruft, wird von der Diagnose der Symptome her eine Behandlung möglich, welche dem Modell des Entstehens von Krankheit angemessen ist.[2] Die

1 Vgl. hierzu auch Muck, I, in diesem Band. Als Muck I wird hinfort bezeichnet Muck, *Krankheit, Konflikt und das Konzept der Psychoanalyse.* Als Muck II wird hinfort bezeichnet Muck, *Die psychoanalytische Behandlung und ihre Wirkung,* beide in diesem Band.

2 Der bekannte Psychiater Kurt Schneider (1959, S. 6 ff.) z. B. will auch im Bereich des Psychischen als Erkrankung nur gelten lassen, was auf »krankhafte Organprozesse« zurückzuführen ist. Diesen Krankheitsprozeß allein will er als »medizinischen« verstanden wissen. Auf dieser strengen Auffassung ist die hier vorgetragene Argumentation aufgebaut. Der Philosoph und Psychiater Karl Jaspers (1959, S. 651 ff.) hingegen anerkennt darüber hinaus auch Zustände als krank, bei denen ein körperlicher Krankheitsprozeß bisher nur vermutet wurde, aber nicht nachgewiesen werden kann, und andere, die (z. B. als mangelnde Intelligenz, als Neurose) so weit von der je gültigen Norm entfernt sind, daß sie als korrekturbedürftig im Sinne ärztlichen Handelns erscheinen. Beide Positio-

Fortschritte der Naturbeherrschung sollen auch Verwertung finden zugunsten der nicht mehr funktionierenden Leber, des zusammenbrechenden Kreislaufs, der in Gicht erstarrenden Gelenke. So sehr einerseits dieser Optimismus und der naturwissenschaftlich-technische Fortschritt der Medizin zu begrüßen sind, so dürfen wir andererseits nicht übersehen, daß in dieser Art medizinischer Praxis ein neuer Fatalismus steckt: Die ausschließliche Konzentration auf den Krankheitsprozeß im Organischen, auf krankhafte Veränderungen des Leibes, den vom konkreten Lebenszusammenhang des Patienten isoliert verstandenen, selber körperlich begründeten körperlichen pathologischen Prozeß löst den Krankheitsprozeß und die Heilung aus der Mannigfaltigkeit der Lebenspraxis der Menschen und nimmt so die Möglichkeit, Entstehen und Heilen von Krankheit als Moment des allgemeinen Lebenszusammenhanges zu betrachten. Hinsichtlich der von den Menschen in kollektiver und individueller Lebenspraxis hervorgebrachten Sinnzusammenhänge verhält sich dieser Krankheitsbegriff neutral, er bleibt ihnen äußerlich; die »Erreger« treten zufällig auf, spielen die Rolle des Schicksals. Das gilt zwar heute noch für den Krebs, über dessen Zustandekommen man sich noch nicht im klaren ist; auch für die jeweils neuen Grippeviren. Aber das gilt nicht mehr für Cholera, Pest und Typhus,

nen haben Probleme, das Entstehen von Krankheiten zu erklären, bei denen entweder keine organischen Veränderungen oder aber organische Veränderungen entstehen, die nicht selber naturwissenschaftlich zu erklären sind. Dementsprechend entstehen Schwierigkeiten in der Therapie. Denn solche Begriffe wie »funktionelle Störungen«, welche Störungen des organismischen Entstehungsprozesses bezeichnen, decken eher die Verlegenheit auf, als daß sie Probleme lösen; ohne Kenntnis der Krankheitsentstehung kann es keine angemessene Therapie geben. An dieser Stelle wird der Krankheitsbegriff der Psychoanalyse im Sinne psychosomatischer Medizin relevant, dem die Annahme seelisch-leiblicher Einwirkungen zugrunde liegt, deren Muster sich in der frühkindlichen Erziehung bilden. Die psychosomatische Medizin ist Teil des psychoanalytischen Krankheitskonzeptes; sie arbeitet neurosenpsychologisch, nicht physiologisch. Ich beschränke mich hier auf einige Erwähnungen der psychosomatischen Medizin, weil ich nur die Bedeutung der Psychoanalyse als Teil eines sozialwissenschaftlichen Krankheitsbegriffes hervorheben will und nur auf die Unterscheidung zwischen dessen lebensgeschichtlicher und dessen gattungsgeschichtlicher Dimension abhebe, innerhalb dieser beiden Dimensionen aber nicht ausdrücklich weiter differenzieren möchte (vgl. Brede 1972, Mitscherlich 1966, 1967 a).

gegen welche man potentiell umfassende Vorsorge zu treffen gelernt hat.
Es ist darzulegen, inwiefern das psychoanalytische Krankheitskonzept dieses neue fatalistische Moment der auf organische Reparatur eingestellten modernen Medizin überwindet, indem Krankheit aus dem lebensgeschichtlichen Aspekt menschlicher Praxis, aus biographischen Sinnzusammenhängen interpretiert wird. Der Sinn dieser auf Erfahrung gestützten Erweiterung des Krankheitskonzeptes der naturwissenschaftlichen Medizin ist, Momente gesellschaftlicher und individueller Praxis als mitverursachende Krankheitsfaktoren zu entdecken. Krankheit kann auf diese Weise in einem umfassenderen Sinn als »gemacht« – und das heißt: als anders Machbares, als von Menschenhand zu verändernder Aspekt menschlichen Lebens überhaupt – betrachtet werden.

II

Wenn von dieser spezifischen Überwindung eines spezifischen Fatalismus die Rede ist, so wird es wichtig, zwei gravierenden Irrtümern vorzubeugen: Weder wird auf diese Weise die naturwissenschaftliche Medizin überflüssig, noch das Problem Krankheit »machbar« im Sinne tendenzieller Aufhebung schlechthin. Dazu wird zunächst Stellung genommen.
Die zweimalige Verwendung des Begriffs »spezifisch« im vorangehenden Abschnitt soll bereits formal signalisieren, daß die psychoanalytische Erweiterung des Krankheitskonzeptes nur die Erweiterung zweier Horizonte bedeutet: Wir erweitern die Vorstellungen darüber, welchen lebensgeschichtlichen Einflüssen Krankheit und Gesundheit ausgesetzt sind sowie wie man diese Kenntnisse vorbeugend und heilend verwenden kann. Psychoanalyse rückt einen bestimmten Aspekt, eben den lebensgeschichtlichen, der gesellschaftlichen Dimension von Krankheit ins Blickfeld: Wie die sich verändernden Bewegungsgesetze gesellschaftlichen Lebens vermittels der den Menschen abverlangten Arbeitsleistungen und Freizeitaktivitäten Krankheit und Gesundheit beeinflussen – beeinflussen insofern, als diese Bewegungsgesetze sich in lebensgeschichtlichen Konflikten niederschlagen, über deren klinische Dimension in diesem Band (vgl. die Beiträge von Klüwer, Muck I und II, in diesem Band) bereits berichtet wurde und

auf die ich noch zurückkommen werde. In der populären Diskussion treffen wir diesen Sachverhalt als Vorstellung, daß der Streß der modernen Zeit die Lebensqualität einschränkt und daß es in höheren Kreisen eine besonders vornehme Art dieser Art der Erkrankung, die sogenannte Managerkrankheit, gibt.

Bleiben wir auf dieser Ebene und kommen wir zu den möglichen Irrtümern zurück, in welche der Optimismus des psychoanalytischen Krankheitskonzepts führen kann. Selbst wenn es gelingt, die komplexen gesellschaftlichen Bedingungen zu entschlüsseln, welche »Streß« erzeugen, indem man z. B. zu begreifen versucht, was im Interesse der Intensivierung des Nutzens des investierten Kapitals mit den Menschen geschieht; selbst wenn es gelingt zu erfahren, was die Erziehung zu ehrgeizigem Verhalten zu diesen gesellschaftlichen Verhältnissen noch an Persönlichem hinzubringt, dann sind zwar jeweilige Momente des »Gemachten«, soweit es gesellschaftliche oder lebensgeschichtliche Aspekte betrifft, bekannt geworden, die die Organmedizin nicht berücksichtigt. Aber diese Horizonterweiterung bedeutet nicht etwa, daß die organisch orientierte Medizin überflüssig würde. Denn man hat die Verletzlichkeit des Organischen mit diesem weiter gefaßten Konzept nur insoweit besser zur Verfügung, als die kranken Organe vermittels solcher Verhältnisse gesellschaftlicher oder lebensgeschichtlicher Art nachgewiesenermaßen tangiert werden. Der Sachverhalt, daß der Mensch überhaupt eine organische Lebensbasis hat und daß diese generell verletzlich bleibt, wird auf diese Weise natürlich nicht aufgehoben. Insofern bleibt die Aufgabe der naturwissenschaftlichen Medizin wichtig; nur steht diese im Rahmen eines erweiterten Konzeptes von Krankheit (vgl. auch Kennel, in diesem Band).

In dieser Arbeit wird zu zeigen sein, daß organische und psychische Erkrankungen[3] der Menschen mit naturwissen-

3 Einfachheitshalber werden in dieser Arbeit körperliche und seelische Erkrankungen hinsichtlich ihrer gesellschaftlichen Entstehung nicht besonders unterschieden. Eine solche Differenz wäre einzuführen, insbesondere dann, wenn es zentral um die hier nicht weiter erörterte Frage der Unterscheidung normal: anomal, bzw. gesund: krank ginge. Denn diese Unterscheidung ist im Bereich körperlicher Krankheit weitaus leichter zu treffen als im Bereich des Psychischen und seiner Funktionen.

schaftlichen, mit technischen Mitteln allein nicht zureichend erklärt und behandelt werden können. Naturwissenschaftlich heißt hier: derart objektivierend, daß in jeder Weise abgesehen wird von allen Formen gesellschaftlich und lebensgeschichtlich geformten Interesses, welches in die Wissenschaft von der Krankheit und die dementsprechende Praxis des Heilens (und Vorbeugens) eingeht, und daß so ein Bild von Erkranken und Heilen entsteht, als stünden diese Phänomene nicht im Spannungsbereich gesellschaftlicher und lebensgeschichtlicher Kräfte – die ja keine natürlichen, sondern von Menschen gemachte sind. In dem berühmten Bericht des Mediziners Rudolf Virchow, der 1849 im Auftrag der Preußischen Regierung die Ursachen der Typhusepidemie in Schlesien untersuchte (Virchow 1849), wird deutlich, worauf meine Argumentation zielt. Virchow verfolgte die Entstehung der Epidemie notwendig bis in die Verhältnisse, unter denen die Mehrzahl der Erkrankten leben mußte; er kam zu dem Schluß, daß eine erfolgversprechende Therapie nur eine sein könne, welche die gesellschaftlichen Verhältnisse ändere, an denen die Menschen letztlich erkrankten. Denn als Ursache der Epidemie diagnostizierte er die Armut als Resultat eines sozialen Konflikts und forderte: »In der Tat ist *die Association der besitzlosen Arbeit mit dem Capital des Staates oder der Geldaristokratie oder der vielen kleinen Besitzer* das einzige Mittel, um den sozialen Zustand zu bessern. Capital und Arbeitskraft müssen mindestens gleichberechtigt sein und es darf nicht mehr die lebendige Kraft dem toten Capital unterwürfig sein« (S. 235). In ähnlicher Weise hat die Forschung eine bestimmte Art lebensgeschichtlicher Konflikte z. B. beim Magengeschwür als wichtige Faktoren für deren Entstehung erkannt (Mitscherlich 1967, Pflanz 1962, S. 151 ff.). Es geht also generell um die Frage, ob Krankheit bloß im engeren Sinn als naturwissenschaftlich-medizinisches Phänomen oder aber als gesellschaftliches Problem betrachtet wird (de Boor/Mitscherlich 1973). Inwiefern es notwendig ist, die lebensgeschichtlich-psychoanalytische einerseits und die gattungsgeschichtlich-epidemiologische[4] Ebene andererseits zu

4 Unter Epidemiologie versteht man die Wissenschaft vom Zusammenhang zwischen gesellschaftlichen und sozialstatistischen Größen wie Schicht- und Berufszugehörigkeit, Ernährungsweise, Alter usw. einerseits und Krankheit

unterscheiden, wird am Schluß dieser Erläuterungen deutlich.
Eine unhistorische Betrachtung von Krankheit leugnet den Anteil menschlicher, gesellschaftlicher Aktivität, soweit sie als gemachte Geschichte der Gattung Mensch und als Lebensgeschichte der Einzelnen in den Verhältnissen der Menschen zueinander sich niederschlägt: Das kranke Organ oder die erkrankte Psyche werden gleichsam im Sinne einer (allerdings nicht so verstandenen) Momentaufnahme sowohl aus dem lebensgeschichtlichen als auch aus dem historischen Kontinuum herausgelöst, ohne daß man sich darüber Rechenschaft ablegte. »Die institutionalisierte Organmedizin«, so formuliert der Soziologe und Psychoanalytiker Tilmann Moser (1974, S. 148), muß »hinter ihren Apparaturen warten [...], bis sich psychisches und soziales Elend in körperlichen Krankheiten niedergeschlagen hat [...].« Wenn nun im Verlauf der Argumentation gezeigt wird, daß das psychoanalytische als ein Aspekt des sozialwissenschaftlichen Krankheitsverständnisses Erkrankungen aller Art wieder ins Kontinuum der (Lebens-) Geschichte einrücken will, weil auf diesem Wege mehr Determinanten der Krankheit zugänglich werden, dann trifft das Selbstverständnis, zur »Überwindung des Fatalismus der organisch orientierten Medizin« beizutragen, nur insofern zu, als Zusammenhänge zwischen Lebensgeschichte (und der hier nur mittelbar zur Diskussion stehenden Gattungsgeschichte) und Erkrankung tatsächlich nachgewiesen, d. h. rekonstruiert werden können. Allerdings müssen alle im herkömmlichen Sinne festgestellten Befunde einer solchen Prüfung ausgesetzt werden, weil das neuere Konzept von Krankheit das umfassendere ist.
Wir können unspezifische und spezifische Zusammenhänge zwischen Lebensgeschichte und Krankheit unterscheiden. Ein unspezifischer Zusammenhang ist die Bereitschaft, in einer schwierigen Situation (einer Prüfung, Arbeitslosigkeit, einem unlösbaren Konflikt zwischen Wunsch und wie immer ver-

andererseits. Auf diesem Wege lassen sich erhöhte Krankheitsrisiken (z. B. bei zu reichlicher und zu fetter Ernährung, Lebensweise mit wenig körperlicher Anstrengung, starkem Rauchen und Kreislauferkrankungen) feststellen, deren genauer Entstehung erst aufgrund der Kenntnis solcher erhöhter Risiken nachgegangen werden kann.

standener Pflicht usf.) zu erkranken (»seine Grippe zu nehmen«). Spezifische Zusammenhänge zwischen Lebensgeschichte und Erkrankungsform hat man z. B. bei der Schizophrenie (Bateson u. a. 1969, Freeman u. a. 1958), dem Asthma (de Boor 1965) und der Magersucht (Thomae 1961) nachgewiesen. Stets handelt es sich um unbewußte[5], d. h. dem je eigenen Bewußtsein nicht mehr zugängliche Konflikte aus der Kindheit; beim Magengeschwür (Mitscherlich 1967) z. B. eine durch allgemein starkes Erleben des Hungers bedingte Abhängigkeit von der Mutter und in Reaktion darauf den Versuch, sich in besonders auffälliger, riskanter Form unabhängig zu machen – insgesamt also eine besondere Form des Konflikts passiv–aktiv. Um es noch einmal zu betonen: Solche Überwindung der engen organpathologischen Sicht – indem das Geschwür am Magen in den Kontext der Lebensgeschichte und ihrer (unbewußt gewordenen) Konflikte gestellt wird – ist in keiner Weise identisch mit der Überwindung der Sterblichkeit des Organischen – so könnte man es radikal formulieren. In dieser Arbeit wird lediglich die Rede davon sein, daß menschliche Natur nicht in den Formen ihrer gesellschaftlichen Bearbeitung aufgeht. Wenn wir zum erweiterten Horizont einer solchen sozialwissenschaftlichen Medizin auch die Psychodynamik der Familie rechnen (vgl. Richter 1970, Winnicott 1969), dann können wir dieses »Nicht-in-der-gesellschaftlichen-Bearbeitung-Aufgehen« für die lebensgeschichtliche Dimension auch so formulieren: Die Gesellschaft und die Eltern können mit dem zu erziehenden Kind nicht machen, was sie wollen, ohne daß dieses sich – und sei es in Form körperlicher und/oder seelischer Krankheit – dagegen wehrt. Die optimistische Sicht, welche Psychoanalyse mit ihrem Krankheitskonzept zur Diskussion stellt, insofern sie den Fatalismus der naturwissenschaftlich orientierten Organmedizin überwindet, ist also nicht etwa gleichzusetzen mit der Vorstellung, man könne die Eigengesetzlichkeit des Organischen (und als deren radikalen Fluchtpunkt: Sterblichkeit) generell überwinden, Leben und Tod schlechthin »machen«. Auch nachdem ein sozialwissenschaftliches Krankheitsverständnis sich wird etabliert haben (mit den Dimensionen

5 Zum Begriff »unbewußt« vgl. die Arbeiten von Klüwer, Muck I, II und Kennel, in diesem Band.

Lebensgeschichte – die die Psychoanalyse zu begreifen versucht – und Gattungsgeschichte – welche die Epidemiologie zu ergründen versucht), bleiben *Grenzen* des Machbaren, des Veränderbaren. Aber – und das ist die entscheidende Differenz zum naiv naturwissenschaftlich-organologischen Konzept von Krankheit – man wird sich über diese Grenzen der Mach- und Veränderbarkeit besser Rechenschaft geben können. Schon im Sinne ihrer eigenen Geschichte demonstriert die naturwissenschaftlich orientierte Medizin das Verlagern, das Hinausschieben solcher Grenzen. Nachdem die großen Epidemien des Mittelalters bewältigt sind, liegt der Krebs jetzt an dieser Grenze – noch außerhalb; ebenso die sogenannten »funktionellen Störungen«, in deren Rahmen insbesondere die Herz- und Kreislauferkrankungen, die man ohne Blickerweiterung ins Sozialwissenschaftliche nicht wird unter Kontrolle bekommen können. Im Sinne welchen Konzeptes man auch verfahren wird: Es leuchtet ohne weiteres ein, daß der Grad der Aufmerksamkeit, den eine Gesellschaft (in Form finanzieller Zuwendungen) einer Wissenschaft schenkt, ganz unmittelbar Bedeutung für deren Entwicklung hat. »Gemacht« heißt also nicht nur: im Erziehungsprozeß gesellschaftlicher und familiärer Praxis spezifisch bearbeitete menschliche Natur – in anderen Verhältnissen wird anders erzogen, werden andere lebensgeschichtliche Konfliktformen relevant –, sondern »gemacht« heißt auch: finanziert, finanziert aufgrund politischer Entscheidungen.
Politische Entscheidungen nehmen Einfluß auf Krankheit und Gesundheit nicht nur in der Form, daß Investitionen in einem bestimmten Bereich getätigt werden, der entweder im Sinne naturwissenschaftlich-medizinischer (z. B. im Bereich der Biochemie) oder psychosomatischer (als lebensgeschichtlicher Konflikt-)Forschung relevant ist. Politische Entscheidungen nehmen auch groben Einfluß auf Krankheit und Gesundheit in Form eines Krieges; sie nehmen aber auch Einfluß in Gestalt eines parlamentarischen Beschlusses, Frauen aus öffentlichen Mitteln (wenigstens für den Fall, daß sie vor der Entbindung gearbeitet haben) die Möglichkeit zu finanzieren, ihr Kind bis zu einem Jahr nach dessen Geburt selbst zu betreuen. Wenn psychoanalytische Arbeiten (Spitz 1963, 1964, 1965) gezeigt haben, daß die frühe Verständigung zwischen

Mutter und Kind eine wichtige Voraussetzung für die psychische und körperliche Gesundheit des Kindes ist, dann lassen sich auf dieser Basis Argumente für ein »Babyjahr« entwikkeln.
An diesen Modellen sollte zunächst, bevor wir das psychoanalytische Krankheitskonzept entwickeln und indem wir von seinem Optimismus reden, klargestellt werden, daß auch das sozialwissenschaftliche Konzept von Krankheit und, in seinem Rahmen, das psychoanalytische durchaus noch Grenzen haben. Aber die »Machbarkeit« des Menschen im Kontext Krankheit und Gesundheit läßt sich jetzt weiter fassen. »Machbarkeit«, »Veränderbarkeit« im Kontext eines sozialwissenschaftlichen Krankheitsbegriffs hat deutlich und ausdrücklich historische Grenzen, an denen sich gezielt arbeiten läßt. »Machbarkeit« ist in einem umfassenderen Sinn an menschlicher Praxis orientiert als die nur auf naturwissenschaftlichtechnischem Gebiet fortschreitende Medizin. »Veränderbarkeit« im beschriebenen Sinn bezieht die Verhältnisse zwischen den Menschen (als zur gesellschaftlichen Struktur einmal und zum anderen als zur seelischen Struktur gewordene Verhältnisse), insbesondere alle Formen von Herrschaftsverhältnissen, ins Verständnis von Krankheit und Gesundheit mit ein (Rose/Buggle 1972). Deshalb werden die Grenzen des Machbaren – als »äußere« Natur z. B. die Krankheitserreger; als »innere« Natur der sich selbst verdauende Magen (das Magengeschwür) – auch im medizinischen Bereich als Produkt menschlicher Tätigkeit sichtbar. Aber – und zum wiederholten Mal – keine Wissenschaft, auch Psychoanalyse (und Epidemiologie) nicht, kann dem Menschen etwa jenen »Astralleib« verschaffen, der sich dem Wollen des Geistes unbeschränkt zu fügen imstande wäre. Der Geist und die mit ihm verbündete menschliche Praxis haben Materie vor sich, die sich nicht in Geist auflöst. Nicht in Richtung der absoluten Auflösung dieser Grenze liegen also die Verdienste des Krankheitskonzeptes der Psychoanalyse als Teil eines sozialwissenschaftlichen. Gegenüber der Organmedizin ist sie jedoch durchaus anspruchsvoll. Denn trotz des bleibenden Respekts vor der nicht in gesellschaftlicher Bearbeitung aufgehenden Natur *rücken* das schon mehrmals operierte und immer wieder auflebende *Magengeschwür* des Meisters eines Industriewerkes,

dessen realer Konflikt zwischen Managementgehorsam und Proletariatszugehörigkeit aufgrund seiner unbewußten Anteile nicht anders lösbar ist als in Gestalt eines solchen Geschwürs (Mitscherlich 1967, Pflanz 1962), die *Lern- und Arbeitsstörung* (Lüders 1967)[6] sowie die *funktionelle Sterilität* (Goldschmidt 1973) *in den Bereich des »Gemachten«:* insofern man nämlich erkennt, daß körperliche und psychische Leiden auch aus Verhältnissen der Menschen zueinander, aus Interaktionen stammen, in welchen es um Anerkennung, Bearbeitung und Unterdrückung von Wünschen geht, wird das schlecht Gemachte auch potentiell zum Heilbaren, wenn die Frage nach dem Schicksal jener Wünsche psychotherapeutisch neu aufgerollt wird (vgl. die Arbeiten von Muck, II und Schröter, in diesem Band).

III

Kommen wir zum Ausgangspunkt zurück: dem naiven Verhältnis zum Begriff Krankheit. Läßt man sich intensiver auf eine Diskussion ein, was der Begriff »krank« denn bezeichne, so bringt das Verwirrung; es wird komplizierter als bei den bekannten Seuchen. Denn schon die Frage, ob man selber bereit ist, alle jene Organ- und andere Defekte, welche die moderne Medizin als Erkrankungen definiert, im gleichen Sinn wahrzunehmen und entsprechend zu handeln, läßt sich nicht ohne weiteres beantworten. Jedem fällt ein, daß zunächst er selber dieses oder jenes Moment seiner geistigen und körperlichen Funktionen kennt, welches er anders beurteilt oder zumindest anders »behandelt«, als ein Arzt das tun müßte. So wird geraucht, obgleich der ursächliche Zusammenhang zwischen Rauchen und Krebserkrankungen der

6 Gerade an den Lern- und Arbeitsstörungen zeigt sich, daß das Krankheitskonzept der Psychoanalyse nicht angelegt ist, alles am Subjekt als Problem Erscheinende auch ausschließlich dort therapeutisch zu korrigieren: indem nämlich Psychoanalyse zeigt – und darauf wird noch systematisch eingegangen –, daß körperliche und seelische Krankheit, sofern sie in unbewußten Konflikten wurzeln, stets mit sozialstrukturellen Merkmalen in Zusammenhang stehen und deshalb aufgrund psychoanalytischer Einsichten durchaus auch gegen sozialstrukturelle Gegebenheiten argumentiert werden kann. Im Kontext der Lern- und Arbeitsstörungen z. B. sind das etwa die Arbeitsbedingungen an unseren Universitäten. Vgl. auch die Bemerkung von Muck, I, in diesem Band.

Atemwege bekannt ist; eine Kellnerin arbeitet mit ihrem von der Last des Berufs zerstörten Fuß weiter, ohne an eine Therapie auch nur zu denken, weil in ihrer Vorstellung der »Berufsfuß« zur Kellnerin gehört wie das Naßwerden zum Baden; jemand hält seine Lern- und Arbeitsschwierigkeiten ausschließlich für das Resultat ungerechtfertigter Überforderung im kapitalistischen Kapitalverwertungsprozeß und verpaßt deshalb berufliche Chancen oder steigt gar in der sozialen Hierarchie ab, weil er den Anteil, den seine psychischen Probleme als *eine* selbständige Größe an der Situation haben, nicht wahrhaben will.
Wir schließen zunächst einmal, daß es offensichtlich unterschiedliche Bezugssysteme für die Bestimmung von Zuständen gibt, die mit dem Begriff »krank« belegt werden (vgl. Siegrist 1974, S. 69 ff.). Bisher wurde wesentlich nur aufmerksam gemacht auf die Diskrepanz zwischen dem Heilangebot und -wissen der modernen Medizin und seiner Inanspruchnahme, also einem professionalisierten Krankheitsverständnis und dem von Laien. In einer medizinsoziologischen Untersuchung über Gesundheitsverhalten (Pflanz u. a. 1967, S. 290) heißt es dazu: »Während der Mediziner allgemein annimmt, daß bestimmte Symptome und Krankheiten den Patienten zum Arzt oder zu anderen medizinischen Institutionen führen, hat die Medizinsoziologie nachgewiesen, daß dies nicht zutrifft. Ehe ein Patient zum Arzt kommt, hat er eine ›Selbstdiagnose‹ gestellt, ob eine bestimmte Empfindung oder ein Ereignis als ›Symptom‹ aufzufassen ist, er hat einige Entscheidungen im Rahmen des Laiensystems getroffen, und erst am Ende einer Vielzahl verschiedener Schritte steht der Gang zum Arzt. Viele Kranke mit schweren Symptomen kommen erst sehr spät oder gar nicht zum Arzt; umgekehrt hat es der Arzt auch außerhalb von Vorsorgeuntersuchungen mit Menschen zu tun, die nur banale oder gar keine Symptome aufweisen.«
Einerseits gibt es also Menschen, die sich nicht als krank betrachten, es unter naturwissenschaftlich-medizinischen Gesichtspunkten jedoch sind; andererseits gibt es Menschen, die sich krank fühlen, denen die moderne Medizin aber nicht helfen kann, weil für solche Gefühlszustände ohne körperlich auszumachendem Krankheitsprozeß in der naturwissen-

schaftlich orientierten Medizin keine Konzepte vorhanden sind. Dieser Gesichtspunkt wird später noch einmal aufgenommen.
Um die Naivität hinsichtlich des Krankheitsbegriffes vollständig zu verunsichern: Es gibt keineswegs nur das moderne medizinische Bezugssystem, auf dessen Basis ein Zustand als »krank« zu bestimmen ist, einerseits und andererseits die Mannigfaltigkeit der persönlichen Vorstellungen über Krankheit und Gesundheit. Vielmehr hat die zeitgenössische Sozialwissenschaft erkannt, daß Unterscheidungen zwischen krank und gesund insbesondere von gesellschaftlich als Norm verankerten Definitionen abhängen. Der Medizinsoziologe Johannes Siegrist schreibt dazu: »In den verschiedenen Kulturen werden klinisch identische Krankheitsbilder je nach Wissens- und Wertsystem ganz unterschiedlich aufgefaßt. Was in der einen Kultur als gefährliche Geisteskrankheit diagnostiziert wird, kann in einer anderen Merkmal einer göttlichen Sendung, eines Auserwähltseins sein. Katatoniker (eine Form der Schizophrenie, K. H.) werden in einigen asiatischen Ländern als Mystiker verehrt, die in keiner Weise als krank angesehen werden. Aus mehreren sog. primitiven Gesellschaften ist die hervorragende gesellschaftliche Stellung von Leuten bekannt, die an paralysis agitans (Parkinsonsche Krankheit, Schüttellähmung, K. H.) und ihren Folgezuständen leiden. Ähnliches kann für somatische Erkrankungen, zum Beispiel bei bestimmten Ausschlägen oder Ausflüssen, gelten. Beispiele dieser Art verdeutlichen, daß die Bewertung eines Zustandes als krank oder gesund vom gesellschaftlichen Interpretationssystem abhängt, von den Standards der jeweils inhaltlich unterschiedlichen Normalität. Eine interkulturell anwendbare Nosologie (Klassifikationssystem für Krankheiten, K. H.) wird erst auf dem Hintergrund erfahrungswissenschaftlich arbeitender Medizin möglich, und auch hier sind die Definitionskriterien, wie am besten am Beispiel der Psychiatrie deutlich wird, teilweise noch außerordentlich variabel und uneinheitlich« (1974, S. 73 f.).

IV

Im Sinne dieser Erkenntnis, daß der Sachverhalt »krank« in enger Anlehnung an gesellschaftliche Normen definiert wird,

hat der amerikanische Soziologe Talcott Parsons (1964) versucht, das in der amerikanischen Gesellschaft gültige Krankheitskonzept zu formulieren, welches, wie wir sehen werden, wahrscheinlich für alle hochindustrialisierten Gesellschaften eine gewisse Bedeutung hat. Er geht unausdrücklich davon aus, daß die Krankheit Einzelner als von der Norm abweichendes Verhalten die gesellschaftliche Ordnung nicht stören darf, und zu dieser Norm gehört, daß jedermann verpflichtet ist, sich seinen Lebensunterhalt mit einer Leistung in der und für die Gesellschaft zu verdienen. Er kommt zu dem Ergebnis, daß »Krankheit« vorliegt, sofern die Gesellschaft jemanden *vorübergehend* von gewissen Aufgaben (im Falle körperlicher Erkrankung) oder überhaupt von der Verantwortung für sein Handeln (bei psychiatrischen Fällen) entbindet mit der Auflage, sich unter Zuhilfenahme der zur Verfügung stehenden medizinischen Einrichtungen so schnell wie irgend möglich wieder in den Zustand der Selbständigkeit und Verantwortung, den der »Gesundheit«, zurückzubegeben. Vom Kranken wird also verlangt, daß er seine Arbeitsfähigkeit, die aufgrund körperlicher oder geistiger Defekte gemindert oder verlorengegangen war, schnell wiederherstellt. Dieser Leistungswille im Sinne der zweckmäßigen Benutzung medizinischer Dienste unterscheidet den Kranken – im Sinne von Parsons – mit allen praktischen Konsequenzen vom Asozialen; letzterer verweigert die Wiederherstellung seiner Arbeitskraft.
Dieser angemessenen Beschreibung der amerikanischen Praxis des Umgangs mit Krankheit als gesellschaftlichem Problem ist jedoch zugleich ein bestimmtes Interesse des Forschers unterlegt. Denn diese Definition von Krankheit als vorübergehendes Suspendieren von spezifischen Aufgaben oder einer gesellschaftlichen Rolle, ist, wie gesagt, primär und ausschließlich orientiert am Funktionieren des gesellschaftlichen Systems, das vom angemessenen Einbringen der Energie, der Arbeits- und Konsumkraft seiner Angehörigen lebt. Wenn diese nicht mehr im Sinne der organisierten gesellschaftlichen Struktur sich verhalten, weil ihre Arbeitskraft aufgrund körperlicher Defekte reduziert ist oder jemand verrückt wird, so daß er Realität und Phantasie nicht mehr auseinanderzuhalten vermag, dann werden Momente der gesellschaftlichen Struktur der Tendenz nach in Frage gestellt, insofern diese

Struktur nicht mehr in den Subjekten angemessen verankert ist. So sind in aller Regel wirtschaftliche Investitionen sowohl auf der Arbeits- als auch auf der Konsumseite abhängig von Voraussagen über das Verhalten der Menschen am Arbeits- und Konsummarkt. Entschieden sich plötzlich viele Leute im arbeitsfähigen Alter, daß sie nicht mehr so viel Arbeitskraft investieren, sondern ihre Zeit für Gespräche und für Spaziergänge verwenden wollen, dann entstünde ein akuter Mangel an Arbeitskraft, und zugleich ginge Kaufkraft verloren, weil sich zunächst die Einkommen verringern müßten. Nach Parsons ist zwar auch noch »krank«, wem es gelingt, seine Grippe zu nehmen und auf dieser Basis einige Tage auszuspannen. Wer sich aber – auf welche Weise immer – dem in unserer Gesellschaft gültigen Leistungsprinzip langfristig, generell zu entziehen versucht, der verstößt gegen die bestehende gesellschaftliche Ordnung und muß deshalb im Sinne der Erhaltung dieser Ordnung anders, d. h. härter, angepackt werden als jemand, der im Prinzip bei der Stange bleibt.
Dieser von einem Soziologen analysierte, in erster Linie am Funktionieren der gegebenen Gesellschaftsordnung orientierte Krankheitsbegriff geht als eine gültige, praktizierte Norm sowohl in die medizinischen und besonders die rechtlichen wie auch in die persönlichen Vorstellungen über Gesundheit und Krankheit als Moment ein. Selbst Freud (1916/17, S. 476) bezieht sich teilweise, aber deutlich auf diese Norm, wenn er denjenigen als relativ gesund bezeichnet, dem ein »genügendes Maß von Genuß- und Leistungsfähigkeit verblieben ist«; auf den anderen Teil seiner Äußerung: die Genußfähigkeit, komme ich noch zurück. Allerdings gehen die medizinischen, die soziologischen und die persönlichen Vorstellungen und das Praktizieren von »Krankheit« nicht ineinander auf. Dieses Problem ist hier nicht weiter zu entfalten. Es interessiert ja insbesondere die psychoanalytische Vorstellung von Krankheit als Teil eines sozialwissenschaftlichen Konzeptes. Das psychoanalytische Konzept, insbesondere dessen gesellschaftliche Bedeutung, läßt sich im Kontrast zu dem Krankheitskonzept Parsons' allerdings besonders gut entfalten. Es ist zu zeigen, daß der von Parsons aus der Praxis der amerikanischen Gesellschaft rekonstruierte Krankheitsbegriff und der auf dem Boden der Psychoanalyse entwickelte insbe-

sondere deshalb nicht ineinander aufgehen, weil ihnen unterschiedliche Erkenntnisinteressen und unterschiedliche Vorstellungen vom Menschen und dessen Rolle im gesellschaftlichen Ganzen zugrunde liegen.[7]

V

Bevor ich auf diesen Zusammenhang eingehe, muß noch ein oft geäußerter Einwand erörtert werden. Wenn wir an dieser Stelle einfachheitshalber einmal davon ausgehen, daß Psychoanalyse als Wissenschaft vom Psychischen und als dementsprechende Therapieform nicht generell in Frage gestellt, sondern nur zu kritisieren ist, so wird doch häufig der Einwand erhoben, sie befasse sich nur mit dem Einzelnen und seiner Psyche; sie habe keine oder nur unangemessene Vorstellungen von Gesellschaft und der Rolle der Menschen als gesellschaftliche Wesen. Das ist in vieler Hinsicht richtig, wenn man sich an die expliziten Äußerungen Freuds und vieler seiner Nachfolger hält. Der Psychologismus der Psychoanalyse, d. h. die Konzeption, wesentliche gesellschaftliche und seelische Bewegungsgesetze in einer (ewig sich gleichbleibenden) Psyche der Menschen begründet zu sehen, verfällt heute der Kritik (Horn 1973b, Lorenzer 1973, Lorenzer u. a. 1971). Man weiß heute, daß Struktur und Dynamik des Seelischen in einem langen, Sozialisation genannten Erziehungsprozeß im Sinne bewußter Zielvorstellungen und sich selber nicht bewußter Praxis des Umgangs mit dem Kind geformt werden. Gerade Psychoanalyse hat zu diesem Wissen über die Geschichtlichkeit der Innerlichkeit des Menschen im Prinzip Entscheidendes beigetragen. Aber, wird man einwenden wollen, hat nicht gerade die lang-

7 Daß Freud, wie wir sehen werden, dem Einzelnen gegenüber der Gesellschaft mehr Recht auf Selbstverwirklichung einräumt als Parsons das tut, ist nicht nur als systematisches, sondern auch als historisches Problem zu sehen. Freud lebte in einer verbürgerlichenden Feudalgesellschaft, in welcher die Menschen gerade erst aus überholten Konventionen auszubrechen im Begriff waren. Parsons hingegen entwickelt sein System als Abbild des »organisierten Kapitalismus« (Hilferding 1927), einer Gesellschaft, in welcher der liberale Gedanke von der Konkurrenz aller Einzelproduzenten abgelöst wurde zugunsten der Konkurrenz der nationalen Wirtschaften am Weltmarkt. Diese historische Differenz kann nicht ohne Einfluß auf die Vorstellung von Menschen bleiben, ob nämlich einer ein konkurrierender Kleinunternehmer oder ein Funktionär in einem großen Konzern sein soll.

währende Debatte über die Bedeutung des Ödipuskomplexes gezeigt, daß Freud selber eine sehr unhistorische Vorstellung von seiner Wissenschaft und ihrem Gegenstand hatte (Reiche 1972)? Hat Freud nicht jenes Konfliktmuster der bürgerlichen Kleinfamilie[8] für universell gehalten und wurde demgegenüber nicht im Rahmen der Psychoanalyse selber nachgewiesen, daß in anderen Kulturen mit dieser ersten Blüte kindlicher Sexualität und den daraus resultierenden Konflikten jeweils anders umgegangen wird (vgl. z. B. Parin u. a. 1971)? Dieser Einwand ist richtig. Freud neigte dazu, gesellschaftliche Gegebenheiten seiner Zeit und so auch eine spezifische Familienform und ihre Konflikte für unhistorische, für ontologische, anthropologische Gegebenheiten zu halten. Die Struktur seiner Theorie der psychischen Leiden ist implizit jedoch anders aufgebaut. Dort zeigt sich sehr wohl, daß jeder seelische Konflikt in einem doppelten Sinn seine *Geschichte* hat: als lebensgeschichtlich entstandener im Rahmen der Herkunftsfamilie; diese wiederum lebt ihr Leben unter ganz spezifischen historischen Bedingungen, welche durch den Filter Familie in die Lebensgeschichte hineinwirken.

Ich möchte die Gelegenheit dieses Exkurses zur Frage, ob die Kategorien der Psychoanalyse einen historischen Gehalt haben oder aber ungeschichtlich konzipiert sind, noch weiter ausdehnen und inhaltlich auf unser Thema zurückwenden, damit die Basis zur Beantwortung dieser Frage breiter wird. Zu diesem Zweck wiederhole ich, zusammengefaßt unter dem Erkenntnisinteresse dieser Arbeit, einige in den vorangehenden Artikeln (vgl. Muck, I, in diesem Band) bereits ausführlicher dargestellte Gedanken.

Im Zentrum des Krankheitsbegriffs der Psychoanalyse steht ein spezifisches Konfliktverständnis, genauer gesagt, eine Vorstellung über das Entstehen, die Dynamik und den Ausgang lebensgeschichtlicher Konflikte. Die klassische Konfliktkonstellation, die auch im allgemeinen Bewußtsein mit dem Begriff Psychoanalyse verbunden wurde, ist die ödipale. Sie wurde von Freud als »der Kernkomplex« aller Neurosen

8 An dieser Familienform hat Freud seine Theorie der Objektbeziehungen und der sich in diesen Objektbeziehungen im Bewußtsein, Vorbewußten und Unbewußten niederschlagenden Repräsentanzen entwickelt. Vgl. dazu Muck, I, in diesem Band.

bezeichnet. Die erste, die kindliche Entwicklung der Sexualität führt, so das Modell, in der Kernfamilie zu einem zum großen Teil unbewußten Konflikt des Sohnes mit dem Vater um die Mutter oder – beim Mädchen – der Tochter mit der Mutter um den Vater. Die Rivalität mit dem jeweiligen gleichgeschlechtlichen Elternteil um den Besitz des gegengeschlechtlichen mündet in aller Regel aus einer Reihe von Gründen (unter anderem aus biologischem Nichtanderskönnen, welches im phantastischen Bewußtsein des Kindes jedoch keine Rolle spielt) in den Verzicht des Kindes, seine Phantasien zu realisieren, und endet normalerweise damit, daß es die moralischen Forderungen des Ehepartners, mit dem es rivalisiert hat, sich zu eigen macht und als eine neue psychische Struktur, als Über-Ich, in sich aufrichtet. Nur ein geringer Teil dieser Struktur wird, Gewissen genannt, bewußt; charakteristisch ist vielmehr, daß diese verinnerlichten Regeln unbewußt und psychodynamisch gut gegen ihr Bewußtwerden abgesichert sind.

In diesem schematisch abgekürzten Modell ist mit dieser Verinnerlichung ein wichtiger Schritt verbunden: Das Kind wird in dem Maße, wie es die elterlichen Gehorsamsforderungen übernimmt, von äußerer sozialer Kontrolle in entscheidender Weise unabhängig, insofern es sich jetzt selber im Sinne der elterlichen Forderungen kontrollieren kann. Die von der Psychoanalyse im Kontext der Entwicklung des ersten, des infantilen Höhepunktes der Sexualität analysierte Konfliktkonstellation, die in die gesellschaftliche Forderung und deren Übernahme durch das Kind mündet, auf den gegengeschlechtlichen Elternteil zu verzichten, steht symbolisch für den Gehorsam gegenüber aller von den Eltern im Namen der gesellschaftlichen Normen geforderten Anpassung. An dieser Verflechtung wird auch sichtbar, daß die infantile Sexualität nur als Psychosexualität begriffen werden kann: die erste rudimentäre und doch höhepunkthafte Entwicklung der Geschlechtsorgane ist der Motor für die Entwicklung der Objektbeziehungen, in denen sich die Innerlichkeit des Subjekts, seine Interaktionsmuster, bilden, Bewußtsein und unbewußt Gewordenes sich gegenseitig in besonderer Weise einzuschränken beginnen.

Ohne weiteres einsichtig ist, daß das Ausmaß der Konflikte

zwischen Wunsch und Verbot variieren kann; es kovariiert die Heftigkeit oder Milde der verinnerlichten Gebote. Wurde der Konflikt von elterlicher Seite mit einer geregelten Flexibilität gegenüber den Entfaltungsbedürfnissen des Kindes ausgetragen, dann wird auch – lassen wir Variationen hier aus dem Auge – das Über-Ich des Kindes ein relativ flexibles Regime ausüben, und relativ viele verinnerlichte Regeln werden dem Bewußtsein und damit Veränderungen zugänglich sein. In hohem Maße autoritative Eltern hingegen werden das Kind in einer Weise seelisch verkrüppeln, daß über die Sexualität hinaus andere Sektoren der kindlichen Initiative beschädigt werden; mit der Inzestschranke werden dann zugleich andere Beschränkungen erworben. Der Psychoanalytiker Karl Landauer (1929) hat in diesem Sinne von der »psychosexuellen Genese der Dummheit« gesprochen: Mit der autoritativen Einschränkung der Sexualneugier wird zugleich jede andere Initiative und Wißbegier des Kindes eingeschränkt.[9]

Ich will jetzt einen wichtigen Aspekt dieses wesentlich auf der infantilen Konfliktgeschichte eines Menschen aufbauenden Krankheitskonzeptes diskutieren, welcher für die Sozialwissenschaften interessant ist. Zunächst ist natürlich ein solches Konzept der primären Sozialisation von genereller Bedeutung für die Sozialwissenschaft. Wir wollen aber eine Besonderheit hervorheben: Im alten Streit um die Bedeutung des Ödipuskomplexes können wir nämlich inmitten der Lebensgeschichte zugleich ein Moment der Gattungsgeschichte finden. Wir werden sehen, daß das ödipale Konfliktmuster Wandlungen unterworfen ist, in denen sich der Fortgang der Menschheitsgeschichte niederschlägt. Man kann zeigen, daß die insbesondere von der Produktionsweise, aber auch von anderen gesell-

9 Es gilt, sich an dieser Stelle vor einem Irrtum zu hüten, der im beginnenden Zerfall der Studentenbewegung, angeregt durch die aus den dreißiger Jahren stammenden Schriften des politisch orientierten Psychoanalytikers Wilhelm Reich, aufkam: Daß sexuelle Befreiung notwendig in politische Emanzipation münden müsse. Der Soziologe Reimut Reiche (1968, insbes. S. 138 f.) hat im Anschluß an Argumente des Gesellschaftstheoretikers und Philosophen Herbert Marcuse zeigen können, daß die zeitgenössische Verwandlung der Sexualität in einen Konsumartikel gerade nicht als Emanzipation zu verstehen ist, sondern eher im Sinne einer gesellschaftlich organisierten Psychohygiene, die selber unters Leistungsprinzip fällt.

schaftlichen Faktoren abhängige und sich mit diesen wandelnde Form der Familie auch andere Konfliktmuster hervorbringt. Diese Veränderungen sind für die gesamte Sozialwissenschaft aufschlußreich (vgl. Claessens/Milhofer 1973).
Wie schlägt sich also das Schicksal der Gattung in den Formen lebensgeschichtlicher Konflikte nieder? Wir können auch fragen: Wie konstituiert eine Gesellschaft die Inzestschranke zwischen den Generationen oder, allgemeiner formuliert: Nach welchen Prinzipien, auf welchem Wege und mit welchem Ziel kultiviert eine Gesellschaft die relativ unstrukturierte »innere« Natur der Menschen?
In dem bereits erwähnten, 1924 veröffentlichten Aufsatz über »Mutterrechtliche Familie und Ödipuskomplex« hat der englische Ethnologe Bronislaw Malinowski, der insbesondere für die Kooperation zwischen vergleichender Ethnologie und Psychologie eintrat, den von der Psychoanalyse formulierten Zusammenhang zwischen Familienleben und psychischer Strukturbildung wegen dessen unhistorischer Fassung kritisiert. Er versuchte, die Dreierkonstellation des Ödipuskomplexes aus soziologischer und ethnologischer Perspektive als eine historische Spezifität einzugrenzen. Er schrieb: »Der alleinige Kernkomplex, den die *Freud*-Schule kennt und als allgemeingültig betrachtet [...], entspricht im wesentlichen unserer indoeuropäischen Familie, die patrilinear ist mit entwickelter patria potestas, gestützt durch das römische Recht und die christliche Moral und gefestigt durch den modernen europäischen Industrialismus der wohlhabenden Bourgeoisie« (Malinowski 1924, S. 211 f.).
Mit ethnologischem Material aus der matrilinear organisierten primitiven Gesellschaft der Trobriander in Neuguinea versuchte er, den psychoanalytischen Mythos vom Beginn der zivilisierten Welt mit der Ermordung des Hordenvaters durch die Brüder, Freuds Retroprojektion der bürgerlichen Fassung des ödipalen Dramas in die Anfänge der Menschheit (Freud 1912), zu widerlegen. Bei den Trobriandern gab es für den Knaben zwei ältere männliche Bezugsfiguren, den leiblichen Vater, der mit der Geburt des Kindes in der Vorstellung dieser Sozietät nichts zu tun hat, und den Bruder der Mutter. Wir wollen diese Einwände gegen die Universalität des Ödipuskomplexes in der Freudschen Form nicht weiter verfolgen; sie

bestehen gewiß zu Recht.[10] Es soll nur darauf hingewiesen werden, daß Freud auch an diesem wichtigen Punkt gegen die systematisierte Blindheit vor der Geschichtlichkeit der eigenen Kultur und der aus ihr abstrahierten Kategorien für aufmerksame Leser die Einschränkung schon mitgeliefert hat, wenn er am Ende seiner Arbeit über den Untergang des Ödipuskomplexes (Freud 1924 c) schrieb: »Ich zweifle nicht daran, daß die [...] beschriebenen zeitlichen und kausalen Beziehungen zwischen Ödipuskomplex, Sexualeinschüchterung (Kastrationsdrohung), Über-Ich-Bildung und Eintritt der Latenzzeit von typischer Art sind; ich will aber nicht behaupten, daß dieser Typus der einzig mögliche ist. Abänderungen in der Zeitfolge und in der Verkettung dieser Vorgänge müssen für die Entwicklung des Individuums sehr bedeutungsvoll werden.«

Dieser Aussage, die für Freuds Theorie keinen systematischen Stellenwert gewonnen hatte, müssen wir diesen Stellenwert zu verschaffen suchen. In diesem Sinne kann, wenn man auf jüngere psychoanalytische klinische Erfahrungen zurückgreift, angeführt werden, daß die »Verkettung dieser Vorgänge« sich offenbar schon geändert hat. Inzwischen haben nämlich die therapeutischen Erfahrungen der Psychoanalytiker gezeigt, daß solche gesellschaftlichen Trends, wie der generelle Zug zur Rationalisierung unseres gesellschaftlichen Lebens, die damit einhergehende Veränderung der Familiensituation und -funktion, insbesondere der Männer- und Frauenrolle, aber auch die partielle Freigabe der Sexualität sehr weittragende Wandlungen der Sozialisationskonflikte herbeizuführen scheinen. Zusammenfassend läßt sich sagen, daß gegenüber den ödipalen entwicklungspsychologisch frühere Konflikte im Durchschnitt an Bedeutung zu gewinnen scheinen (Calogeras/Schupper 1972). Angeregt durch solche klinischen Erfahrungen hat sich in der Psychoanalyse in den letzten Jahren das Thema Narzißmus in den Vordergrund gedrängt (Argelander 1971, Joffe/Sandler 1962, Kohut 1971,

10 Wenn hier einerseits die historische Form des Konfliktes hervorgehoben wird, so ist andererseits zu betonen, daß die erste, die infantile Blüte menschlicher Sexualität auf jeden Fall zum gesellschaftlichen Problem wird und in irgendeiner Form bearbeitet werden muß; aufgrund der »Penetranz des Biologischen«, wie es in der Fachsprache heißt.

Pulver 1972). Die dort vor allem verhandelte Dimension von Allmacht und Ohnmacht, von Größe und Nichtigkeit, von Überheblichkeit und Scham können wir an dieser Stelle nur noch deskriptiv, ohne Beweisführung in Zusammenhang bringen mit dem Ohnmachtsgefühl der Subjekte gegenüber den als gewaltig empfundenen gesellschaftlichen Strukturen und Naturbeherrschungsmitteln (vgl. Horn 1972 a). Angesichts der Macht (oft auch »Sachzwang« genannt), welche die menschlichen Produkte über ihre Schöpfer gewonnen haben, ist offenbar das Selbstwertgefühl der Menschen in Frage gestellt. Solcherart verursachte Unsicherheit macht z. B. Sicherheitsversprechen zu erfolgreichen Wahlslogans der unterschiedlichsten Parteien.

Gerade durch diese von der Psychoanalyse selber konstatierte Wandlung der im Durchschnitt dem Psychoanalytiker vom Patienten angebotenen Konflikte wird der historische Stellenwert jener Form der Sozialisation noch einmal deutlich, in der die Form von Subjektivität erzeugt wurde, welche wir bürgerliches Individuum nennen. Sie war, wie Malinowski richtig hervorhob, an den »Industrialismus der wohlhabenden Bourgeoisie« gebunden, also an die gesellschaftliche Funktion des Unternehmers als (vermeintlich) nach freien Stücken handelnden, autonomen Menschen. Die allenthalben von den Sozialwissenschaften beobachtete Veränderung des Menschentyps der hochindustrialisierten Gesellschaft kapitalistischer Struktur – von David Riesman (u. a. 1958) als Übergang vom innengeleiteten zum außengeleiteten Typ beschrieben – wird in ihrer Weise auch von der Psychoanalyse konstatiert. Sie geht allerdings vermittels ihrer analytischen Kategorien über die phänomenologische Beschreibung dessen, was die Menschen heute aus sich gemacht haben, hinaus und entdeckt Gesetzmäßigkeiten der inneren Struktur und Dynamik (vgl. auch Mitscherlich 1963).

Wenn man also Freud nicht im Sinne seines Selbstverständnisses, sondern gegen den Strich interpretiert[11]; wenn man sich

11 Zu diesem Selbstverständnis Freuds gehört insbesondere seine Auffassung von der *Psychoanalyse als Naturwissenschaft:* In der Praxis geht der Psychoanalytiker allerdings deutend, Biographie interpretierend, d. h. hermeneutisch vor (Lorenzer 1973), ja die Psychoanalyse ist in der noch andauernden Methodendiskussion in den Sozialwissenschaften zum Paradigma der Überwindung

nicht an die Oberfläche seiner Äußerungen hält, sondern seine systematisierten Erfahrungen im Umgang mit seelischen Konflikten zum Sprechen bringt, sich diese Erfahrungen kritisch aneignet, dann wird gerade in dem, was auf den ersten Blick als gesellschaftsblinde Psychologie erscheint, Gesellschaftliches in Form der veränderten familiären Konfliktkonstellationen und ihrer psychischen Niederschläge sichtbar, von denen soeben die Rede war. Der klassische psychoanalytische Prozeß ist bis heute die einzige Form empirischer Forschung, welche den historischen Wandlungen der Formen der Innerlichkeit auf die Spur kommt. Man kann allgemein davon ausgehen, daß epochale wissenschaftliche Leistungen gerade darin bestehen, mehr und teils auch weiterführende Probleme zu fassen, als sie ihrem Selbstverständnis gemäß gelöst haben. Siegfried Bernfeld, einer der phantasiereichsten Psychoanalytiker der zweiten Generation, hob die Notwendigkeit, die gesellschaftliche Dimension des Psychischen zu bestimmen, besonders hervor. Er wandte sich bereits 1929 (S. 198 f.) gegen eine oberflächliche Kritik der Psychoanalyse und forderte die intellektuelle Anstrengung, das gesellschaftliche Moment der Psychoanalyse gerade auf ihrem ureigensten Gebiet zu entdecken. Er schrieb: »Die Psychoanalyse hat sich noch nicht gründlich genug mit den sozialen Bedingungen all jener seelischen Vorgänge befaßt, die sie entdeckte und ausführlich studierte. Wenngleich keine Rede davon sein kann, daß sie sie etwa völlig übersehen hätte. Im Gegenteil hat Freud sich sehr deutlich über diese Frage geäußert. Ja, die Setzung eines allgemeinen Rahmens für die sozialpsychologischen Beziehungen gehört zu den Grundkonzeptionen der Psychoanalyse. Ist doch alles seelische Geschehen für Freud das Schicksal, das die Triebe in einer bestimmten Realität finden; die Triebe selbst mitsamt ihren

der alten Unterscheidung zwischen Gesetzes- und historischen Wissenschaften geworden (Apel 1968, Habermas 1968, Lorenzer 1973). Weiter gehört dazu der *Psychologismus* Freuds, die Vorstellung, Soziologie sei lediglich angewandte Psychologie, also die Interpretation der Welt vom einzelnen Menschen her. Dagegen weiß man von der dem zur Welt kommenden Menschen faktisch vorgeordneten Gewalt gesellschaftlicher Strukturen als spezifische Familienform im Rahmen einer bestimmten Gesellschaftsform, daß diese ihren eigenen Bewegungsgesetzen folgen, welche die Form des Psychischen hervorbringen und nicht umgekehrt (Horn 1973 b).

Eigenschaften und Zielen sind der Niederschlag historischen Geschehens, und wo nicht die Realität, sondern innere Faktoren für das Triebschicksal entscheidend sind, da ist das Über-Ich wirksam, das selbst nur die Verinnerlichung eines bedeutsamen Stücks der Realität ist. Wer sich deutlich macht, daß ›Realität‹ für den Menschen beinahe ganz durch die Gesellschaft gegeben ist – die ›Natur‹ spielt hier eine geringe Rolle –, muß zugeben, daß Freud den sozialen Faktor gewiß nicht zu gering geschätzt hat.« In diesem Sinne ist der vorliegende Versuch zu verstehen, sich der gesellschaftlichen Bedeutung des psychoanalytischen Krankheitsbegriffs zu versichern, den ich nach dem Exkurs über den historischen Gehalt psychoanalytischer Denkmodelle fortsetze.

VI

Wir finden bei Freud die bekannte Formulierung »Wo Es war, soll Ich werden« (1932, S. 86), aus der wir sehr allgemein entnehmen können, womit Freud Krankheit und Gesundung in Zusammenhang brachte. Gesundung war für ihn Aufklärung, Aufklärung über lebensgeschichtlich entstandene, unbewußt gewordene Probleme (vgl. Klüwer, in diesem Band). Krankheit im Sinne psychischer oder psychosomatischer Krankheit verstand er als einen Zustand der Selbstverborgenheit; die frühkindliche Vergangenheit, vor allem ihre problematisch gewordenen Konflikte bestimmen das Verhalten des Erwachsenen und schränken seine Freiheit ein. Diese Determination gilt es aufzuheben. Eine andere Maxime Freuds, die bereits genannt wurde, gibt wichtige Aspekte des Ziels seines lebensgeschichtlichen Aufklärungsverfahrens an: Die psychoanalytische Behandlung soll jemand in den Zustand versetzen, genuß- und leistungsfähig zu sein. Einerseits finden wir darin einen deutlichen Anklang an die Forderung, die der Soziologe Talcott Parsons aus den geltenden Normen der amerikanischen Gesellschaft abgeleitet hat, soweit sie die Dimension krank–gesund betreffen: Jemand soll arbeitsfähig sein, d. h. sein Leben selbständig erhalten, seine Lebensnot in eigener Regie bewältigen – und mit seiner Arbeit im Rahmen der bestehenden Verhältnisse die gesellschaftliche Struktur stützen und erhalten. Der Begriff der Genußfähigkeit geht allerdings über diese Dimension und damit über die Interpretation

von gesund und krank bei Parsons hinaus. Nachdem das alte, auf unzureichender Information beruhende Vorurteil gegen die Psychoanalyse, sie hypersexualisiere den Menschen, immer wieder einmal lebendig wird (vgl. z. B. Eibl-Eibesfeld 1970), ist das Grund genug, darauf zu bestehen, daß Genußfähigkeit im psychoanalytischen Sinn nicht allein die Koitus- und Orgasmusfähigkeit meint, sondern ebenso – wenngleich in engster Beziehung dazu – die Möglichkeit, emotionale Beziehungen zu Menschen und zu Objekten zu entwikkeln sowie diese Bindungen aufrechtzuerhalten und zu entfalten. Solche Beziehungen und Bindungen, in denen das Interesse des Einzelnen zur Geltung kommen kann, gehen entschieden über die Dimension der lebensnotwendigen Arbeit hinaus. Zwar kann sich dieses Interesse nur auf der Basis dieser Arbeit entfalten und wird deshalb von dorther mitbestimmt (das ist die Bestimmung des Bewußtseins durchs Sein, welche Marx kritisierte); aber kraft seiner Sprachfähigkeit kann der Mensch sich von seiner Lebenspraxis, welche ihm die von ihm selber geschaffenen gesellschaftlichen Verhältnisse vermitteln, begrifflich distanzieren; und er kann sie dann auch praktisch verändern. Diese Dimension: das Entfalten der Interessen im Sinne der Realisierung von »Freiheit«, ist in der Freudschen Formulierung »genußfähig« enthalten.
An dieser Stelle gehen die Erkenntnisinteressen des amerikanischen Soziologen Parsons und des Wiener Psychoanalytikers Freud deutlich auseinander. Während der konservative Soziologe primär an der Arbeitsfähigkeit der Menschen (d. h. an der Erhaltung des bestehenden gesellschaftlichen Systems) interessiert ist, führt der konservative Psychoanalytiker (vgl. Schülein 1972) mit der Genußfähigkeit ein Moment ins Feld, das nicht ohne weiteres, d. h. nicht reibungslos, in der existierenden gesellschaftlichen Struktur aufgeht. Ohne daß ich an dieser Stelle so differenziert wie geboten darauf eingehen kann, läßt sich allgemein feststellen: Während beim Tier die Triebkräfte (als Energiequelle der Sozialbeziehungen zu Objekten außerhalb der eigenen Art) durch biologische Regelmechanismen gesteuert werden, in welche Umwelt- bzw. Lerneinflüsse nur in unerheblichem Maß hineinspielen; während das Tier sich von seiner individuellen und kollektiven Lebenspraxis mangels Sprache nicht distanzieren kann,

hat die Evolution dem Menschen die Sprache verliehen. Sie ist Voraussetzung dafür, daß er sich von sich distanzieren kann: Seine Antriebskräfte sind nicht blinden, biologisch gesteuerten Ritualen unterworfen, sondern werden durch Erziehung geformt. Die Psychoanalyse spricht vom »Triebschicksal«; und das ist, worauf Siegfried Bernfeld hingewiesen hatte, immer ein gesellschaftliches (Horn 1974b). Von seiner biologischen Ausrüstung her ist der Mensch allein hilflos, deshalb auf Gesellschaft (zunächst die seiner Mutter) angewiesen. Die biologische Hilflosigkeit hat eine lange Kindheit zur Folge; diese eröffnet so dem Einfluß der Erziehung große Entwicklungsmöglichkeiten.

Das stammesgeschichtliche Erbe in Gestalt der Triebkräfte bestimmt Freud im Gegensatz zu Parsons als ein materiales Moment, das nicht in den Formen der gesellschaftlichen Bearbeitung, d. h. nicht ohne weiteres in der ihm zuteil werdenden Sozialisation aufgehen muß. Und das in zweierlei Weise: Erstens fließen die Triebquellen (zum Alter hin abnehmend) ständig: Menschliche Energie wird immer wieder neu produziert, so daß das Verhältnis zu den Normen des gesellschaftlichen Lebens ein lebenslänglich aktuelles Problem bleibt. Zweitens hat die Psychoanalyse gezeigt, daß die frühen Formen der Sozialisation (bis zum 4. oder 5. Lebensjahr) das spätere Verhalten entscheidend mitbestimmen. Große oder geringe aus frühkindlicher Erziehung stammende Flexibilität wird also entscheidend mit darüber bestimmen, in welcher Form jene ständig fließende Energie zur Geltung kommen kann. Das bedeutet: Eine in welcher Form auch immer defizitäre Kindheit verdirbt potentiell das gesamte Leben. Je geringer die früh erworbene Flexibilität ist, desto weniger wird es möglich sein, daß jemand auf die eigene Situation reflektiert, seine Schwierigkeiten mit den gesellschaftlichen Normen überprüft und nach der einen und/oder der anderen Seite hin bewußte, gezielte, entweder politische und/oder persönliche praktische Veränderungen realisiert. Die moderne Vorstellung vom Straftäter gehört in diesen Zusammenhang. Andererseits ist eine quasi universelle Flexibilität, die selber eines substantiellen Kerns ermangelt und in nichts anderem als Anpassungswilligkeit besteht, ebenso problematisch. Diese Persönlichkeitsstruktur wird unter entsprechendem Druck bereit sein, jeden Wert zu mißachten, jede Norm (z. B. die der Rechtsstaatlichkeit) zu brechen, wenn die gesellschaftliche Entwicklung dahin treibt.[12] Wir sehen, daß die auf psychoanalytischer Basis argumentierende Theorie, sofern sie sich als sozialwissenschaftliche versteht (Lorenzer u. a. 1971), ein fließendes Gleichgewicht anstrebt, in welchem die aus menschlicher Arbeit hervorgegangene gesellschaftliche Struktur keinen ewig wirksamen, keinen ontologischen Vorsprung vor derjenigen menschlichen Energie hat, welche in der betreffenden gesellschaftlichen Struktur ständig erneuert wird.

Dieses – durchaus revolutionäre – von Freud gegenüber dem von Parsons aus der Realität der amerikanischen Gesellschaft abgelesene *zusätzliche* Moment der Unterscheidung von krank und gesund: *der Mensch geht in den Regeln gesellschaftlichen Lebens nicht auf*, und deshalb soll er diese Regeln verändern können, wird anhand zweier Freud-Texte noch näher erläutert. Freud schrieb 1924 zwei kurze Arbeiten (1924 a, b), in welchen er zwei unterschiedliche Arten des Bruches zwischen Psyche und Gesellschaft, dem psychischen und dem gesellschaftlichen System hervorhob: die neurotische und die psychotische Form der Selbstverborgenheit. Im Fall der Neurose – so Freud – werden zunächst Triebwünsche zugunsten der gesellschaftlichen Gebote unterdrückt; wir erinnern, daß der Ödipuskomplex normalerweise in dieser Weise gelöst wird. In einem zweiten Schritt versuchen die Neurotiker dann, diejenigen Momente der Realität, welche ihre Triebwünsche ständig wieder anregen und wecken, zu meiden. Der von sehr starken infantilen Sexualverboten Betroffene wird also versuchen, dementsprechende Verlockungen zu umgehen, und unter Umständen sogar strenge Regeln erfinden, um sich nicht ständig Versuchungen ausgesetzt zu sehen. Wir können an dieser Stelle davon absehen, daß gerade die strenge Abwehr des Umgangs mit Sexuellem unbewußt die Funktion der Erfüllung ebendieser Bedürfnisse übernehmen kann: Jene sind die unerbittlichsten Verfolger sogenannter Pornographie, die, um das, was sie als Pornographie verstehen, verurteilen

12 Wie man mit Hilfe psychoanalytischer Kategorien zeigen kann, daß persönliche Selbstverborgenheit in Prozesse kollektiver Irrationalität mündet, ist noch zu erörtern.

zu können, sich ständig und eingehend damit beschäftigen müssen.
Kehren wir zurück zum Verhältnis des psychischen und des gesellschaftlichen Systems – nun zum Fall der Psychose. Umgekehrt wie beim Neurotiker, welcher sich den Moralgeboten zuungunsten heftiger Wünsche beugt (um danach die gefährliche Realität möglichst zu vermeiden), wird in der Psychose als erstes angemessener Kontakt zur Realität unter dem Druck der Wünsche abgebrochen. In einem zweiten Schritt wird dann eine wahnhafte Ersatzwelt geschaffen, anhand welcher sich der Psychotiker (pseudo-)orientiert. Man kennt dieses Krankheitsbild insbesondere aus paranoiden Psychosen: Die aggressiven Bedürfnisse der Betreffenden (die nicht etwa als unmittelbare Wirkung eines Aggressionstriebes zu verstehen sind, vgl. Horn 1970, 1972 b, c, 1973, 1974) sind so stark, daß sie zugunsten der bewußten Aufrechterhaltung dieser Bedürfnisse die Beziehung zur Realität zunächst auslöschen. Insbesondere unter dem Druck dieser Bedürfnisse wird die Realität dann in neuer Weise wahrgenommen, rekonstruiert: die anderen erscheinen als aggressiv und gestatten bzw. erzwingen das je eigene aggressive Verhalten im Sinne einer Notwehr. Diese Reaktionsweise war eine der psychodynamischen Grundlagen des politisierten Antisemitismus in Deutschland (Horn 1974 b). Während also – laut Freud – in der Neurose die innere Realität unter dem Druck der äußeren entstellt wird, insofern Wünsche aus dem Bewußtsein verbannt, d. h. »verdrängt« werden, wird in der Psychose unter dem Druck heftiger Wünsche zunächst die Realität des psychischen Systems über alles gestellt und dann der Versuch unternommen, die gesellschaftliche Realität im Sinne dieser Phantasie im Geiste zu konstruieren und dementsprechend einzurichten.
Nimmt man das neurotische und das psychotische Moment für sich, so haben beide durchaus Krankheitswert. Auf je spezifische Weise sind die angemessenen Informationsflüsse und entsprechenden Bildungs- bzw. Veränderungsprozesse zwischen psychischem und gesellschaftlichem System unterbrochen. Während der Neurotiker – vereinfacht gesprochen – seine Wünsche ganz den normativen Forderungen opfert, möchte der Psychotiker die normativen Forderungen (und

darin enthaltenen Interessen anderer) ganz seinen ungehemmten Wünschen opfern – sofern er die Interessen anderer überhaupt wahrnehmen kann.

In einer verblüffenden Wendung dieser Sicht des Verhältnisses von Subjekt und Gesellschaft zeigt Freud (1924 b, S. 365 f.), daß Gesundheit aus beiden Momenten sich zusammensetzt: »›Normal‹ oder ›gesund‹ heißen wir ein Verhalten, welches bestimmte Züge beider Reaktionen vereinigt, die Realität so wenig verleugnet wie die Neurose, sich aber dann wie die Psychose um ihre Abänderung bemüht. Dies zweckmäßige, normale Verhalten führt natürlich zu einer äußeren Arbeitsleistung an der Außenwelt und begnügt sich nicht wie bei der Psychose mit der Herstellung innerer Veränderungen [...].« Um Irrtümern entgegenzuwirken, etwa dem, daß in einer irrationalen Gesellschaft Menschen notwendig krank werden müßten und der aus dieser Krankheit resultierende Protest sinnvolle Grundlage einer Bewegung gegen diese Gesellschaft und Grundlage einer neuen werden könne,[13] sei dem Freud-Zitat eine Textstelle aus dem Psychosenbuch von Paul Federn (1933, S. 216) zur Seite gestellt, an der deutlich wird, daß Voraussetzung von Gesundheit ein Ich ist, welches innere und äußere Realität, die es begrifflich und praktisch in Beziehung bringen muß, zunächst ganz klar zu unterscheiden vermag: »Das korrekte und automatische Erkennen dieser Bruchstelle zwischen dem subjektiven seelischen individuellen Erleben der Welt und dem Wissen vom Stande der Welt so wie sie tatsächlich vorhanden ist, ist die Grundlage geistiger Gesundheit. Geistige Gesundheit bedeutet, daß man sich mit der Welt und mit sich selbst mit der Fähigkeit, deutlich zwischen beiden zu unterscheiden, befaßt.«

Ich gehe davon aus, daß man Freud richtig interpretiert, wenn man festhält: Für ihn gehört zur Normalität, daß jemand einerseits imstande sein muß, die Realität in seinem Kopf angemessen zu reproduzieren, wie andererseits seine Innenwelt, seine Wünsche als Realität zu akzeptieren und in die Lebenswelt praktisch einzubringen. Ohne diesen wichtigen

13 So und in ähnlicher Weise wurde von Leuten, die sich als fortschrittlich verstanden, z. B. in der Auseinandersetzung um den politischen Stellenwert des Sozialistischen Patientenkollektivs in Heidelberg gelegentlich argumentiert.

Punkt weiter zu entfalten,[13a] kann ich wohl davon ausgehen, daß die entscheidende Differenz der Freudschen Vorstellung von Krankheit und Gesundheit zu der des Soziologen Parsons deutlich geworden ist. Der ordnungsstrategische Ansatz von Parsons geht nicht nur aus von der Notwendigkeit der Erhaltung der bestehenden sozialen Ordnung, welche gegen Formen abweichenden Verhaltens angemessen geschützt werden soll, indem man einige Formen als »krank« bezeichnet und unter bestimmten Bedingungen vorübergehende Normabweichungen gestattet. Dieser Ansatz hat, jedenfalls in seiner Parsonsschen Form, Schwierigkeiten, abweichendes Verhalten, d. h. Probleme, in welche das psychische System (aus der Dynamik des sozialen Systems heraus) mit dem sozialen System gerät, zu erklären. Freud hingegen, der dem psychischen System, d. h. den Menschen, von vornherein zugesteht, daß sie ihre Wünsche gegen die Gesellschaftsstruktur zur Geltung bringen können sollen, vermag vermittels seines Ansatzes auch zu zeigen, wie die Härte der Normen selber (rationalen und irrationalen) Protest dagegen hervorbringt. Seine Arbeit über die Sexualmoral (1908) und seine religionskritischen Schriften demonstrieren, daß Protest und infantil bleibende Abhängigkeit für ihn Spannungen waren, die zwar insgesamt zwischen psychischen Systemen (den Menschen) und dem gesellschaftlichen System bestehen, sich aber besonders in der Psyche der Einzelnen als dem schwächeren Teil symptomatisch niederschlagen. Man könnte sagen, daß Freud das Galtungsche Konzept der »strukturellen Gewalt« (1972) in einer ganz spezifischen Weise, und zwar für das Verhältnis von gesellschaftlicher zu psychischer Struktur, bereits vorweggenommen hat: Sein Ansatz, die Psychoanalyse, erlaubt es,

13a Freud hat dieses Argument nicht nur auf der Ebene des Klinischen, sondern auch in seiner Kulturtheorie vertreten. Wenngleich sich dort widersprüchliche Äußerungen finden – so sieht er im *Unbehagen in der Kultur* (1930) denjenigen, der seine Ansprüche gegen die Gesellschaft durchsetzen will, gleich als »Wahnsinnigen« (S. 439 f.) –, ist doch insgesamt der Gedanke vertreten, daß die Verklärung der gesellschaftlichen Triebverzichtforderungen (insbesondere in Gestalt der Religion) »durch die Ergebnisse der rationellen Geistesarbeit zu ersetzen« (1927, S. 368) sei. Die gegen die Norm der Monogamie gerichteten sexuellen Wünsche der Männer haben ihm besonders am Herzen gelegen (1908).

psychische Probleme als Konsequenz gesellschaftlicher Herrschaftsformen zu interpretieren.

VII

Der Zusammenhang zwischen Sozialstruktur und psychischer Struktur wird von der Psychoanalyse in zweierlei Weise ins Auge gefaßt: Zunächst im Sinne frühkindlicher Sozialisation und dann als die gesellschaftliche Verwertung dieser in der Kindheit gebildeten Grundmuster des Verhaltens im Erwachsenenalter. Psychoanalyse untersucht den Prozeßcharakter psychischer Störungen also unter einem Doppelaspekt: dem der infantilen Genese spezifischer Interaktionsweisen (insbesondere dem Aspekt der Anteile des unbewußt Gewordenen daran) sowie der Aktualisierung dieser Interaktionsweisen unter den gesellschaftlichen und persönlichen Bedingungen des Erwachsenenlebens. An dieser Stelle wird nochmals deutlich, daß der psychoanalytische Ansatz erlaubt, das Entstehen einer psychodynamischen Erkrankung in seinen verschiedenen Momenten zu verfolgen. Daraus ergibt sich die Möglichkeit (nicht nur zu therapieren, um den psychischen Niederschlag des Konflikts zu beeinflussen, sondern auch), bei gehäuft auftretenden Problemen wie Arbeitsstörungen oder Massenneurosen deren sozialstrukturellen Bedingungen auf die Spur zu kommen, gegen sie zu argumentieren und sie praktisch zu beseitigen.
Der eine zentrale Argumentationsstrang ist der der klassischen Psychoanalyse, der heute im Sinne ihrer sozialwissenschaftlichen Wendung (Lorenzer u. a. 1971) neu gefaßt wird (Lorenzer 1972) und allgemein so formuliert werden kann: Die Geschichte der frühkindlichen Beziehungen zu den ersten Kontaktpersonen formt Grundstrukturen der Erfahrungs- und Verhaltensmuster, die den Erwachsenen zeitlebens besonders insofern begleiten, als er sich – falls sie durch unbewußt gewordene Konflikte stark bestimmt werden – kein Bild von ihnen machen, sich nicht von ihnen distanzieren kann. Aus der Perspektive einer konsequent sozialwissenschaftlich zu entwickelnden psychoanalytischen Sozialisationstheorie geht es um das Problem, nach welchen gesellschaftlichen Prinzipien menschliche Natur (welche in der Psychoanalyse in erster Linie als die aus dem Körperlichen stammenden »Arbeitsan-

forderungen« der Triebe an die Psyche begriffen werden) bearbeitet wird und mit welchem Ergebnis in Gestalt psychischer Struktur und Dynamik. Insofern Gesellschaft zunächst auf dem Weg über die Eltern, insbesondere die Mutter, auf das Kind einwirkt, kann in diesem »Dialog« (Spitz 1963, 1964, 1965), in dieser »Einigungssituation«, wie Lorenzer (1973) das Problem in ganz neuem theoretischen Kontext nennt[13b], einer der Umschlagspunkte von gesellschaftlicher in psychische Struktur gesehen werden. »Dialog«, »Einigungssituation« heißt ganz allgemein: Wie die Bedürfnisse des Kindes und der Mutter sich aufeinander einspielen; welche Modi des Verstehens und des Mißverstehens sich einschleifen. Ich erinnere an ein bereits benutztes Modell: Für ein von seiner Natur mit starken Hungergefühlen ausgestattetes Kind wird es von zentraler Bedeutung sein, in welcher Weise die derart begründete Abhängigkeit von der Mutter bearbeitet wird. Wenn die Dimension Abhängigkeit : Unabhängigkeit ein lebenslanges Problem bleibt, kann das zur wichtigen psychodynamischen Ursache eines nicht organisch verursachten Magengeschwürs werden.

Weil die Mutter als erste Vermittlerin zwischen Säugling und Gesellschaft immer auch eine persönliche Note dieser Vermittlung ins Spiel bringt (und nicht unmittelbar gesellschaftliche Normen durchsetzt), ist dieser »Dialog«, ist die »Einigungssituation« sehr komplex. Als Besonderheit des psychoanalytischen Ansatzes muß angesehen werden, daß er die Dynamik des biologischen Substrats des Menschen mit in die Diskussion einbringt, ohne dieses Substrat biologistisch zu verkürzen (Horn 1974 b, Lorenzer 1973). In einer sozialwissenschaftlich verstandenen Psychoanalyse geht es nicht um die Entfaltung irgendwelcher den Trieben innewohnender Prinzipien, sondern um das gesellschaftliche »Schicksal«, die gesellschaftliche Formung einer biologisch relativ offenen, d. h. nicht stammesgeschichtlich an Objekte und Modi der Spannungsreduktion gebundenen, sondern in der Sozialisation geformten Energie. Gerade das besonders hungrige Kind

13b Isoliert gesehen kann der Begriff »Einigungssituation« leicht einen ideologischen Eindruck machen. Jedoch zeigen die Ausführungen Lorenzers insgesamt, daß Einigung ja gerade das Problem ist. Im Grunde wäre also von einem Begriff der Nicht-Einigung auszugehen.

muß essen, weil es eine höhere Magensekretion hat als andere Kinder. Aber welche Gefühlsnuancen sich auf dieser oralen Stufe seiner Libidoentwicklung, insbesondere unbewußt, entfalten, macht das spezifisch Menschliche, darüber hinaus die Individualität eines Menschen aus.

Mit anderen Worten: Psychoanalytische Sozialisationstheorie hebt das materielle Substrat, das Körperliche menschlicher Natur als eine Größe hervor, die gesellschaftlich (in der Sozialisation) bearbeitet wird und doch in diesen Formen ihrer Bearbeitung nicht aufgeht. Denn erstens stellen die ständig fließenden Triebquellen einmal gewonnene Gleichgewichte zwischen Wunsch und Norm, zwischen Wollen und Sollen ständig wieder in Frage, wie auch gesellschaftlicher Fortschritt als die weltaneignende Praxis der Gattung Mensch ständig neue Anpassungsforderungen stellt. Zweitens wissen wir aus allen Formen »abweichenden« (d. h. nicht in den Normen aufgehenden) Verhaltens, also auch aus den Erfahrungen mit »Krankheit«, daß menschliche Natur in ihrer »Weltoffenheit« nicht nur nicht auf eine gesellschaftliche Norm zu reduzieren ist, sondern sich solchen normativen Anforderungen auf verschiedenste Weise widersetzen kann, die wir irrational nennen, weil solche Protestformen nicht die wirkliche Ursache des Unbehagens erreichen. Bilder des Bösen – wie der Jude im politisierten deutschen Antisemitismus in und nach der Weltwirtschaftskrise – dienen lediglich dazu, das menschliche Erklärungsbedürfnis auf unangemessene Weise zu befriedigen und eine falsche (im Sinne der Freudschen Äußerung über Gesundheit als neurotisches und zugleich psychotisches Verhalten einseitig quasi psychotische) Praxis zu begründen (Horn 1974 a). Der rationale Protest hingegen wäre realitätsgerechte »Arbeit an der Außenwelt«. Was ich aus der Sicht einer sozialwissenschaftlich verstandenen Psychoanalyse als »irrationalen« Protest bezeichne, sind zunächst Formen von »Krankheit«, welche in diesem Band an verschiedenen Fallskizzen demonstriert wurden: Lebensgeschichtlich entstandene Selbstverborgenheit, die der Aufklärung bedürfte. Nicht alle, aber einige Formen individueller Erkrankungen (vor allem paranoide und in der Selbstwertdimension liegende Probleme) lassen sich aus der Sphäre des Persönlichen herausheben und politisch organisieren:

Wenn sich jemand findet, der (wie Hitler) aus massenhaftem psychischen Elend (welches aufgrund spezifischer Erziehung und des traumatisierenden Drucks der aktuellen geschichtlichen Lage auf die Menschen vorhanden ist) eine Volksbewegung macht, deren Ziele als politische begriffen werden, dann gerät (wie im Falle des politisierten Antisemitismus) die persönliche Problematik (u. a. Haß auf den Vater), welche die Dynamik einer solchen Bewegung bildet, aus dem Bereich des Individuell-Heilbaren. Es wird kollektiv »agiert«.[14] Die Gegenaufklärung triumphiert dann in der Politik.
Das biologische Substrat der Menschen wird von einer sozialwissenschaftlich verstandenen Psychoanalyse (Lorenzer u. a. 1971, Lorenzer 1973) also nie außerhalb seiner *Bearbeitungsformen* (z. B. als biologisch begründet verstandene »Begabung« o. ä.) gefaßt.[15] Vielmehr wird es stets als das Resultat der gesellschaftlichen Bearbeitung jenes Substrats begriffen, über das sich außerhalb seiner bereits bearbeiteten, menschlichen Gestalt sozialwissenschaftlich nichts aussagen läßt (Horn 1974 a). Auch gesellschaftlich als »krank« definierte und vom Betreffenden ebenfalls so empfundene Formen dieser Bearbeitung: ein Magengeschwür, das keine organischen Ursachen

14 Der Begriff des Agierens (»Handeln statt Erinnern«) wird in der Arbeit von Muck, II, in diesem Band, erläutert.

15 Diese Position einer aufgeklärten Sozialwissenschaft teilt z. B. der konservative Soziologe Arnold Gehlen mit Karl Marx. Für Gehlen (1958, S. 113) ist es eine Tatsache, daß der Mensch von Natur aus Kulturwesen ist, »daß wir alles Natürliche am Menschen nur in der Imprägnierung durch ganz bestimmte kulturelle Färbungen erfahren können. Dies ist ein weitgehend zugestandener, aber selten ausgewerteter Satz. Wenn die Kultur dem Menschen natürlich ist, so bekommen wir auch umgekehrt seine Natur nie als solche, sondern nur in der Durchdringung mit je ganz bestimmten kulturellen Zusammenhängen zu Gesicht.« Karl Marx hatte diesen Sachverhalt im 1. Band des *Kapital* (1957, S. 185) so formuliert: »Die Arbeit ist zunächst ein Prozeß zwischen Mensch und Natur, ein Prozeß, worin der Mensch seinen Stoffwechsel mit der Natur durch seine eigene Tat vermittelt, regelt und kontrolliert. Er tritt dem Naturstoff selbst als eine Naturmacht gegenüber. Die seiner Leiblichkeit angehörigen Naturkräfte, Arme und Beine, Kopf und Hand, setzt er in Bewegung, um sich den Naturstoff in einer für sein eigenes Leben brauchbaren Form anzueignen. Indem er durch diese Bewegung auf die Natur außer ihm wirkt, und sie verändert, verändert er zugleich seine eigene Natur. Er entwickelt die in ihr schlummernden Potenzen und unterwirft das Spiel ihrer Kräfte seiner eigenen Botmäßigkeit.« Der Schluß des Zitats erinnert übrigens an Freuds Formulierung »Wo Es war, soll Ich werden« und verweist auf teilweise analoge Vorstellungen über Aufklärung und Fortschritt bei beiden Autoren.

hat; eine hysterische Lähmung; Kontaktunfähigkeit; Waschzwang; querulatorische Neigungen oder Kleptomanie sind im Sinne dieses Krankheitsverständnisses als *»gemacht«* zu verstehen. Sie gehen auf Formen gesellschaftlicher Bearbeitung »eigner Natur« (Marx) zurück, die zu Verhaltensweisen führten, welche aufgrund gesellschaftlicher Interessen als eine spezielle Art abweichenden Verhaltens, als »krank« bezeichnet werden. In diesem Sinne ist das psychoanalytische Krankheitskonzept also sozialwissenschaftlich: Indem es davon ausgeht, daß psychische (und psychosomatische) Krankheit Resultate gescheiterter menschlicher Beziehungen sind, enthält diese Sicht von »Krankheit« den Interaktionspartner, die Beziehungsform zum »Sozius« von vornherein und damit auch gesellschaftliche Normen und Strukturen, welche die persönlichen Momente des betreffenden Verhältnisses bzw. der Verhältnisse prägen.

VIII

Wenden wir uns nun dem anderen Argumentationsstrang zu, der im Rahmen der Psychoanalyse weit weniger gut ausgearbeitet ist: der gesellschaftlichen Verwertung der in der Kindheit erworbenen psychischen Strukturen und Interaktionsmuster. Wir hatten das Thema soeben schon gestreift, als ich auf die Möglichkeit aufmerksam machte, daß bestimmte lebensgeschichtliche Formen der Selbstverborgenheit sich gesellschaftlich organisieren lassen, statt daß sie biographisch aufgeklärt würden. Es handelt sich um eine wichtige Ergänzung zum Gesichtspunkt der frühkindlichen Sozialisation.
Wie wir anhand der modellhaften Darstellung der psychoanalytischen Therapie in diesem Band (vgl. Muck, II, in diesem Band, sowie Schröter, in diesem Band) sahen, setzt der Analytiker am Hier und Jetzt der jeweils sich ergebenden Szene an, wenn er zusammen mit dem Patienten den spezifischen Formen des Scheiterns der Beziehungen in der frühen Kindheit auf die Spur zu kommen sucht. Nach langen Analysen ist die Lösung eines Falles gewöhnlich ein einfacher umgangssprachlicher Satz wie: Immer wenn er erwartete, daß seine Mutter ihn in einer schwierigen Lage verstehen müßte, enttäuschte sie ihn, weil es ihr an Einfühlungsvermögen fehlte. Diese Erfahrung des Kindes und sein Versuch, mit dieser

unbewußt gewordenen, verdrängten (endlos oft wiederholten) Erfahrung fertig zu werden, reproduziert sich im Verhalten des Erwachsenen in vielfältiger Weise. Erst nach langer Analyse, auf dem Weg über viele aktuelle und Übertragungs-Szenen, welche allesamt Modifikationen jener zentralen Erfahrung sind, die nicht überwunden werden kann, schält sich jener einfache Satz heraus, der ein spezifisches Verhältnis, einen bestimmten verdrängten Sinngehalt, formuliert, der aus der infantilen Situation stammt und die Breite der Möglichkeiten des Erwachsenenverhaltens, in welchem sich jene infantile Erfahrung reproduziert, einschränkt. Je nach dem gesellschaftlichen Rahmen, in welchem der Erwachsene lebt, wird er seine unbewußte Problematik in die sich ihm anbietenden Formen bringen. Jemand, der den Haß auf den Vater verdrängt hat und ihn als Haß auf eine Minderheit (z. B. Juden) erlebt, wird, wenn er in ein Land einwandert, in welchem es andere verfolgte Minoritäten gibt, seine Vorurteile *inhaltlich* umstrukturieren; es bleibt sein Bedürfnis, Aspekte seines Verhaltens im Sinne von Vorurteilen zu regulieren. Viele Faktoren bestimmen, ob ein persönliches Vorurteil in größerem Rahmen, politisch, relevant wird. Unmittelbare politische und sozialwissenschaftliche Relevanz gewinnt das Heraustreten der »Vorurteilskrankheit« (Mitscherlich 1961, 1962 a, b, 1965) aus dem Bereich des Privaten und Pseudoöffentlichen des Biertisches erst nach ihrer politischen Organisation: Ein anerzogenes Bedürfnis, sich vorurteilsvoll im Sinne eines Schwarz-Weiß-Denkens zu verhalten, dessen Psychodynamik gegenüber den Inhalten gleichgültig ist, wird im Sinne einer Welterklärung mit öffentlicher Anerkennung auf eine neue Stufe der Existenz gehoben. Nicht mehr als solche unmittelbar erkennbare Krankheit wird zur Norm einer organisierten Gruppe und damit zur öffentlich bedeutsamen, womöglich vermittels gesellschaftlicher Macht abgesicherten Größe. Es ist ohne weiteres einsichtig, daß ein privater paranoider Wahn (jemand fühlt sich ohne objektiven Grund von einem geheimnisvollen internationalen Verbrecherring verfolgt, dessen Machenschaften er nun überall zu entdecken glaubt und gegen die er sich zur Wehr setzt) und ein zur Norm erhobener paranoider Massenwahn wie der zur Zeit des Dritten Reiches politisierte Antisemitismus jeweils ganz anderen Bewegungsgesetzen folgen und auch ganz anders »behandelt« werden müssen. Entscheidend ist, daß im letzteren Fall nicht nur die lebensgeschichtliche Aufklärung verhindert, sondern die lebensgeschichtlich-individuelle Selbstverborgenheit auf die Ebene einer kollektiven Selbstverborgenheit gehoben und damit nicht nur gegen Aufklärung besser abgesichert ist, sondern auch Macht gewinnt, die Realität im Sinne der wahnhaften Interpretation einzurichten. Für eine kritische Politische Psychologie ist es also wichtig, argumentativ aus dem Bereich des Psychischen herauszutreten und die Bedingungen zu studieren, unter welchen das Psychische so und nicht anders zustande kommt.[16]

Diese kurze Skizze zeigt, daß die gesellschaftlichen Formen der Verwertung eines spezifischen, in früher Kindheit angelegten psychischen Potentials von ebenso großer Bedeutung sind wie das Zustandekommen der kindlichen Erfahrungs- und Handlungsstruktur selber. Für den skizzierten Zusammenhang zwischen autoritativer Erziehung und irrationalem politischem Verhalten kann ich mich auf zwei berühmte Bücher der sozialwissenschaftlichen Literatur berufen (Horkheimer 1936, Adorno u. a. 1950), die allerdings auch Kritik erfahren haben (z. B. Kirscht/Dillehay 1967). Trotzdem ist diese Problematik: die Beziehung der früh erworbenen psychischen Strukturmuster zum Verhalten des Erwachsenen, insgesamt noch relativ schlecht erforscht. Wir wissen zwar aus Extremsituationen, z. B. der KZ- und Traumaforschung (Bettelheim 1960, Lorenzer 1966, 1970 c), daß eine Extremform der gesellschaftlichen Verwertung der in der frühen Sozialisation erworbenen psychischen Struktur deren generelle, irreversible Zerstörung sein kann: Ein Sohn, der gezwungen wird, seinen Vater im Löschteich des KZ zu ertränken, wurde dabei wahnsinnig. Aus dieser Zeit wissen wir auch, daß (früh erworbene) relativ wenig flexible Strukturen in Extremsituationen ihren Überlebenswert verlieren, den sie im bürgerlichen Leben durchaus hatten; es mangelte an entsprechender

16 Die in diesem Zusammenhang wichtige Frage, wie auf den beiden Ebenen, der lebensgeschichtlichen und der gesellschaftlichen, normal und krank bzw. anomal auseinanderzuhalten seien, kann hier nicht diskutiert werden. Deutlich ist allerdings geworden, daß dieser Unterschied kein absoluter, naturwissenschaftlich feststellbarer, sondern ein historischer, gesellschaftlich vermittelter ist.

Anpassungsfähigkeit. Andere, noch weitaus rigidere psychische Strukturen erwiesen sich hingegen im Terror des KZ-Systems als besonders resistent, weil – im Falle der Zeugen Jehovas – ein hervorragender Grad an Starrheit in Kombination mit einer spezifischen Heilsgewißheit stärker war als das Terrorsystem des Konzentrationslagers. Natürlich spielen bei jeder »normalen« neurotischen Erkrankung die Innenwelt der Phantasie und die Realität zusammen; das wird anhand des von Klüwer (in diesem Band) geschilderten Falles deutlich; ein Verkehrsunfall belebte das infantile Trauma wieder. Aber wie im Einzelfall oder wie im Fall von Massenneurosen Psychisches und Gesellschaftliches zusammenwirken, läßt sich nicht schematisch ableiten. Insgesamt gibt es mehr offene als gelöste Probleme auf diesem Gebiet.

IX

Wir können nun die Bilanz ziehen. Die sozialwissenschaftliche Bedeutung des psychoanalytischen Krankheitsbegriffes liegt darin: Psychoanalyse begreift Krankheit in spezifischer Weise als Hervorgebrachtes, als von Menschen Gemachtes. Am Produktionsprozeß der Krankheit ist zwar auf den ersten Blick (im Freudschen Selbstverständnis) nur die Kleinfamilie, sind auf den zweiten kritischen Blick aber auch die gesellschaftlichen Bedingungen, unter denen die betreffende Kleinfamilie lebt, beteiligt. Damit steht der lebensgeschichtliche Konflikt, der nicht bewältigt werden konnte, zugleich im Spannungsfeld gesellschaftlicher Konflikte – wenn wir uns auch die Vermittlungsmechanismen zwischen den verschiedenen Ebenen nicht einfach vorstellen dürfen. Aber indem Psychoanalyse in ihren Krankheitsbegriff das soziale Feld mit einbezieht, erweitert sich auch der Raum für die ärztliche Intervention. Hier liegt die praktische Bedeutung des psychoanalytischen Krankheitsbegriffs. Die Verhältnisse (zu den Eltern), an welchen Menschen erkranken konnten, werden in der psychoanalytischen Therapie rekonstruiert (vgl. Muck, II, in diesem Band; Schröter, in diesem Band) und ins Bewußtsein integriert; auf diese Weise wird die Vergangenheitsbestimmung der jeweiligen Gegenwart entscheidend reduziert.
Das eingangs skizzierte, an naturwissenschaftlichen Vorstellungen orientierte Krankheitsverständnis erweist sich im

Lichte dieser Erörterungen als ein beschränktes, obgleich es als partielles natürlich seine Gültigkeit behält. Das in der Psychoanalyse verankerte Krankheitsverständnis der psychosomatischen Medizin (vgl. de Boor/Mitscherlich 1973, Brede 1973, Mitscherlich 1966, 1967 a, b), auf das hier nicht weiter eingegangen wurde, geht in der bereits beschrittenen Richtung über das Seelische hinaus ins Körperliche; es gestattet, die zunehmende Zahl derjenigen organischen Erkrankungen zu erklären und angemessen zu behandeln, bei denen keine organische Ursache nachweisbar ist und für welche Verlegenheitsausdrücke wie »funktionelle Störung« und dergleichen geprägt wurden. Dazu gehören viele Kranke mit Magengeschwür, mancher Kranke mit Bluthochdruck und manche körperliche Erkrankung eines Kindes, die Resultat eines schwelenden Familienkonfliktes ist. Derart erfährt die Vorstellung über die Entstehung auch organisch sich manifestierender Krankheiten eine entscheidende Erweiterung. Damit erweitert sich notwendig das Feld ärztlichen Handelns, welches sich nicht mehr auf Organreparatur beschränken kann, sondern – gemessen am Entstehungskonzept der Krankheit – auch die Beziehung Arzt–Patient gezielt mit in den Heilungsprozeß einbeziehen muß (Balint 1964, Mitscherlich u. a. 1967, Rose/Buggle 1972). So wandelt sich für die Medizin das isolierte organpathologische Krankheitsverständnis mittels psychoanalytischer Gedankengänge zum sozialwissenschaftlichen. Krankheit ist aus dieser Perspektive (in vielen Fällen) kein bloßes Naturereignis mehr, nicht Zufall und nicht willensunabhängig, sondern durch lebensgeschichtliche und historische Sinnzusammenhänge konstituiert, denen nachgegangen werden muß:

1. *Psychoanalyse* ermöglicht, das Machen, das Hervorbringen von Krankheit zu verfolgen, insofern es über die *lebensgeschichtlich* verfehlte Aneignung des Körpers, die lebensgeschichtliche Entstehung psychischer Struktur und Dynamik sowie deren Realisation in menschlichen Beziehungen läuft. Sie ist das biographische Pendant zur modernen

2. *Epidemiologie* (Mitscherlich u. a. 1967, S. 365 ff.), die versucht, gesellschaftliche Größen, Momente der *Geschichte des Kollektivs* der Menschen – Klassen- und Schichtzugehörigkeit, Berufstätigkeit, Ernährungsweise und viele andere – als

Determinanten von Krankheit zu begreifen. Bisher hat die Epidemiologie freilich vorwiegend nur statistische Zusammenhänge aufzeigen, auffällige Häufigkeiten feststellen können, ohne schon immer zugleich Kausalzusammenhänge formulieren und kollektive Deutungsmuster anbieten zu können.

Es bedarf dieser doppelten Perspektive eines sozialwissenschaftlichen Krankheitskonzeptes, weil kollektive und individuelle Lebenspraxis (zwar einerseits nicht voneinander zu trennen sind, andererseits) sich (jedoch) so weit voneinander verselbständigen, daß es möglich wird, dem, was wir als Krankheit verstehen, auf beiden Ebenen mit je eigenen Strategien entgegenzutreten. Im Zuge zunehmender Vergesellschaftung wird wohl eine dementsprechende Strategie gegen das blind Gemachte auf der Ebene der Geschichte des Kollektivs zunehmend wichtiger (vor allem prophylaktisch). Denn indem ständig mehr Lebensbezüge in staatliche Regie genommen werden, verdichtet sich das Netz des Organisierten, des »Gemachten«, in welchem die Einzelnen sich bewegen. Trotzdem gewinnt die lebensgeschichtliche Dimension gegenüber diesen gesellschaftlichen Gesetzmäßigkeiten, die sie bestimmen, auch Momente der Selbständigkeit. Im Rahmen der biographischen Struktur dieser Selbständigkeit kann Psychoanalyse spezifische, unbewußte Momente der Fremdbestimmtheit entdecken. Dafür ist die psychoanalytische Kur als Erkenntnismittel (vgl. Klüwer, in diesem Band) unersetzlich. Sie zeigt, was unter den gegebenen gesellschaftlichen Bedingungen sich als »Innerlichkeit« der Menschen bildet.

Adorno, Th. W., Else Frenkel-Brunswik, Daniel J. Levinson, R. Nevitt Sanford in collaboration with Betty Aron, Maria Hertz Levinson and William Mossow (1950), *The Authoritarian Personality. Studies in Prejudice*, edited by Max Horkheimer and Samuel H. Flowerman, New York.

Apel, K. O. (1968), *Szientistik, Hermeneutik, Ideologie-Kritik*. In: *Hermeneutik und Ideologiekritik*, Frankfurt/M. 1971.

Argelander, H. (1971), *Ein Versuch zur Neuformulierung des primären Narzißmus*. In: *PSYCHE* 25, 358-373.

Baier, H. (1965), *Die Wirklichkeit der Industriegesellschaft als Krankheitsfaktor*. In: A. Mitscherlich u. a. (Hrsg.), *Der Kranke in der modernen Gesellschaft*. Köln–Berlin 1967, 37-50.

Balint, M. (1964), *Der Arzt, sein Patient und die Krankheit*, Stuttgart 1965.

Bateson, G., Don D. Jackson, R. D. Laing, Th. Lidz, L. C. Wynne u. a. (1969), *Schizophrenie und Familie*. Frankfurt/M.

Bernfeld, S. (1925), *Sisiphos oder die Grenzen der Erziehung*. Frankfurt/M. 1967.

– (1929), *Der soziale Ort und seine Bedeutung für Neurose, Verwahrlosung und Pädagogik*. In: ders., *Antiautoritäre Erziehung und Psychoanalyse*, 3 Bde., hrsg. v. Lutz v. Werder und Reinhart Wolff, Darmstadt 1969/70, Bd. 1, 198-211.

Bettelheim, B. (1960), *Aufstand gegen die Masse. Die Chance des Individuums in der modernen Gesellschaft*. München 1964.

de Boor, C. (1965), *Zur Psychosomatik der Allergie, insbesondere des Asthma bronchiale*. Stuttgart.

– und A. Mitscherlich (1973), *Verstehende Psychosomatik: Ein Stiefkind der Medizin*. In: *PSYCHE* 27, 1-20.

Brede, K. (1972), *Sozioanalyse psychosomatischer Störungen. Zum Verhältnis von Soziologie und Psychosomatischer Medizin*. In: *Sozialwissenschaftliche Paperbacks*. Sonderserie: *Psychoanalyse als Sozialwissenschaft*, Bd. 1, hrsg. v. K. Horn und A. Lorenzer. Frankfurt/M.

Calogeras, R. C. and Fabian X. Schupper (1972), *Verschiebung der Abwehrformen und einige ihrer Konsequenzen für die analytische Arbeit*. In: K. Horn (Hrsg.), *Gruppendynamik und der ›subjektive Faktor‹. Repressive Entsublimierung oder politisierende Praxis*. Frankfurt/M. 1973², 312-348.

Claessens, D. u. Petra Milhoffer, Hrsg. (1973), *Familiensoziologie*. Ein Reader als Einführung. Frankfurt/M.

Döhner, O., Hrsg. (1973), *Arzt und Patient in der Industriegesellschaft*. Frankfurt/M.

Dörner, K. (1973), *Der psychisch Kranke in der Industriegesellschaft.* In: Döhner, Otto, Hrsg., *Arzt und Patient in der Industriegesellschaft.* Frankfurt/M.

Eibl-Eibesfeld, I. (1970), *Liebe und Haß. Zur Naturgeschichte elementarer Verhaltensweisen.* München 1971[4].

Federn, Paul (1953), *Ich-Psychologie und die Psychosen.* Mit einer Einleitung von Edoardo Weiss und einem Nachwort von Heinrich Meng. Bern–Stuttgart 1956.

Freeman, Th., J. L. Cameron & A. M. McGhee (1958), *Studien zur chronischen Schizophrenie.* Frankfurt/M. 1969.

Freud, S. (1908), *Die »kulturelle« Sexualmoral und die moderne Nervosität.* In: *GW*, 18 Bde., London–Frankfurt/M. ab 1940, Bd. VII, 141 ff.

– (1912), *Totem und Tabu.* In: *GW*, Bd. IX, London–Frankfurt/M. ab 1940.

– (1916/17), *Vorlesungen zur Einführung in die Psychoanalyse.* In: *GW*, Bd. XI, London–Frankfurt/M. ab 1940.

– (1924 a), *Neurose und Psychose.* In: *GW*, Bd. XIII, 385-391.

– (1924 b), *Der Realitätsverlust bei Neurose und Psychose.* In: *GW*, Bd. XIII, 361-368.

– (1924 c), *Der Untergang des Ödipuskomplex.* In: *GW*, Bd. XIII, 393-402.

– (1927), *Die Zukunft einer Illusion.* In: *GW*, Bd. XIV, 321-380.

– (1930), *Das Unbehagen in der Kultur.* In: *GW*, Bd. XIV, 419-506.

– (1932), *Neue Folge der Vorlesungen zur Einführung in die Psychoanalyse.* In: ders., *GW*, Bd. XV, London–Frankfurt/M. ab 1940.

Fuller, W., Hrsg. (1971), *Biologie und Gesellschaft.* Aus dem Englischen von Norbert Wölfl und Hans Heinz Werner, München 1973.

Galtung, J. (1969), *Gewalt, Frieden, Friedensforschung.* In: Dieter Senghaas (Hrsg.), *Kritische Friedensforschung,* Frankfurt/M. 1971, 55-104.

Gehlen, A. (1958), *Über Kultur, Natur und Natürlichkeit.* In: G. Funke (Hrsg.), *Konkrete Vernunft. Festschrift für Erich Rothacker,* Bonn, 113-123.

Goldschmidt, O. (1973), *Die funktionelle Sterilität der Frau.* In: *PSYCHE* 27, 69-86.

Habermas, J. (1968), *Erkenntnis und Interesse.* Frankfurt/M.

Hilferding, R. (1909), *Das Finanzkapital.* Eingeleitet von Eduard März, 2 Bde., Frankfurt/M. 1968, 1973[2].

Horkheimer, M., Hrsg. (1936), *Studien über Autorität und Familie.* Forschungsberichte aus dem Institut für Sozialforschung. Paris.

Horn, K. (1970), *Menschliche Aggressivität und internationale Politik.* In: Dieter Senghaas (Hrsg), *Friedensforschung und Gesellschaftskritik,* München, 133-178.

– Hrsg. (1972 a), *Gruppendynamik und der ›subjektive Faktor‹. Repressive Entsublimierung oder politisierende Praxis.* Frankfurt/M. 1973².
– (1972 b), *Gibt es einen Aggressionstrieb?* Vortrag auf dem internen Kongreß der Deutschen Gesellschaft für Psychotherapie und Tiefenpsychologie, Hamburg, 15. April 1972, für den Druck überarbeitet in *PSYCHE* 26, 799-817.
– (1972 c), *Aggressives Verhalten als theoretisches Problem einer sozialwissenschaftlichen Psychologie und ein pragmatischer Vorschlag.* In: *Hessische Blätter für Volksbildung* 22, 17-29.
– (1973 a), *Gesellschaftliche Funktion von Gewalt. Vorschläge zu ihrer politpsychologischen Untersuchung.* In: *Leviathan* 1/1973, 310-341.
– (1973 b), *Bemerkungen zur politischen Konsequenz des Psychologismus psychologischer Denkmodelle und Vorschläge zu dessen Überwindung. Der Beitrag der Psychoanalyse zu einer Theorie des Konflikts.* In: Chr. Wulf (Hrsg.), *Kritische Friedenserziehung,* Frankfurt/M. 244-261.
– (1974 a), *Zur politischen Psychologie des Faschismus in Deutschland.* In: R. Kühnl (Hrsg.), *Faschismustheorien,* in Druck.
– (1974 b), *Die humanwissenschaftliche Relevanz der Ethologie im Lichte einer sozialwissenschaftlich verstandenen Psychoanalyse.* In: G. Roth (Hrsg.), *Kritik der Verhaltensforschung. Konrad Lorenz und seine Schule,* München, S. 190-221.
Jaspers, K. (1959), *Allgemeine Psychopathologie.* Siebente unveränderte Auflage. Berlin-Göttingen-Heidelberg, 651 ff.
Joffe, W. G. und J. Sandler (1967), *Über einige begriffliche Probleme im Zusammenhang mit dem Studium narzißtischer Störungen.* In: *PSYCHE* 21, 152-165.
Kirscht, J. P. and Ronald C. Dillehay (1967), *Dimensions of Authoritarianism. A Review of Research and Theory,* Lexington 1967.
Kohut, H. (1971), *Narzißmus. Eine Theorie der psychoanalytischen Behandlung narzißtischer Persönlichkeitsstörungen.* In: *Literatur der Psychoanalyse,* hrsg. von A. Mitscherlich, Frankfurt/M. 1973.
– (1973), *Überlegungen zum Narzißmus und zur narzißtischen Wut.* In: *PSYCHE* 27, Juni-Heft.
Landauer, K. (1929), *Zur psychosexuellen Genese der Dummheit.* In: *Almanach der Psychoanalyse,* Wien 1930, 157-183, nachgedruckt in *PSYCHE* 24, 1970, 463-484.
Lorenzer, A. (1966), *Zum Begriff der traumatischen Neurose.* In: *PSYCHE* 20, 481-492.
– (1970 a), *Sprachzerstörung und Rekonstruktion. Vorarbeiten zu einer Metatheorie der Psychoanalyse.* In: *Literatur der Psychoanalyse,* hrsg. von A. Mitscherlich, Frankfurt/M.

– (1970 b), *Kritik des psychoanalytischen Symbolbegriffs*, Ffm./M.
– (1970 c), *Grenzen und Möglichkeiten der psychoanalytischen Traumalehre*. Antrittsvorlesung an der Philosophischen Fakultät der Johann-Wolfgang-Goethe-Universität, Frankfurt/M. In: ders., *Perspektiven einer kritischen Theorie des Subjekts*. Aufsätze, Vorlesungen und Vorträge. Frankfurt/M., 44-49.
– (1972), *Zur Begründung einer materialistischen Sozialisationstheorie*, Frankfurt/M.
– (1973), *Über den Gegenstand der Psychoanalyse oder: Sprache und Interaktion*, Frankfurt/M.
– , H. Dahmer, K. Horn, K. Brede, E. Schwanenberg (1971), *Psychoanalyse als Sozialwissenschaft*, Frankfurt/M. 1971.[1,2]
Lüders, W. (1967), *Lern- und Leistungsstörungen. Ein Beitrag zur Psychoanalyse der Arbeitsstörungen*. In: *PSYCHE* 21, 915-938.
Malinowski, B. (1924), *Mutterrechtliche Familie und Ödipuskomplex*. In: ders., *Eine wissenschaftliche Theorie der Kultur und andere Aufsätze*. Zürich 1949, 209-263.
Mitscherlich, A. (1961), *Revision der Vorurteile als Bildungsziel*. In: *Grundfragen zur Volkshochschularbeit*. Deutscher Volkshochschultag 22.-25. Nov. 1961 in Frankfurt/M. Hrsg. vom Deutschen Volkshochschul-Verband, Bonn 1961.
– (1962 a), *Die Vorurteilskraft*. Einleitung zum Thema. In: *PSYCHE* 26, 241-245.
– (1962 b), *Revision der Vorurteile*. In: *Der Monat*, Nr. 165, 14. Jg., Juni 1962, 7-21.
– (1963), *Auf dem Wege zur vaterlosen Gesellschaft*. Ideen zur Sozialpsychologie, München.
– (1965), *Vorurteile – mächtige Gegner der Bildung*. In: Sonnenberg. *Briefe zur Völkerverständigung* Nr. 32, Januar 1965, 1-9.
– (1966), *Krankheit als Konflikt. Studien zur psychosomatischen Medizin* 1, Frankfurt/M.
– (1967 a), *Krankheit als Konflikt. Studien zur psychosomatischen Medizin* 2, Frankfurt/M.
– (1967 b), *Zur Psychosomatik des Ulcus ventriculi et duodeni – Schritte der Forschung*. In: Mitscherlich u. a. (Hrsg.), *Der Kranke in der modernen Gesellschaft*, Köln-Berlin, 417-427.
– , T. Brocher, O. v. Mering und K. Horn, Hrsg. (1967), *Der Kranke in der modernen Gesellschaft*, Köln-Berlin.
Moser, T. (1974), *Selbstheilung im Obdachlosen-Getto. Über Horst E. Richter: »Lernziel Solidarität«*. In: *DER SPIEGEL*, 28, 1974, Nr. 11, 148-151.
Parin, P., F. Morgenthaler und G. Parin-Matthèy (1971), *Fürchte deinen Nächsten wie dich selbst. Psychoanalyse und Gesellschaft am Modell der Agni in Westafrika*, Frankfurt/M.

Parsons, T. (1964), *Definition von Gesundheit und Krankheit im Lichte der Wertbegriffe und der sozialen Struktur Amerikas.* In: A. Mitscherlich u. a. (Hrsg.), *Der Kranke in der modernen Gesellschaft,* Köln-Berlin 1967, 57-87.
Pflanz, M. (1962), *Sozialer Wandel und Krankheit. Ergebnisse und Probleme der medizinischen Soziologie,* Stuttgart, 151 ff.
– , M. Pinding, A. K.-W. Armbrüster und M. Török (1967), *Medizinsoziologische Untersuchung über Gesundheitsverhalten.* In: A. Mitscherlich u. a. (Hrsg.), *Der Kranke in der modernen Gesellschaft,* Köln-Berlin, 290-303.
Pulver, S. E. (1972), *Narzißmus: Begriff und metapsychologische Konzeption.* In: *PSYCHE* 26, 34-57.
Reiche, R. (1968), *Sexualität und Klassenkampf. Zur Abwehr repressiver Entsublimierung.* Frankfurt/M.
– (1972), *Ist der Ödipuskomplex universell?* In: *Kursbuch* 29. *Das Elend mit der Psyche.* II Psychoanalyse, Berlin, S. 159-178.
Richter, H. E. (1970), *Patient Familie. Entstehung, Struktur und Therapie von Konflikten in Ehe und Familie,* Reinbek bei Hamburg.
Riesman, D., R. Denney und N. Glazer (1958), *Die einsame Masse. Eine Untersuchung der Wandlungen des amerikanischen Charakters.* Mit der Einführung in die deutsche Ausgabe von H. Schelsky, Reinbek bei Hamburg.
Rose, H. K. und H. Buggle, Hrsg. (1972), *Interaktion, Krankheit und Heilung als zwischenmenschliches Geschehen.* Ein Symposion in Konstanz/Bodensee vom 4.-6. Mai 1972. Grenzach.
Schneider, K. (1959), *Klinische Psychotherapie.* Fünfte, neu bearbeitete Auflage der Beiträge zur Psychiatrie, Stuttgart.
Schülein, J. (1972), *Sigmund Freuds Theorie des Sozialen.* Dissertation Gießen, Fachbereich Gesellschaftswissenschaften.
Siegrist, J. (1974), *Lehrbuch der medizinischen Soziologie.* München-Berlin-Wien.
Spitz, R. (1963), *Das Leben und der Dialog.* In: *PSYCHE* 26, 1972, 249-264.
– (1964), *Der Dialog entgleist. Reizüberlastung, Aktionszyklen und Ganzheitseffekt.* In: *PSYCHE* 28, 1974, 135-156.
– (1965), *Die Evolution des Dialogs.* In: *PSYCHE* 27, 1973, 697-717.
Winnicott, D. W. (1969), *Kind, Familie und Umwelt,* München-Basel.
Thomä, H. (1961), *Anorexia Nervosa. Geschichte, Klinik und Theorien der Pubertätsmagersucht,* Bern-Stuttgart.
Virchow, R. (1849), *Mitteilungen über die in Oberschlesien herrschende Typhus-Epidemie.* In: ders., *Die Not im Spessart – Mitteilungen über die in Oberschlesien herrschende Typhus-Epidemie,* Darmstadt 1968, 57-236.

319 John Millington Synge, Die Aran-Inseln
320 Bernard Shaw, Der Aufstand gegen die Ehe
321 Henry James, Die Tortur
322 Edward Bond, Lear
323 Ludwig Hohl, Vom Erreichbaren und vom Unerreichbaren
324 Alexander Solschenizyn, Matrjonas Hof
325 Jerzy Andrzejewski, Appellation
326 Pio Baroja, Shanti Andía, der Ruhelose
327 Samuel Beckett, Mercier und Camier
328 Mircea Eliade, Auf der Mântuleasa-Straße
329 Hermann Hesse, Kurgast
330 Peter Szondi, Celan-Studien
331 Hans Erich Nossack, Spätestens im November
332 Weniamin Alexandrowitsch Kawerin, Das Ende einer Bande
333 Gershom Scholem, Judaica 3
334 Ricarda Huch, Michael Bakunin und die Anarchie
335 Bertolt Brecht, Svendborger Gedichte
336 Francis Ponge, Im Namen der Dinge
337 Bernard Shaw, Wagner-Brevier
338 James Joyce, Stephen der Held
339 Zbigniew Herbert, Im Vaterland der Mythen
341 Nathalie Sarraute, Tropismen
342 Hermann Hesse, Stufen
343 Rainer Maria Rilke, Malte Laurids Brigge
344 Hermann Hesse, Glück
345 Peter Huchel, Gedichte
346 Adolf Portman, Vom Lebendigen
347 Ingeborg Bachmann, Gier
348 Knut Hamsun, Mysterien
349 Boris Pasternak, Schwarzer Pokal
350 James Joyce, Ein Porträt des Künstlers
351 Franz Kafka, Die Verwandlung
352 Hans-Georg Gadamer, Wer bin Ich und wer bist Du
353 Hermann Hesse, Eigensinn
354 Wladimir W. Majakowskij, Ich
356 Werner Kraft, Spiegelung der Jugend
357 Edouard Roditi, Dialoge über Kunst
359 Bernard Shaw, Der Kaiser von Amerika
360 Bohumil Hrabal, Moritaten und Legenden
361 Ödön von Horváth, Glaube Liebe Hoffnung

362 Jean Piaget, Weisheit und Illusionen der Philosophie
363 Richard Hughes, Ein Sturmwind auf Jamaika
365 Wolfgang Hildesheimer, Tynset
366 Stanislaw Lem, Robotermärchen
367 Hans Mayer, Goethe
368 Günter Eich, Gedichte
369 Hermann Hesse, Iris
370 Paul Valéry, Eupalinos
371 Paul Ludwig Landsberg, Die Erfahrung des Todes
372 Rainer Maria Rilke, Der Brief des jungen Arbeiters
373 Albert Camus, Ziel eines Lebens
375 Marieluise Fleißer, Ein Pfund Orangen
376 Thomas Bernhard, Die Jagdgesellschaft
377 Bruno Schulz, Die Zimtläden
378 Roland Barthes, Die Lust am Text
379 Joachim Ritter, Subjektivität
380 Sylvia Plath, Ariel
381 Stephan Hermlin, Der Leutnant Yorck von Wartenburg
382 Erhart Kästner, Zeltbuch von Tumilat
383 Yasunari Kawabata, Träume im Kristall
384 Zbigniew Herbert, Inschrift
385 Hermann Broch, Hofmannsthal und seine Zeit
386 Joseph Conrad, Jugend
388 Ernst Bloch, Erbschaft dieser Zeit
389 Thomas Mann, Leiden und Größe der Meister
390 Viktor Šklovskij, Sentimentale Reise
391 Max Horkheimer, Die gesellschaftliche Funktion der Philosophie
392 Heinrich Mann, Die kleine Stadt
393 Wolfgang Koeppen, Tauben im Gras
394 Cesare Pavese, Das Handwerk des Lebens
395 Theodor W. Adorno, Noten zur Literatur IV
397 Ferruccio Busoni, Entwurf einer neuen Ästhetik der Tonkunst
398 Ernst Bloch, Zur Philosophie der Musik
399 Oscar Wilde, Die romantische Renaissance
400 Marcel Proust, Tage des Lesens
402 Paul Nizan, Das Leben des Antoine B.
403 Hermann Heimpel, Die halbe Violine
404 Octavio Paz, Das Labyrinth der Einsamkeit
405 Stanislaw Lem, Das Hohe Schloß
406 André Breton, Nadja
407 Walter Benjamin, Denkbilder
415 Thomas Bernhard, Die Macht der Gewohnheit

591 Herbert Marcuse, Konterrevolution und Revolte
592 Autonomie der Kunst
593 Probleme der internationalen Beziehungen. Herausgegeben von Ekkehart Krippendorff
594 Materialien zum Leben und Schreiben der Marieluise Fleißer
595/596 Ernest Mandel, Marxistische Wirtschaftstheorie
597 Rüdiger Bubner, Dialektik und Wissenschaft
598 Technologie und Kapital. Herausgegeben von Richard Vahrenkamp
599 Karl Otto Hondrich, Theorie der Herrschaft
600 Wislawa Szymborska, Salz
601 Norbert Weber, Über die Ungleichheit der Bildungschancen in der BRD
602 Armando Córdova, Heterogenität
603 Bertolt Brecht, Der Tui-Roman
604 Bertolt Brecht, Schweyk (im zweiten Weltkrieg). Editiert und kommentiert von Herbert Knust
606 Henner Hess / Achim Mechler, Ghetto ohne Mauern
607 Wolfgang F. Haug, Bestimmte Negation
608 Hartmut Neuendorff, Der Begriff d. Interesses
610 Tankred Dorst, Eiszeit
611 Materialien zu Horváths »Kasimir und Karoline«. Herausgegeben von Traugott Krischke
612 Stanislaw Ossowski, Die Besonderheiten der Sozialwissenschaften
613 Marguerite Sechehaye, Tagebuch einer Schizophrenen
614 Walter Euchner, Egoismus und Gemeinwohl
617 Probleme einer materialistischen Staatstheorie. Herausgegeben von Joachim Hirsch
618 Jacques Hochmann, Thesen zu einer Gemeindepsychiatrie
619 Manfred Riedel, System und Geschichte
620 Peter Szondi, Über eine freie Universität
621 Gaston Salvatore, Büchners Tod
622 Gert Ueding, Glanzvolles Elend
623 Jürgen Habermas, Legitimationsprobleme im Spätkapitalismus
624 Heinz Schlaffer, Der Bürger als Held
625 Claudia von Braunmühl, Kalter Krieg und friedliche Koexistenz
626 Ulrich K. Preuß, Legalität und Pluralismus
627 Marina Neumann-Schönwetter, Psychosexuelle Entwicklung und Schizophrenie
628 Lutz Winckler, Kulturwarenproduktion
629 Karin Struck, Klassenliebe
630 Alfred Sohn-Rethel, Ökonomie und Klassenstruktur des deutschen

Faschismus
631 Bassam Tibi, Militär und Sozialismus in der Dritten Welt
632 Aspekte der Marxschen Theorie I
633 Aspekte der Marxschen Theorie II
635 Manfred Jendryschik, Frost und Feuer, ein Protokoll und andere Erzählungen
636 Paul A. Baran, Paul M. Sweezy, Monopolkapital. Ein Essay über die amerikanische Wirtschafts- und Gesellschaftsordnung
637 Alice Schwarzer, Frauenarbeit – Frauenbefreiung
638 Architektur und Kapitalverwertung
639 Oskar Negt, Alexander Kluge, Öffentlichkeit und Erfahrung
640 Probleme des Sozialismus und der Übergangsgesellschaften. Herausgegeben von Peter Hennicke
641 Paavo Haavikko, Gedichte
642 Martin Walser, Wie und wovon handelt Literatur
643 Arzt und Patient in der Industriegesellschaft. Herausgegeben von Otto Döhner
644 Rolf Tiedemann, Studien z. Philosophie Walter Benjamins
646 H. J. Schmitt, Expressionismus-Debatte
647 Über Peter Huchel
648 Information über Psychoanalyse
649 Renate Damus, Entscheidungsstrukturen und Funktionsprobleme in der DDR-Wirtschaft
650 Hans Ulrich Wehler, Geschichte als Historische Sozialwissenschaft
651 Segmente der Unterhaltungsindustrie
652 Peripherer Kapitalismus. Herausgegeben von Dieter Senghaas
655 Die negierte Institution
659 Heinar Kipphardt, Stücke I
660 Peter v. Oertzen, Die soziale Funktion des staatsrechtlichen Positivismus
661 Kritische Friedenserziehung
662 Thesen zur deutschen Sozial- und Wirtschaftsgeschichte 1933 bis 1938
663 Gerd Hortleder, Ingenieure in der Industriegesellschaft
664 Hans Setzer, Wahlsystem und Parteienentwicklung in England
665 Alexander Kluge, Lernprozesse mit tödlichem Ausgang
670 Peter Bulthaup, Zur gesellschaftl. Funktion der Naturwissenschaften
671 Materialien zu Horváths ›Glaube Liebe Hoffnung‹. Herausgegeben von Traugott Krischke
672 Reform des Literaturunterrichts. Eine Zwischenbilanz. Herausgegeben von H. Brackert und W. Raitz
674 Monopol und Staat
675 Autorenkollektiv Textinterpretation und Unterrichtspraxis, Projektarbeit als Lernprozeß
676 George Lichtheim, Das Konzept der Ideologie

677 Heinar Kipphardt, Stücke II
678 Erving Goffman, Asyle
679 Dieter Prokop, Massenkultur und Spontaneität
680 Die Kommune in der Staatsorganisation
681 M. Dubois-Reymond / B. Söll, Neuköllner Schulbuch, 2 Bände
682 Dieter Hoffmann-Axthelm, Theorie der künstlerischen Arbeit
683 Dieter Kühn, Unternehmen Rammbock
688 Evsej G. Liberman, Methoden der Wirtschaftslenkung im Sozialismus
689 Martin Walser, Die Gallistl'sche Krankheit
694 Schule und Staat im 19. Jahrhundert. Herausgegeben von K. Hartmann, F. Nyssen, H. Waldeyer
695 Gesellschaft, Beiträge zur Marxschen Theorie 1
696 Hans Magnus Enzensberger, Palaver
697 Psychoanalyse der weiblichen Sexualität. Herausgegeben von Janine Chasseguet-Smirgel
699 Wolfgang Lempert, Berufliche Bildung als Beitrag zur gesellschaftlichen Demokratisierung
701 Sozialistische Realismuskonzeptionen.
702 Claudio Napoleoni. Ricardo und Marx. Herausgegeben von Cristina Pennavaja
704 Joachim Hirsch, Staatsapparat und Reproduktion des Kapitals
705 Neues Hörspiel O-Ton. Der Konsument als Produzent. Herausgegeben von Klaus Schöning
707 Franz Xaver Kroetz, Oberösterreich, Dolomitenstadt Lienz, Maria Magdalena, Münchner Kindl
708 Was ist Psychiatrie? Herausgegeben von Franco Basaglia
710 Rosa Luxemburg oder Die Bestimmung des Sozialismus. Herausgegeben von Claudio Pozzoli
712 Hartwig Berger, Untersuchungsmethoden und soziale Wirklichkeit
713 Werkbuch über Tankred Dorst. Herausgegeben von Horst Laube
718 Perspektiven der kommunalen Kulturpolitik. Herausgegeben von Hilmar Hoffmann
719 Peter M. Michels, Bericht über den Widerstand in den USA
722 Jürgen Becker, Umgebungen
724 Otwin Massing, Politische Soziologie
726 Ernst Bloch, Ästhetik des Vor-Scheins 1
728 Beulah Parker, Meine Sprache bin ich
731 Gesellschaft, Beiträge zur Marxschen Theorie 2
736 Noam Chomsky, Aus Staatsraison
737 Louis Althusser, Für Marx
740 Bertolt Brecht, Das Verhör des Lukullus. Hörspiel
741 Klaus Busch, Die multinationalen Konzerne
777 Caspar David Friedrich und die deutsche Nachwelt. Herausgegeben von Werner Hofman

Alphabetisches Verzeichnis der edition suhrkamp